GUDJONS
HANDLUNGSORIENTIERT
LEHREN UND LERNEN

ERZIEHEN UND UNTERRICHTEN IN DER SCHULE

herausgegeben von
Hans-Ulrich Grunder, Heidemarie Kemnitz
und Uwe Sandfuchs

Erziehen und Unterrichten sind die Hauptfunktionen des Lehrerberufs. Die in den einzelnen Bänden der Reihe dargestellten Funktionskomplexe (Handlungsorientiert Lehren und Lernen, Disziplinieren und Erziehen, Motivation und Interesse usw.) sind von diesen Hauptfunktionen abgeleitete Teilkompetenzen der Arbeit von Lehrerinnen und Lehrern. Aufgabe der Lehrerbildung ist die Vermittlung grundlegender Kenntnisse in diesen Bereichen. Unsere Lernbuchreihe wendet sich daher an Studierende aller Lehrämter und Lehrkräfte aller Schulstufen und Schularten. Sie ist konzipiert für den Einsatz im schulpädagogischen Grundstudium sowie in der Zweiten Phase der Lehrerausbildung.
Die Reihe will zur Überwindung der Kluft zwischen erziehungswissenschaftlicher Theorie und pädagogischer Praxis beitragen, indem sie den Stand der praxisrelevanten theoretischen Diskussion widerspiegelt und zugleich die theoretische Darstellung an Beispielen aus der Unterrichtspraxis konkretisiert. Die einzelnen Bände sind zum Selbststudium gedacht, das durch gezielte Lesehilfen, Arbeitsaufgaben und teils kommentierte Literaturhinweise erleichtert wird.

HANDLUNGSORIENTIERT LEHREN UND LERNEN
Schüleraktivierung
Selbsttätigkeit
Projektarbeit

von

Herbert Gudjons

7., aktualisierte Auflage

VERLAG
JULIUS KLINKHARDT
BAD HEILBRUNN • 2008

Die Deutsche Nationalbibliothek verzeichnet diese Publikation in der Deutschen
Nationalbibliografie; detaillierte bibliografische Daten sind im Internet abrufbar über
http://dnb.d-nb.de.

2008.7.Hh. © by Julius Klinkhardt.
Das Werk ist einschließlich aller seiner Teile urheberrechtlich geschützt.
Jede Verwertung außerhalb der engen Grenzen des Urheberrechtsgesetzes ist ohne
Zustimmung des Verlages unzulässig und strafbar. Das gilt insbesondere für
Vervielfältigungen, Übersetzungen, Mikroverfilmungen und die Einspeicherung und
Verarbeitung in elektronischen Systemen.

Druck und Bindung: Friedrich Pustet, Regensburg.
Printed in Germany 2008.
Gedruckt auf chlorfrei gebleichtem alterungsbeständigem Papier.

ISBN 978-3-7815-1625-0

Inhalt

Einleitung 7

1. *Handeln lernen in einer handlungsarmen Lebenswelt –*
   Zur praktischen Notwendigkeit eines handlungsorientierten Unterrichts 11
   1.1 »Das allmähliche Verschwinden der Wirklichkeit« und die Schrumpfung von
       Handlungsmöglichkeiten 11
       1.1.1 Der Wandel der kindlichen Lebenswelt und der Jugendkultur 11
       1.1.2 Der Verlust der sinnlichen Erfahrung in der Schule und das Motivationsproblem 17
   1.2 Handlungsorientierung in neueren didaktischen Ansätzen 20
       1.2.1 Exemplarisch-genetisches Lernen 20
       1.2.2 Entdeckendes Lernen 22
       1.2.3 Offener Unterricht 23
       1.2.4 Freie Arbeit 26
       1.2.5 Erfahrungsbezogener Unterricht 27
       1.2.6 Selbstgesteuertes Lernen 30
       1.2.7 Soziales Lernen und Gruppenunterricht 33
       1.2.8 Subjektive Didaktik – die Modellierung von Lernwelten 34
   1.3 Handlungsorientierung in »Alternativen zur/in der Regelschule« 35

2. *Handlungstheorien und handlungsorientierter Unterricht – Zur theoretischen*
   Begründung handlungsorientierten Lehrens und Lernens 39
   2.1 Unterschiedliche Theorieebenen – oder: Was nützt Theorie? 39
   2.2 Aneignungstheorie und Handelnder Unterricht 43
   2.3 Handlungsregulationstheorie: Das Modell einer »vollständigen Handlung« 46
   2.4 Kognitive Handlungstheorie und handlungsorientierter Unterricht 51
   2.5 Lern- und Motivationspsychologie und handlungsorientierter Unterricht 59
   2.6 Pädagogische Begründung handlungsorientierten Unterrichts –
       Zusammenfassung bisheriger Überlegungen 67

3. *Projektunterricht – ein umfassendes Konzept handlungsorientierten*
   Lehrens und Lernens 73
   3.1 Woher kommt der Projektunterricht? 73
   3.2 Was ist Projektunterricht? – Schritte und Merkmale eines Projektes 76
       3.2.1 Merkmal: Situationsbezug 79
       3.2.2 Merkmal: Orientierung an den Interessen der Beteiligten 80
       3.2.3 Merkmal: Gesellschaftliche Praxisrelevanz 81
       3.2.4 Merkmal: Zielgerichtete Projektplanung 83
       3.2.5 Merkmal: Selbstorganisation und Selbstverantwortung 83
       3.2.6 Merkmal: Einbeziehen vieler Sinne 84

3.2.7 Merkmal: Soziales Lernen 85
3.2.8 Merkmal: Produktorientierung 86
3.2.9 Merkmal: Interdisziplinarität 89
3.2.10 Merkmal: Grenzen des Projektunterrichts 90
3.3 Methodische Realisierung des Projektunterrichtes 93
    3.3.1 Planung der Projektarbeit 93
    3.3.2 Durchführung 100
    3.3.3 Beendigung, Leistungsbeurteilung und Auswertung 102
3.4 Aktuelle Entwicklungen des Projektunterrichtes 106
    3.4.1 Empirische Untersuchungen zum Projektunterricht 106
    3.4.2 Zwischen Inflation und Konsolodierung 108

4. Handlungsorientierung in der Praxis des (Fach-)Unterrichts 115
4.1 (Fach-)Unterricht handlungsorientiert planen 117
4.2 Handlungssituationen in den (Fach-)Unterricht integrieren 120
    4.2.1 Beispiel: Spielen und Lernen 120
    4.2.2 Beispiel: Erkunden und Erforschen 122
    4.2.3 Beispiel: Herstellen und Verwenden 124
    4.2.4 Beispiel: Erfahren und Erleben 126
    4.2.5 Beispiel: Probieren und Studieren 128
    4.2.6 Beispiel: Zusammenarbeiten und Kommunizieren 129
    4.2.7 Beispiel: Phantasieren und Experimentieren 131
    4.2.8 Beispiel: Tätigsein und Verantworten 133
    4.2.9 Beispiel: Eingreifen und Verändern 134
    4.2.10 Beispiel: Klassenreise und Schulleben 135
4.3 (Fach-)Unterricht handlungsorientiert auswerten – Lernkontrolle und Zensuren 137
4.4 Vier didaktische Probleme des handlungsorientierten Unterrichts 140
    4.4.1 Problem: Systematik des Lehrgangs und Zufallsmoment beim Handeln 140
    4.4.2 Problem: Handlungsorientierung und Frontalunterricht 145
    4.4.3 Problem: Lehrziele von Lehrenden und Handlungsziele von Lernenden 149
    4.4.4 Problem: Institutionelle Bedingungen und die Einführung von
           handlungsorientiertem Unterricht 151

Statt eines Ausblicks 153
Literaturverzeichnis 155

Einleitung

Der handlungsorientierte Unterricht ein viel diskutierter Unterrichtsansatz. Seit 1986, dem Jahr der ersten Auflage dieses Buches, ist die Zahl der Veröffentlichungen stark angewachsen und kaum noch überschaubar. Vorreiter in der schulischen Praxis sind die beruflichen Schulen, die Hauptschulen, Gesamtschulen und die Grundschulen. Aber auch Gymnasium, Sonder- und Realschule erproben zunehmend Lernformen, die Denken und Handeln miteinander zu verbinden suchen. Insbesondere der Projektunterricht – zumindest in der Form der Projektwochen – ist fester Bestandteil im Programm vieler Schulen. Auch geben Stundentafeln und Unterrichtsorganisation mehr Raum für handlungsorientierte Ansätze, vielfach wird inzwischen auch der normale Fachunterricht oder fächerübergreifender Unterricht handlungsorientiert gestaltet. Der Autor konnte dazu in der wissenschaftlichen Begleitung entsprechender Schulversuche und in der Lehrerfortbildung zahlreiche Erfahrungen sammeln.

So erfreulich diese Innovationen sind, so deutlich ist aber auch die Notwendigkeit, das Konzept des handlungsorientierten Unterrichtes theoretisch zu begründen. Dies geschieht im vorliegenden Buch aber nicht durch die Entwicklung einer in sich geschlossenen Theorie (z. B. des Projektunterrichtes), sondern durch den bescheideneren Versuch, aus unterschiedlichen wissenschaftlichen Forschungsrichtungen Argumente zusammenzutragen, die den handlungsorientierten Unterricht untermauern können.

Handlungsorientierter Unterricht – so wie er in diesem Buch verstanden wird – ist *keine didaktische Theorie,* auch kein Modell (wie z. B. die "lehrtheoretische Didaktik" – *W. Schulz,* die „curriculare Didaktik" – *C. Möller* oder die „bildungstheoretische Didaktik" – *W. Klafki).* Wie so oft in der Geschichte der Pädagogik und der Schulreform ist auch beim handlungsorientierten Unterricht die Praxis der Theorie um einige Längen voraus. Handlungsorientiertes Lernen in der Schule wurde nicht in Curriculumwerkstätten von theoretisch versierten Wissenschaftlern entwickelt und dann in den Schulen implementiert, sondern entstand in den letzten – sagen wir 30 Jahren – an der »Basis«, als Impuls von unten, eher im Ausprobieren denn als Anwendung theoretischer Vorgaben.

Es ist daher nachvollziehbar, wenn der Begriff „handlungsorientierter Unterricht" zunächst einmal als eine Art Sammelname für recht unterschiedliche methodische Praktiken verwendet wurde und wird. Diese Methoden sind nicht gänzlich neu (denkt man an die Reformpädagogik im ersten Drittel unseres Jahrhunderts, z. B. an Gaudigs Satz: »Es kommt darauf an, den Schüler aus dem Passivum in das Aktivum zu übersetzen«). Sie sind auch nicht klar abgrenzbar von verwandten Ansätzen (Freiarbeit, Offener Unterricht, entdeckender Unterricht, erfahrungsorientierter Unterricht u. a. m.). Ihr gemeinsamer Kern ist die eigentätige, viele Sinne umfassende Auseinandersetzung und aktive Aneignung eines Lerngegenstandes. Es gibt inzwischen zahlreiche Arbeiten, die sich um Klärung und sogar Entwicklung eines Konzeptes des handlungsorientierten Unterrichtes bemühen *(Rohr 1982, Aebli 1983/2006, Witzenbacher 1985, Bönsch 1995, Beck 1996, Bauer 1996, Halfpap 1996, Bastian/Gudjons u. a. 1997, Jank/Meyer 2008)*. Andere kritisieren vorliegende Entwürfe *(Zur Kritik ... 1989, Kashnitz 1993, Stommel 1995, Wöll 1998/2004)*. Vereinzelt finden sich auch Berichte über empirische Erprobungen z. B. im Feld beruflicher Bildung *(Halfpap u. a. 1993, Kujawski 1994, Pfahl 2000)*. Doch bis heute fehlt eine umfassende Begründungstheorie auf der Grundlage moderner Handlungstheorie(n), kognitiver Lernpsychologie oder subjektorientierter Didaktik.

Insofern ist der Begriff „Handlungsorientierter Unterricht" eher ein recht grobes Verständigungskürzel für einen an den Rändern unscharfen Methodenkomplex, weniger aber Ausdruck eines theoretisch konzisen didaktischen Modells. Er hat bisweilen stark appellativen Charakter, erscheint aber auch als konkrete Utopie einer veränderten Schule und als Antwortversuch auf veränderte Lernstile von Schülern und Schülerinnen.

Handlungsorientierung wird von mir aufgefaßt als ein *Unterrichtsprinzip,* das bestimmte Merkmale hat, das argumentativ theoretisch begründbar ist (lernpsychologisch wie sozialisationstheoretisch) und das in verschiedenen Unterrichtszusammenhängen realisiert wird (und möglichst oft realisiert werden sollte!). Es ist aber nicht gleichbedeutend mit »Unterricht« oder »Schule«.

Wenn Sie also Genaueres (als nur einige Vorformen auf der methodischen Ebene) erfahren wollen, lesen Sie das Kapitel 3 über Projektunterricht. Hier wird an manchem Einzel- und einem durchgehenden Hauptbeispiel durchbuchstabiert, was handlungsorientierter Unterricht sein kann, gleichsam idealtypisch in einer Unterrichtsform, die eine lange Tradition hat. Um es aber deutlich zu sagen: Was Sie hier nicht finden werden, ist eine didaktische oder schulpädagogische Theorie des Projektunterrichtes; diese zu erarbeiten, muß späteren Arbeiten vorbehalten bleiben.

Wenn Sie sich darüber hinaus Gedanken machen über die tiefgreifenden Veränderungen in der Kultur der Gegenwart und ihre Auswirkungen auf die Schule, dann beginnen Sie am besten doch mit dem ersten Kapitel und folgen Sie seiner Analyse. Diese entwickelt nämlich aus den gleichermaßen faszinierenden wie beängstigenden *Wandlungen der Kindheit und Jugend* (1.1) die These, dass hinter dem handlungsorientierten Unterricht wesentlich mehr steckt als nur ein bißchen mehr Aktivität und Spaß für die SchülerInnen (das natürlich auch). Es geht um die bedrängende Frage, was die Schule angesichts verkürzter und vereinseitigter kultureller Aneignungsformen von Kindern und Jugendlichen in der Gegenwart tun kann und muß. Neuere Untersuchungen bestätigen eindrücklich diesen Wandel der Bedingungen des Aufwachsens (Göppel 2005, Fend 2005).

Seit längerer Zeit hat sich die Didaktik bemüht, diese Fragen aufzugreifen und Konsequenzen zu entwickeln. Es gibt eine Reihe von Ansätzen (1.2), die wesentliche Elemente eines handlungsorientierten Unterrichts enthalten – und praktiziert haben. Ich finde sie zum Teil außerordentlich anregend. Wie läßt sich Handlungsorientierung aber außer mit dem Argument der Aufmunterung müder Schüler/innen didaktisch *begründen* (Kp. 2)? Soll Unterricht nicht primär Kenntnisse und Einsichten vermitteln, – Handeln kommt ja erst später, im *Leben?! Aneignungstheorie (2.2), Handlungsregulationstheorie (2.3) und kognitive Handlungstheorie (2.4)* belegen demgegenüber klar, dass alles Lernen im Grunde Handeln ist; auch begriffliches Lernen ist nichts anderes als geistiges Handeln. Aber auch aus der *Lern- und Motivationspsychologie* (2.5) lassen sich wichtige Argumente zur Begründung handlungsorientierten Lernens gewinnen. Die bisherigen Überlegungen münden darum in eine lernpsychologisch-anthropologische und pädagogisch-didaktische Begründung des handlungsorientierten Unterrichts (2.6).

Das folgende Kapitel (3.) stellt dann die Frage: Wie sieht das praktisch aus, *Projektunterricht und projektorientiertes Lernen* in der Regelschule? Leider wird die Bezeichnung "Projektunterricht" heute stark verwässert, ja inflationär gebraucht. Ein Verständnis der historischen Ursprünge, vor allem der grundlegenden Arbeiten *Deweys* (3.1) sowie die Kennzeichnung von Schritten und Merkmalen eines Projekts (3.2) helfen, ein klares und praktikables Konzept des Projektlernens zu gewinnen. Zahlreiche Vorschläge und Hilfen zur methodischen Planung, Durchführung und Auswertung von Projekten schließen sich an (3.3) Schließlich ermöglichen ein Überblick über die Entwicklung des Projektunterrichtes und eine Analyse der gegenwärtigen Tendenzen (3.4) ein besseres Verständnis dieser Unterrichtsform, aber eben auch ihrer Fehlentwicklungen.

Aber Schulen sind im Alltag bestimmt durch Stundenplan und Fachunterricht. Projektunterricht bleibt Episode, wenn er sich auf gelegentliche Projektwochen vor den Sommerferien beschränkt. Auch der *normale Fachunterricht* kann aber nach dem Prinzip der Handlungsorientierung angelegt werden (Kp. 4). Dazu muß man anders planen (4.1), Handlungssituationen in den Unterricht mehr und mehr integrieren (4.2) und das Ganze gelegentlich auch kritisch reflektieren/auswerten (4.3). Dazu wird eine Fülle von *Beispielen,* Ideen und praktischen Anregungen vermittelt. Nun sollen Handlungselemente aber nicht nur die Motivationsrosinen im trockenen Fachunterrichtskuchen sein. So wenig die Praxisbeispiele eine in sich geschlossene Didaktik repräsentieren, so deutlich geben sie Hilfe darin, langfristig und vorbereitend den Unterricht *insgesamt* stärker handlungsorientiert zu gestalten, um für Projektunterricht benötigte Kompetenzen aufzubauen.

Handlungsorientierter Unterricht ist von anspruchsvoller Qualität, und doch realisierbar, er ist in seiner Struktur einfach, aber nicht simpel. Darum fasse ich abschließend (4.4) einige *Grundprobleme* in vier Punkten noch einmal zusammen und versuche, handlungsorientiertes Lehren und Lernen auf solide didaktische Füße zu stellen.

1. Handeln lernen in einer handlungsarmen Lebenswelt – Zur praktischen Notwendigkeit eines handlungsorientierten Unterrichts

1.1 »Das allmähliche Verschwinden der Wirklichkeit« und die Schrumpfung von Handlungsmöglichkeiten

1.1.1 Der Wandel der kindlichen Lebenswelt und der Jugendkultur

Kinderwelt 1945: »Ausgenutzt wurde, was vorhanden war. Nämlich Trümmer. Es war ein herrliches Gebiet, wo man sich verstecken konnte, wo man Indianer spielen konnte, wo man sich der Beobachtung der Eltern, der Erwachsenen entzog, wo man sich aus diesen Trümmern wieder sein eigenes Reich aufbauen konnte. Hütten aus Stein usw. ... ja, und dass ich immer die Squaw sein mußte, die den Kindern die Strümpfe stopfte; den Jungs wohlgemerkt, wenn die wieder auf solche Trümmer geschlichen waren und das nicht zeigen durften zu Hause« *(Schütze/Geulen,* in: *Preuss-Lausitz u. a. 1983, 33f.).*

Niemand wird das Verschwinden dieser »Wirklichkeit« bedauern, jedenfalls soweit es die Trümmer betrifft. Anders ist es mit dem Aspekt des erfahrungsreichen Spielgebietes, der Freiheit von elterlicher Kontrolle, der Möglichkeit, sich sein »eigenes Reich aufzubauen«. Denn mit der Beseitigung der Trümmer, mit dem Wiederaufbau und dem Ausbau der uns umgebenden Welt in der Gegenwartskultur hat sich zugleich ein tiefgreifender Wandel der Bedingungen des Aufwachsens von Kindern und Jugendlichen vollzogen, einschlägige Veröffentlichungen spiegeln dies bereits im Titel: »Kinderkultur – die sanfte Anpassung«, *(Lenzen* 1978); »Kindsein ist kein Kinderspiel«, *(Hagedorn* u. a. 1987); »Per Knopfdruck durch die Kindheit«, *(Jörg* 1987). H. *von Hentigs* Buchtitel »Das allmähliche Verschwinden der Wirklichkeit« (1984) markiert dabei bereits in den 80er Jahren sehr genau die aktuelle Entwicklungstendenz.

Wer sich heute mit einem Konzept zum handlungsorientierten Unterricht beschäftigt, wird nämlich sehr nüchtern feststellen, dass die Veränderungen unserer Lebenswelt zu einem grundsätzlichen Nachdenken über die Funktion von Schule in einer

»entwirklichten Wirklichkeit« zwingen. Im handlungsorientierten Unterricht geht es deshalb um mehr und anderes – so die *zentrale These dieses Buches* – als um ein neues didaktisches Konzept eines Unterrichts, der die Schüler/innen wieder stärker aktiviert, motiviert und den Spaß am Lernen erhöht (das soll er auch!); handlungsorientierter Unterricht ist ein notwendiger Versuch, eine (schul-)pädagogische Antwort zu finden auf den tiefgreifenden Wandel des kulturellen Aneignungsprozesses von Kindern und Jugendlichen in einer Welt, in der die »Erfahrungen aus zweiter Hand« jene »aus erster Hand« zu überlagern beginnen (G. U. *Becker* 1986) – mit allen Folgen für die Entwicklung der Persönlichkeit, aber auch für den Aufbau kognitiver Strukturen (vgl. Kap. 2), der von dem Schrumpfen von Handlungsmöglichkeiten direkt beeinflußt wird.

Doch das ist sehr pauschal formuliert. Stimmt die Behauptung vom tiefgreifenden Wandel in den äußeren Lebensbedingungen und von der Verringerung der Handlungsmöglichkeiten überhaupt? Wie läßt sie sich belegen? Dies soll geschehen durch die (hier nur sehr kurz mögliche) Beschreibung von Veränderungen im
– demographischen Bereich
– in der gegenständlichen Ausstattung von Kindheit
– im Raumerleben
– im Umgang mit Fernsehen und elektronischen Medien.
(Vgl. zu allen folgenden Daten *Rolff* 1982, 209ff., *Rolff/Zimmermann* 2001, *Berg* 1991)

a) Demographische Befunde
Die Großfamilie, das »ganze Haus« mit alten und jungen Menschen, Geburt und Tod, insgesamt mit einem »Maximum von Lebensformen«, ist längst der modernen *Kleinfamilie* und ihren Lebensbedingungen gewichen: 1970 lebten in der BRD 90% der Familien ohne Großeltern im Haushalt; fast; jeder 3. Haushalt ist heute sogar ein »Einpersonenhaushalt«. Der Anteil der sog. »Ein-Eltern-Familien« an der Gesamtzahl der Familien betrug im Jahre 1970 7,7%, im Jahr 1985 bereits 12,8%. Und der größte Anteil der alleinerziehenden Eltern hat nur ein Kind (73%) *(Grundmann/Huinink* 1991). Die reichhaltigen – nicht nur sozialen – Erfahrungsmöglichkeiten haben sich damit erheblich reduziert. Nimmt man dann noch den Ersatz des Brotbackens durch »Aufbackbrötchen«, den Ersatz der Konservierungstechniken durch Tiefkühltruhe und das Wegfallen von Feuermachen und Kohleschleppen durch die vollautomatische Zentralheizung u. a. m. hinzu, dann zeigt sich sehr rasch, in welchem Maß diese Entwicklung – nicht nur in der Großstadt – zum Verlust von anregender sinnlich-unmittelbarer Erfahrung im tätigen Umgang mit Dingen und Menschen geführt hat (vgl. *Erdmann/Rückriem/Wolf* 1996). – Al-

lerdings: Dieser Verarmung auf der einen Seite steht auf der anderen durchaus Positives gegenüber, z. B. die Intensivierung der Eltern-Kind-Beziehung, die Zunahme an Empathie und Berücksichtigung der kindlichen Bedürfnisse und die mit der »Aufstörung« der Tradition einhergehende Ent-Bindung von Lebensmöglichkeiten und kulturelle Freisetzung von Lebensentwürfen *(Ziehe 1982,* Beck 1986).

b) Gegenständliche Ausstattung von Kindheit
Der Wandel der Lebensbedingungen ist im Bereich der Urbanisierung der Lebensformen, des Wohnens, Spielens etc. besonders drastisch und damit auch relativ leicht rekonstruierbar. So hat etwa das Vorrücken des *Autos* zum privaten Massenverkehrsmittel (statistisch hat jeder dritte Erwachsene heute ein Auto) zu erheblichen Veränderungen der Erfahrungswelt der Kinder geführt. Nicht nur, dass dieser Prozeß die natürliche und bauliche Umwelt für Kinder massiv verwandelt hat: die *Straße* – immer noch Lieblingsplatz von Kindern – hat ihren Charakter von »Öffentlichkeit« (die für kindliche Aneignungsprozesse eine wichtige Rolle spielt) weitgehend verloren und droht zur bedeutungslosen Verbindungslinie zu werden – für Kinder unbespielbar. Hinzu kommt besonders in Großstädten die Gleichförmigkeit moderner *Siedlungsformen* (z. B. Suburbs), die einseitig auf die Funktion des Wohnens ausgerichtet sind und damit nur ein verarmtes kognitives, wenig stimulierendes Anregungspotential enthalten. Die »Straßensozialisation« mit ihrer relativ großen Freiheit für Eigentätigkeit nimmt offenbar ab, wenn z. B. für Hochhäuser empirisch nachgewiesen wurde: »Je höher die Wohnung liegt, umso häufiger spielt das Kind in der Wohnung« *(Mundt* 1980, 83).
Hingegen hat die Bedeutung des *Kinderzimmers* heute für Kinder aller sozialen Schichten erheblich zugenommen *(Lenzen* 1978, 93ff.). Ausgestattet mit »kindgerechten« Möbeln und Spielgelegenheiten, aber auch mit vorfabriziertem Spielzeug (das Angebot umfaßt 20 000–25 000 Artikel) werden sie intensiv genutzt. 80% der Kinder in Stockwerkswohnungen betreiben Spiel und Hobby im Kinderzimmer. Kinderzimmer werden Reservate im Zuge eines Trends »von draußen nach drinnen«, der zugleich den Anteil der direkten Kontrolle durch die Eltern (meist Mutter) anwachsen läßt.
Damit verlagern sich die Handlungsmöglichkeiten der Kinder auf für sie ausgegrenzte, pädagogische *Spezialräume*. Hierher gehört auch die Zunahme von *Spielplätzen, Kindergärten, Sportanlagen* usw. – Gleichwohl gelingt es Kindern immer noch, sich Bereiche gegenständlicher Kultur außerhalb pädagogischer Reservate »auf eigene Faust« zu erobern, vom Hausflur, der Garageneinfahrt und der Grünanlage bis zum Warenhaus und zum geheimen Treff an der Straßenecke oder auf dem Parkplatz.

c) Raumerleben
Spätestens seit Muchows Beschreibung des kindlichen *»Streifraumes«* in den 30er Jahren ist die Bedeutung der aktiven Aneignung des alltäglich genutzten Raumes für die Entwicklung der Persönlichkeit des Kindes bekannt. Urbanisierung und Industrialisierung haben die Streifräume von Kindern gründlich verändert. »Sie bieten dem Kind nicht die Chance, in eigener Regie Außenwelt als ein Stück eigenständiger, qualitativ von der Familiensphäre unterschiedener städtischer Umwelt zu erschließen und damit anschauliche Öffentlichkeit kennenzulernen« *(Bahrdt 1974, 230)*. Am Beispiel des *Schulweges* – der oft zu gefährlich, zu langweilig oder auch zu weit geworden ist und darum nicht selten im Auto mit der Mutter zurückgelegt wird (über ein Viertel der Hausfrauen-Fahrten dient dem »Kinder-Taxi«) – läßt sich zeigen, dass selbst die Möglichkeiten zur Aneignung der *»Quartiersöffentlichkeit«* geringer geworden sind.
Rolff beschreibt die Umstrukturierung des kindlichen Raumerlebens als Leben auf mehreren *»Inseln«:* »Die ›Wohninsel‹ ist der Ausgangspunkt für zahlreiche Ausflüge zur ›Kindergarteninsel‹, später zur ›Schulinsel‹, zu den Inseln, wo die Spielkameraden wohnen oder die Verwandten, die Inseln, wo eingekauft wird usw.« *(Rolff 1982, 221)*. Die Zwischen-Räume verschwinden, werden verdünnt, erlebnisarm, vor allem wenn sie im Auto oder mit öffentlichen Verkehrsmitteln nur noch »überbrückt« werden. Anzueignende Objekte im Raum scheinen sich durch Geschwindigkeit zu verflüchtigen, das Er-Fahren des Raumes wird abgelöst durch ein »panoramatisches Raumerleben«. Allerdings sind hier erhebliche Unterschiede zwischen ländlichen Regionen und städtischen Ballungsräumen zu beachten.

d) Fernsehen und elektronische Medien
Die elektronische Welt vom Fernsehen bis zum Computer ist von künstlichen Strukturen gekennzeichnet, die keine unmittelbare Realität sind, sondern *Abbilder* einer konstruierten oder vorhandenen Welt darstellen, jederzeit veränderbar, auflösbar und damit »unangreifbar« (im doppelten Wortsinn). – Von 6-18 Jahren sitzt ein amerikanisches Durchschnittskind 16 000 Stunden vor dem Fernseher – mehr Zeit als es mit dem Vater verbringt *(Postmann 1983, 168)*. Fernsehen und Internet zeigen besonders deutlich, in welcher Richtung sich der Modus der Aneignung symbolischer Kultur verändert hat. Kinder werden – je länger die Zeit vor dem Schirm umso mehr – über alles und jedes in der Welt »ins Bild gesetzt«. »Nicht die Erfahrung von Wirklichkeit erzeugt Bilder und Erinnerungen in ihnen, mit denen ihre Phantasie ... dann weiterarbeiten kann, sondern eine schier unendliche Fülle von flüchtigen Bildern purzelt in sie hinein und erzeugt eine Vorstellung davon, wie die Welt sei, wie Menschen miteinander umgehen usw.« *(Becker 1986, 43)*. Vor allem das Fernsehen organisiert damit eine – am Kriterium der Unterhaltung und der

Einschaltquote – orientierte *symbolische Welt,* die immer schon *Auswahl* und *Vorweg-Deutung* impliziert. Im Zusammenhang mit der bereits geschilderten Tendenz, dass Kinder immer weniger ursprünglich selbst erleben, anfassen, ausprobieren, erkunden etc. können, wird deutlich, dass die »ikonische« (= bildhafte) *Aneignungsweise* dominiert *(Postmann* 1983).
Nun ist nach J. S. *Bruner* (1974) die ikonische Aneignungsform, in der bildlich Dargestelltes mit dem Auge wahrgenommen wird, aber keine eigenständigen Denkprozesse anregt, eine zwar wichtige Stufe in der vorschulischen Entwicklung des Kindes, aber eben nur eine *Vor-*Stufe der *verbal-analytischen* Aneignungsform, die ein hohes Maß an intellektuellen Fähigkeiten verlangt. Die Dauer-Bildschirmkonsumenten wissen über immer mehr immer schon Bescheid, bevor es ihnen »original« begegnet, aber eben durch das Bild, nicht durch das Wort. Ein Bild ist immer situationsgebunden, kann uns z. B. nie den Begriff »Arbeit« oder »Haus« oder »Schule« darstellen, sondern zeigt uns eine Besonderheit, ein Beispiel; das Wort dagegen gibt uns Verallgemeinerungen, den Begriff. Wörter sind Abstraktionen, die mehrere Stufen von der Wirklichkeit entfernt sind. Das Bild, das ein Wort (z. B. beim Vorlesen eines Märchens vom Prinzen) erzeugt, ist aber ein qualitativ anderes als das, welches das »Bild« von einem Prinzen erzeugt. – Erst »auf der Grundlage von ikonischer und verbal-analytischer Rezeptionsfähigkeit können weitere Problemfelder theoretisch erfaßt ... werden«, kann Kultur kategorial angeeignet werden *(Rolff/Zimmermann* 1985, 89). – Auch wenn man die positiven Aspekte, dass das Fernsehen das Gesichtsfeld der Heranwachsenden erweitert und ikonische Aneignung Lernprozesse ausgezeichnet unterstützen kann, mit bedenkt, so bleibt doch unter handlungstheoretischen Gesichtspunkten das Problem, dass ikonische Aneignung von Kultur die eigentätigaktive als Rezeptionsform zu überlagern beginnt. Von den psychosozialen Konsequenzen des Fernsehkonsums in Richtung Isolierung, weiterer Vereinsamung und Kontaktverlust haben wir dabei noch abgesehen.
Mit zunehmendem Alter spielen dann *technische Medien* eine immer größere Rolle: Walkman, Radio, Video-Clips, MP 3-Player, Handy usw. sind heute nicht wegzudenkende Elemente in der Bestimmung der Kinder- und Jugendkultur. Zudem schafft das Telefon, neuerdings als Handy (über dessen Kosten Jugendliche sich oft Illusionen machen) enorm gesteigerte Kontaktmöglichkeiten – einerseits fördert es mediengetragene großräumige Kommunikationsnetze, andererseits mediatisiert es die »physische Nachbarschaft« indem es sich als technisches Medium zwischen Personen schiebt.
Ähnliches gilt für die sich rasch ausbreitende *Kommunikationselektronik* und für den Computer in allen seinen Nutzungsmöglichkeiten, deren Bedeutung inzwischen nicht mehr in Frage gestellt wird. Der Umgang mit dem Computer kann ohne Zweifel Denkprozesse fördern (z. B. ein Problem zu definieren, Phänomene in einzelne ein-

deutige Elemente zu zerlegen und die Gesetze ihrer Re-Kombination aufzustellen, das Spiel mit logischen Strukturen, die unsere Denkprozesse abbilden – *v. Hentig* 1984, 30f.). Aber es macht nicht schöpferisch, weil mehr »operations« nicht gleichbedeutend sind mit erhöhter geistiger Produktivität. – In einer Welt, in der die ursprüngliche Erfahrung ohnehin immer knapper wird, fördern die »neuen Technologien« eher die Tendenz, die in ihnen präsente Logik für die Realität zu nehmen. Inzwischen ist die Nutzung des Internet aus den modernen Schulen aber nicht mehr wegzudenken. Kulturkritisch-apokalyptische Warnungen sind daher ebenso fehl am Platz wie eine unkritische Umgangsweise: Heute geht es um die Anerkennung einer zunehmenden Komplexität der Wirklichkeit und damit um eine pädagogische »Kultivierung der Medien« (*Lohmann/Gogolin* 2000, *Sander/Gross/Hugger* 2007), d.h. auch um die Integration des Computers in den handlungsorientierten Unterricht (*Ritter* 1995).

Kinder wie Jugendliche sind in ihren Aneignungsweisen heute aber vor allem dadurch bestimmt, dass ihnen eine wachsende Kulturindustrie ihre *massenkulturellen Produkte* in subtiler Weise »aufherrscht« (*Rolff/Zimmermann* 1985, 165), wobei sie industriell vorfabrizierte Aneignungsmuster verbreitet. Die »Botschaften«, Bedeutungen und Sinngebungen der massenkulturellen Produkte müssen nicht mehr wie in der eigentätigen Aneignung in aufwendiger und mühseliger Weise entschlüsselt werden. Zwar eignen sich Heranwachsende nach wie vor Kultur an, aber sie brauchen dabei gleichsam immer weniger auf Rohstoffe der Primärerfahrungen (»aus erster Hand«) zurückzugreifen.

Nun setzt aber die Aneignung von Erfahrungen Eigentätigkeit voraus, und Eigentätigkeit ist die »materielle Grundlage der Erkenntnistätigkeit«, in der »sich Selbstbild und Selbstsicherheit, Kompetenz und Urteilsvermögen« objektivieren (*Rolff/Zimmermann* 1985, 137). Wenn also Vorstellung und Verständnis von Wirklichkeit an die aktive Auseinandersetzung mit dieser Wirklichkeit gebunden sind, dann zerstört die massenkulturell geprägte Aneignung Zusammenhänge und Tätigkeiten, die im Erfahrungsprozeß eben gerade nicht zerschnitten werden dürfen, »nämlich Planung und Ausführung von Vorhaben, Erfahren der Folgen des eigenen Tuns, Interpretation und Reflexion der Auswirkungen vor dem Hintergrund vorgängiger Erfahrungen« (*Duncker* 1987, 39). Anders gesagt: Wo eine Vorstellung von *Entstehen* fehlt, wird das *Verstehen* schwieriger, – wenn nicht unmöglich. Stellt man sich den Lebensweltbezug von Aneignungsprozessen wiederum vor als ein Kontinuum zwischen den Polen »Primärerfahrungen« und »Sekundärerfahrungen«, so ist eine Verschiebung zu den Erfahrungen »aus zweiter Hand«, unverkennbar.

Das Schaubild (Abb. 1, entwickelt auf der Grundlage von *Rolff/Zimmermann* 2001, faßt die aufgezeigte Entwicklung zusammen.

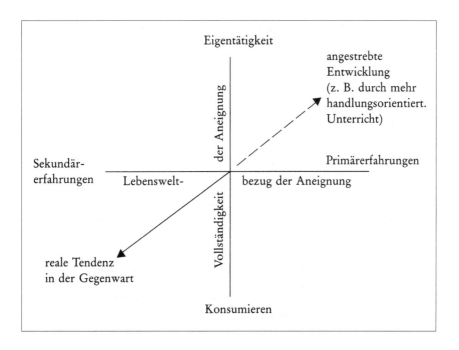

Abb. 1: Aneignung von Kultur bei Heranwachsenden heute

1.1.2 Der Verlust von sinnlicher Erfahrung in der Schule und das Motivationsproblem

Einerseits wird die Jugendzeit wie noch nie – durch die an sich begrüßenswerte quantitative Ausweitung von Schulbesuchsmöglichkeiten – durch Schule bestimmt. Andererseits aber fordert diese Institution Anstrengung für Ziele, deren individueller Nutzen in dem Augenblick zusammenbricht, wo Zukunftsunsicherheit (von der ökologischen Katastrophe über die militärische Bedrohung bis zur Arbeitslosigkeit) alle Hoffnungen auf Statusgewinnung, soziale Chancen, Arbeit und Zukunftssicherung in Frage stellt. Eine Institution, deren Selbstdefinition davon lebt, Menschen auf Zukunft vorzubereiten, gerät in das Legitimierungsvakuum und eine tiefe *Sinnkrise,* wenn sich herausstellt, dass die Zukunft selbst unsicher geworden ist. Schulische Zertifikationen (z. B. Abschlußzeugnisse) sind einerseits immer noch Voraussetzung und Berechtigungsnachweis für einen der (knapper werdenden) Arbeitsplätze, sind aber andererseits keine Garantie dafür, das Gelernte als Qualifikation,

als Wissen und Fähigkeit im späteren Leben (vor allem im Beruf) anwenden zu können, geschweige denn Garantie für einen Arbeitsplatz.
Hans *Thiersch* (1983, 21) hat diese Situation der Heranwachsenden in der Schule in einem treffenden Bild zusammengefaßt: »So leben sie – in den Lernangeboten, in den Lebenserwartungen – gleichsam auf einer großen Treppe, die zu besteigen mühsam ist und von der sie doch wissen, dass das Portal am Ende der Treppe nur über wackelige Bretter hinunter ins offene Gelände führt.« – Deshalb ist die Krise der Schule heute nicht primär verursacht durch Autoritätskonflikte oder durch den Kampf um Freiheit, Emanzipation oder Demokratisierung (wie es noch für die beginnende Bildungsreform nach der »68er-Bewegung« kennzeichnend war), sondern eine Krise fehlender zukunftsrelevanter Handlungsperspektiven und damit des Sinns von Schule. Wenn vom Verlust sinnlicher Erfahrung in der Schule die Rede ist, so ist damit über die Kritik an der handlungsarmen Tafel-Kreide-Schwamm-Pädagogik hinaus eben dieses tiefere Problem des Sinn-Verlustes von Schule gemeint.
Andererseits zeigt die empirische Jugendforschung deutlich, dass die Reaktion vieler Jugendlicher auf die Armut an überzeugenden Zukunftsperspektiven in einer mehr oder weniger bewußten *Hinwendung zur Gegenwart* liegt, »sei es, um den Augenblick durch reflexionsarmes ›Action‹-Machen kurzfristig auszufüllen ... oder um das bessere, humane Leben durch reflektiertere alternative Versuche wenigstens hier und jetzt schon zu beginnen ... « (*Nipkow* 1983, 163). Nach neuen Jugendstudien der Deutschen Shell (*Deutsche Shell* 2002) spielt die Gegenwartserfüllung für viele Jugendliche eine erhebliche Rolle. Für den Versuch einer Sinnstiftung durch Gegenwartserfüllung enthält aber eine Institution, die überwiegend von ihrer Bedeutung für ein zukünftiges Leben zehrt, zu wenige sinnlich erfahrbare Angebote. Darum muß die Absicht, Unterricht (und Schule!) handlungsorientiert zu verändern, hier ansetzen, um die Diskrepanz zwischen Zukunftsorientiertheit und Unmittelbarkeit von Erfahrungen in der Gegenwart zu verringern, Aktivität, Spontaneität, Lebendigkeit durch Auseinandersetzung mit Erfahrung und Gegenwart in die Schule hineinzuholen und damit Schule für die Heranwachsenden sinnvoll zu machen.
Gleichwohl gehört es wesentlich zum Unterricht in der Schule, dass viele hier vermittelten Inhalte und Fähigkeiten erst »später« gebraucht werden. Schule kann sich nie im »Hier und Jetzt« erschöpfen, sie bereitet immer auch auf die Zukunft vor. Schüler/innen sehen (nach ihren eigenen Aussagen – *Hurrelmann* u. a. 1985, 79 ff.) die Schule als eine Pflicht, ohne deren Besuch man kein vollwertiges Gesellschaftsmitglied werden kann. Sie legen ihr lediglich eine *mechanisch-instrumentelle Sinnkonstruktion* zugrunde: Schule ermöglicht zwar kaum eigene Initiative und selbstgesteuertes Handeln – insofern ist sie Prototyp einer gesellschaftlichen Institution mit verdinglichten Systemstrukturen und Sachzwängen –, ist aber notwendig, weil

Schüler/innen sich in der Schule auf das Leben vorzubereiten hätten, auch wenn ihnen die Logik dieser Vorbereitung uneinsichtig bleibt. Insbesondere stark gegenwartsorientierte Jugendliche zeigen eine niedrige Leistungsorientierung und eine starke Präferenz für unmittelbaren Nutzen und Spaß (*Deutsche Shell* 2000, Bd. 1, 37), gleichzeitig aber auch Einsicht in die Notwendigkeit einer guten Ausbildung (Deutsche Shell 2002).

In dieser durch die beschriebene »Sinnakrobatik« von vornherein gebrochenen Motivation zum Schulbesuch (und nicht in der fehlenden »Motivierung« von Schüler(n)/innen für einzelne Unterrichtsthemen) liegt einer der Gründe für Schulmüdigkeit, Desinteresse, Lernunlust und deren kritische Zuspitzung in Form von Schulfeindschaft, Aggression und offener Verweigerung. Diese heute vielfach beklagte »Motivationskrise« ist nicht den einzelnen Lernenden schuldhaft anlastbar, sondern ist primär zu verstehen als eine ins Psychische übergegangene Legitimationskrise einer Gesellschaft, die die Zukunftsmöglichkeiten immer bedrohter und gefährdeter gemacht hat. Dennoch: Die Hälfte aller Jugendlichen beurteilt (*Deutsche Shell* 2000, Bd. 1, 13) die persönliche Zukunft »eher zuversichtlich«. Dabei sehen Jugendliche sehr genau und realistisch die Herausforderungen der modernen Gesellschaft und nehmen die abverlangte Leistungsbereitschaft wahr. Gleichwohl enthält ihre Zuversicht auch Irritationen.

Die Belastung durch individuelle Sinnstiftungsprozesse führt zu starken Wünschen nach Eindeutigkeit, Betroffenheit, Intensität und Nähe. Eine starke Orientierung am Konzept der stabilen Familie zu finden, bildet für die Jugendlichen das biografische Rückgrat neben dem Beruf. Es verwundert daher nicht, wenn Schüler/innen heute versuchen, über die Aneignung von Kompetenzen (»Lernen«) hinaus vor allem auch über die Beziehungsebene ihre »Bedeutung« zu finden. Auch in der Schule werden befriedigende Beziehungen gleichsam als Schutzmantel um Arbeits- und Lernprozesse gelegt. Oft wird Arbeitsfähigkeit gekoppelt daran, dass sich die Schüler/Innen in ihrem Beziehungsgefüge zufrieden fühlen können. Nähe und Betroffenheit werden zu Voraussetzungen für jede echte Anstrengung in der Schule (*Ziehe* 1983, *Helsper* 1985).

Allerdings: Von Beziehungen und Gegenwartserfüllung allein kann Schule nicht leben. Gleichwohl muß die Schule die Herausforderung durch die Jugend annehmen, auch wenn in der Schultheorie Jugendprobleme kaum berücksichtigt werden und in den Jugendtheorien Schule eher am Rande erscheint (*Schweitzer/Thiersch* 1983, 12). Wie Hartmut *von Hentig* in seinem Entwurf zeitunabhängig deutlich gemacht hat, muß Schule als aktueller Lebens- und Erfahrungsraum und angemessene Vorbereitung auf das zukünftige Leben kein Widerspruch sein (*v. Hentig* 1993).

1.2 Handlungsorientierung in neueren didaktischen Ansätzen

Pädagogen/innen aller Zeiten haben sich bemüht, Schule zu einer für Schüler/innen sinnvollen Lebensstätte zu machen. Dazu gehört auch der Versuch, Elemente von Aktivität, Handeln, Selbständigkeit usw. in der Schule zu realisieren. Die *Wurzeln des handlungsortientierten Unterrichts* reichen denn auch bis zu den Industrieschulen des 18. Jahrhunderts, z. B. J. H. G. *Heusinger* (1797): »Es ist nämlich das Prinzip der Tätigkeit, welches ich überall in der Erziehung einzuführen versuche«, Zit. nach *Odenbach* 1963, 14) oder zu *Pestalozzis* berühmter Trias »Kopf, Herz und Hand« bei der Entfaltung menschlicher Kräfte. – Aber jeder Vorläufer hat seine eigenen historischen Bedingungen.

Erinnern wir uns an den Wandel der Aneignungsweise von Kultur bei Kindern *unserer* Zeit, so ergibt sich als Konsequenz: Wir müssen nach didaktischen Ansätzen suchen, die Eigentätigkeit und Unmittelbarkeit fördern, weniger aber auf Sekundärerfahrung und Konsumieren von Resultaten gerichtet sind, die einen handelnden Umgang mit Lerngegenständen ermöglichen und deutlichen Bezug zur Lebenswelt der Schüler/innen aufweisen. Sehen wir uns also in der didaktischen »Szene« um, ob wir Hilfe dabei erfahren.

1.2.1 Exemplarisch-genetisches Lernen

Nach dem 2. Weltkrieg war es vor allem Martin Wagenschein, der – am Beispiel des Physikunterrichts – mit seinem Prinzip des exemplarischen und genetischen Lernens wichtige Impulse gegeben hat *(Wagenschein* 1973, 4. Aufl.). Um die Schule »nicht im Stoff ersticken« und zur »Erledigungsmaschine« verkommen zu lassen (ebd. 8), kritisiert er den zwar »logischen« aber unpädagogischen systematischen Lehrgang, der scheinbar zur Vollständigkeit, in Wirklichkeit aber »zur Hast und also zur Ungründlichkeit« führt (ebd. 9). Diesem »imposanten Schotterhaufen« setzt er den »Mut zur Lücke« als »Mut zur Gründlichkeit und bei begrenzten Ausschnitten intensiv zu verweilen« (ebd. 10), entgegen. Im Begriff des *»Exemplarischen«* faßt er sein *erstes grundlegendes Prinzip* zusammen: »Das Einzelne, in das man sich hier versenkt, ist nicht Stufe, es ist *Spiegel* des Ganzen« (S. 12; vgl. *Gerner* 1966, *Scheuerl* 1969, 3. Aufl.). Das Exemplarische (z. B. die Rakete für Newtons Grundsatz actio = reactio, das Fallgesetz für die Mathematisierbarkeit gewisser natürlicher Abläufe) steht dabei paradigmatisch, repräsentativ, abbildend (*Thimpel.* »mundus in gutta« die Welt im Wassertropfen) für das Ganze. Auf andere Fächer übertragen hieße dies z. B.: die »Hausgans« als Exemplum für »Domestikation«, das »Kaiserquartett« für die »Wiener Musikklassik«, der »Reichstag zu Speyer« als Exemplum für das »Wesen des Protestantismus«.

Zwar ist das Prinzip des Exemplarischen (außer im Fach Geschichte) auf die Dauer kaum praktisch weiterdiskutiert worden. Es hat aber gerade für den handlungsorientierten Unterricht erhebliches Gewicht, weil in ihm ein zentrales Argument gegen den Vorwurf des »Zufälligkeitslernens« beispielsweise im Projektunterricht steckt. Allerdings müssen sich Handlungselemente im Unterricht gegenüber der Frage legitimieren können, welche allgemeineren Zusammenhänge, Beziehungen, »Gesetzmäßigkeiten«, Strukturen etc. sich an ihnen aufzeigen und erarbeiten lassen. *Wagenschein* geht konsequent noch einen Schritt weiter: »Ein streng exemplarisches Verfahren muß ›genetisch‹ sein.« (1973, 55) Was genetisches Lernen meint – im Gegensatz zum »darlegenden Unterricht«, den er mit der Führung durch eine geordnete Ausstellung von Funden einer abgeschlossenen Expedition vergleicht, macht *Wagenschein* an einem Beispiel (»Erdgeschichte«) klar (1973, 60ff.).

– Am Anfang eine »weittragende Frage«, die sich dem wachen Menschen aufdrängt: die Landschaft. Ohne Eile wird eine Fülle von Lichtbildern durcheinander gezeigt, von Geröll über Lawine bis zu Brandungsküsten. *Grundsätze:* Exposition, die Sache redet, der Lehrer führt nur minimal, Schüler äußern Einfälle.
– Dann zündet das Thema: »Wie soll das enden? Alles geht zu Tal. Wird eine Zeit ohne Berge kommen?« *Grundsätze:* Geduld, Zeit, das Denken in Bewegung setzen, Emotionen (Beunruhigung, produktive Verwirrung) als Motivation zulassen. – Der Lehrer »muß bereit und fähig sein, mit dem Kind zu denken, in der Art, die das Kind zeigt, wenn er es nicht indoktrinierte« (1982, 67).
– Eine *Kette von Einfällen, Nachprüfungen, neuen Fragen* entwickelt sich, produktives Material dazu wird vorgelegt, z. B. Zurückschreiten des Niagarafalles / voranschreitendes Nildelta u. a. m. – Es entsteht der Eindruck fortschreitender Einebnung und Versumpfung, bis dann die Gegenfrage von selbst kommt: »Gibt es keine Gegenkräfte?« – *Grundsätze:* »Ich stelle keine Fragen ..., sondern gehe von dem aus, was die Kinder spontan vorfinden, was sie wendet, wo sie anfangen zu denken« (1982, 73). – Aber auch: Nicht bloß alles »interessant« finden, sondern »man muß das, was die Schüler sagen, angreifen ... « (ebd.)
– *Naheliegende Einfälle* werden untersucht, auch wenn sie »falsche Erklärungen« enthalten (Katastrophentheorie): Vulkane, nein sie sind nur Begleiterscheinungen, nicht letzte Ursache; andere Kräfte in Gebirgen (z. B. Besuch von Steinbrüchen), gewaltige Verwerfungen, Erdbeben werden studiert, Versteinerungen ... – *Grundsätze:* Vorrang des Verstehens vor dem Hersagen von Ergebnissen, »Verstehen kann jeder nur für sich selber«, absoluter Respekt vor dem eifersüchtigen Geist des Kindes, selbsttätig zu sein, einzige Regel für den Unterricht ist die Bitte des Kindes zum Lehrer: »Hilf mir, dass ich es von mir aus tun kann!« *(Montessori)*
– Schließlich die Einsicht: *Wir leben auf einer ruhelosen Erde* und das *Verständnis für die »wahrhaft entsetzlichen Zeiträume«.* Geologische Zeiträume werden »Ereignis in uns«, sind nicht bloße Information. *Grundsätze:* Wirklichkeit der Erde ist in der Schule »anwesend«. Fragestellungen, Begriffe, Symbole, Strukturen drängen sich dem Schüler aus der *Sache* auf. – Wochen, oft Monate Zeit (möglichst Epochenunterricht). – Erst neben diesem genetischen Lernen – das oft der historischen Entstehung von Forschungsergebnissen gleicht – (der Gegenstand wird in seine Ursprungssituation und seinen Werdeprozeß zurückgeführt) – wird dann informativ doziert, »meinetwegen mit großer Geschwindigkeit« (1982, 68).

Halten wir fest: 1. Exemplarisch-genetische Lehrgänge, wie *Wagenschein* sie an zahlreichen Beispielen in seinem Buch »Naturphänomene sehen und verstehen« (1988, 2. Aufl.) erläutert, setzen bei aufschlußreichen und aufregenden *Phänomenen an (Wagenschein:* »Rettet die Phänomene!«). – 2. Indem die Wirklichkeit gleichsam immer »anwesend« bleibt, wird sie »ergriffen«, »durchgefühlt«, erlebt, durchdacht; Schüler sollen mit Leib und Seele bei der Sache sein können, ihr kritisch-prüfendes selbsttätiges Denken und Suchen vollzieht sich entlang der Sache. – 3. Der Lehrgang soll »im lebendig-beweglichen Fluß – angeregt durch die Wissenschaftsgeschichte – sowohl die volle Wirklichkeit des Gegenstandes wie die des Lerners anwesend halten« (*Berg* 1989, 178). – 4. Die Führung des Lehrers ist (scheinbar) minimal, vergleichbar der sokratischen Mäeutik (»Hebammenkunst«). Es handelt sich aber insgesamt um nachproduzierendes Lernen, dessen sachliches Ergebnis letztlich feststeht. Neuerdings haben C. *Berg* und T. *Schulze* in ihrer »Lehrkunst-Didaktik« u.a. diese Ansätze *Wagenscheins* aktualisiert (*Berg/Schulze* 1993).

1.2.2 Entdeckendes Lernen

Vor allem J. S. *Bruner* war es, der das entdeckende Lernen vehement vertrat und die Curriculumentwicklung in den 70er Jahren entscheidend beeinflußte.

»Ob es ein Schüler ist, der selbständig vorgeht, oder ein Wissenschaftler, der sein wachsendes Gebiet beackert, stets werde ich von der Annahme ausgehen, dass Entdeckung ihrem Wesen nach ein Fall des Neuordnens oder Transformierens des Gegebenen ist. Dies so, dass man die Möglichkeit hat, über das Gegebene hinauszugehen, das so zu weiteren neuen Einsichten kombiniert wird.« (*Bruner*, in: *Neber* 1973, 16)

Der entscheidende Gewinn, das Ergebnis von Entdeckung, ist also nicht nur die »Entdeckerfreude«, sondern die *Einsicht in die Struktur (Zusammengehörigkeit) von Informationen,* die vorher nicht vorhanden war. Selbstentdecken lehrt, Informationen so zu erwerben, dass sie für das Problemlösen weitaus fruchtbarer werden als die Methode, etwas *darüber* zu lernen, den Stoff also als fertiges Endprodukt im Gedächtnis zu speichern. Beim entdeckenden Lernen wird der Lernende Konstrukteur, er ist nicht nur mehr oder weniger fremdgesteuerter Rezipient dessen, was andere ihm vorsetzen (»darbietender Unterricht«).

Bruner erprobte die Entdeckungsmethode u. a. in einem sozialwissenschaftlichen Curriculum. Ein Beispiel (Bruner 1970, 3 f.): Beim sozial- und wirtschaftsgeographischen Thema Städte präsentierte er den Schüler/innen – statt auf herkömmliche Weise mit einer der üblichen Landkarten zu arbeiten – eine Karte, die nur topographische Merkmale und Zeichen für Bodenschätze enthielt. Wo könnte man möglicherweise Städte erwarten? Warum? Die Schüler/innen diskutierten verschiedene Voraussetzungen einer Stadt: Wasserwege, Mineralagerstätten etc.; die Aufregung war groß, einige Schlußfolgerungen wurden bestätigt, andere nicht, – neue Untersuchungen folgten. – An einem nicht gerade vielversprechenden Thema war es Bruner gelungen, intrinsische Motivation und entdeckendes Denken zu entwickeln.

Es gibt inzwischen eine Fülle von *unterrichtspraktischen Beispielen* zum entdeckenden Lernen, die vor allem belegen, dass entdeckendes Lernen bereits vom ersten Jahr der Grundschule an möglich ist *(Hartinger 2006)*. Aber auch entdeckendes Lernen ergibt sich nicht von selbst, sondern wird gezielt initiiert, wobei der Grad der Strukturierung durch den/die Lehrer/in in ein wichtiges Kriterium auf der Skala vom »völlig ungelenkten« bis »angeleitetem Entdecken« ausmacht. In vielen Fällen schulischen Lernens allerdings ist – darauf hat besonders *Ausubel* (1973) in seiner scharfen Kritik Bruners hingewiesen – ein völlig autonomes Entdecken nicht möglich. Die Konsequenz: In der Unterrichtspraxis geht es eher um »*entdecken-lassende Lehrverfahren*« *(Eigler* u. a. 1973, 61) oder um »*gelenktes Entdecken*« *(Einsiedler* 1981, 67), bei dem es darauf ankommt, den Lehrgegenstand so aufzuarbeiten, dass seine Strukturen für die Schüler/innen leichter zu entdecken sind, dass Lehrinhalte in Probleme transformiert werden – bei minimaler Hilfe *(Einsiedler 1996)*.

So gewinnt die Integration des Entdeckungslernens in die Lehrstrategie des/der Lehrers/in und die Steuerung des Lernens durch den/die Lehrer/in wieder entscheidende Bedeutung. Aber entdeckendes Lernen kann auch konsequent mit offenem, schülerorientiertem Unterricht verbunden werden, der den/die Schüler/in in einer dezidiert entscheidungskompetenten Position sieht. »Entdeckendes Lernen« *(Neber* 1973 und 2006) und »selbstgesteuertes Lernen« *(Neber* u. a. 1978) sind – nicht nur in Buchtiteln – zu unterscheiden.

1.2.3 Offener Unterricht

Theorie und Praxis des *offenen Curriculums* verdanken ihre Existenz dem – weitgehenden – Scheitern der herkömmlichen geschlossenen *Curricula*, die Lehrer/ innen mehr und mehr zu Ausführungsorganen fertiger Pakete und Schüler/innen zu Lernzieladaptionsobjekten machten. Das Konzept *offenen Unterrichts (Jürgens 2004,* kritisch: *Günther* 1996) indes ist weniger ein von Theoretikern ausgearbeitetes komplexes Modell, sondern eher *eine praktisch gewordene Erziehungsphilosophie. (Bauer 2003)* In ihr geht es um die Verwirklichung von Selbstbestimmung, Selbständigkeit in der Umweltauseinandersetzung, Kritikfähigkeit, aber auch um Kreativität, undogmatisches Denken, Kommunikationsfähigkeit und Selbstvertrauen, – kurz um die Fähigkeit, sein Lernen und Handeln selbständig zu steuern. (*Gudjons* 2006) Je nach Akzentuierung eines Zielbereichs ergeben sich begriffliche Nuancen: schülerzentrierter/schülerorientierter/offener Unterricht, was einen synonymen Gebrauch der Adjektive zuläßt.

Die zentrale Idee des offenen Unterrichts ist die *konsequente Umsetzung der Erziehungsziele Selbständigkeit und Mündigkeit* in entsprechende Unterrichtspraktiken, um »Lernen aus eigener Verantwortung zu fördern, individuelle Entwicklungsziele zuzulassen und methodisch in hohem Maße Selbsttätigkeit oder Selbststeuerung zu ermöglichend« *(Einsiedler* 1985, 20).

Eine Systematisierung der Dimensionen von Offenheit – zugleich als Kriterien- und Frageraster zur begrifflichen Einordnung einzelner Unterrichtsversuche – hat A. C. *Wagner (1978,* 53 ff.) in ihren grundlegenden Arbeiten zum offenen / schülerzentrierten/selbstgesteuerten Lernen in der Schule entwickelt:

1. *Offenheit in der Organisationsform* (inwieweit kann ein/e Schüler/in wählen, wann er/sie etwas tut; hat er/sie solange Zeit wie benötigt; mit wem in welcher Arbeitsform?)
2. *Offenheit im inhaltlichen Bereich* (was ist verpflichtend, Regelungen?, wer wählt aus, Einzelne/Gruppen, Veröffentlichung des Lehr- oder Arbeitsplans, betrifft der Inhalt die Schüler/innen selbst?)
3. *Offenheit im kognitiven Bereich* (wie festgelegt ist das Vorgehen, entdeckendes Lernen?, welche kognitiven Ebenen – nur Wissen? oder auch Kreativität? – sind angesprochen, inwieweit ist das bearbeitete Thema fächerübergreifend, wie autoritätsabhängig/-kritisch ist das Vorgehen?)
4. *Offenheit im sozioemotionalen Bereich* (wie demokratisch – nicht laissez-faire! – ist der Umgang von Lehrer/in und Schüler/innen, Abbau von Angst, Befähigung zur Gruppenarbeit, wieweit werden soziale und emotionale Bedürfnisse mit berücksichtigt, Konflikte bearbeiten?)
5. *Offenheit gegenüber der Welt außerhalb der Schule* (wieweit Lerngegenstände von draußen, soziale Herkunft der Schüler/innen, Öffnung in die Umwelt, Gemeinde, Einbeziehung von Eltern oder Experten, Erkundungen, Exkursionen?)

Inzwischen ist der »Offene Unterricht« in der Praxis vielfältig weiterentwickelt worden *(Jürgens* 2004, *Peschel* 2006), so dass *Wallrabenstein* (2001, 54) ihn kennzeichnet als »Sammelbegriff für unterschiedliche Reformansätze in vielfältigen Formen inhaltlicher, methodischer und organisatorischer Öffnung mit dem Ziel eines veränderten Umgangs mit dem Kind auf der Grundlage eines veränderten Lernbegriffs«. Man erkennt Offenen Unterricht zunächst an charakteristischen äußeren Merkmalen (ebd. 61 f.): einer anregenden Lernumwelt in der Klasse mit Werkstattcharakter, einer freien und flexiblen Lernorganisation mit wenig Frontalphasen, kreativen und selbsttätigen Lernmethoden, einer akzeptierenden Lernatmosphäre, zahlreichen praktischen Lerntätigkeiten, sichtbar dokumentierten Lern- und Arbeitsergebnissen im Klassenzimmer. »Brennpunkte« sind der »Stuhlkreis« (für Gemeinsamkeit), die Freie Arbeit (für eigene Entscheidungen der Kinder), der »Wochenplan« (für eine transparente Organisation der Arbeit), Projekte (für Sinnzusammenhänge), der gestaltete Klassenraum (für das Miteinander-Leben), Arbeitsmittel (für das Praktische Lernen) und ein ausgeprägtes Schulleben (als Öffnung für ein eigenes Schulprofil). – Auch für die Sekundarstufe gibt es inzwischen zahlreiche Erfahrungen und Anregungen (PÄDAGOGIK H. 7/8 1989 »Über die Projektwoche hinaus«, H. 6/1990

»Lernziel: Selbständigkeit«, H. 2/1991 »Schüler als Forscher«, H. 4/1991 »Öffnung von Schule«, H. 6/1991 »Freie Arbeit«, H. 10/1993 »Freie Arbeit und Projektunterricht«, zuletzt H. 7-8/2007 „Selbstregulation lernen").

> Offener Unterricht ist damit, wie vor allem *Bastian* (1995, 7ff.) herausgearbeitet hat, ein Konzept, das vorsichtig Übergänge vom traditionellen frontalunterrichtlichen, lehrerzentrierten Setting zu schüleraktiven Formen ermöglicht und die vielen Widersprüchlichkeiten ernst nimmt:
>
> 1. öffnet er sich den Fragen und Interessen der Beteiligten, ohne die Vorgaben der Institution aus dem Auge zu verlieren;
> 2. öffnet er sich der Verschiedenheit der Schüler/innen, ohne die Gemeinsamkeit der Lerngruppe zu vernachlässigen;
> 3. öffnet er sich den Erfahrungen und ermöglicht Handeln in außerschulischen Lernorten, ohne die Chancen geordneter Lernräume in der Schule zu übersehen;
> 4. bemüht sich dieser Unterricht um schüleraktivierende und handlungsorientierte Methodenvielfalt, ohne die bewußte methodische Gestaltung der Lernumgebung aufzugeben;
> 5. fördert er Mündigkeit durch Selbständigkeit und Selbstverantwortung im begrenzten Raum der Schule, ohne die Perspektive der demokratischen Handlungsfähigkeit in der Gesellschaft damit gleichzusetzen;
> 6. fördert er Lernen über Fächergrenzen, ohne den Wert der Fachperspektiven gering zu schätzen;
> 7. betont er die persönliche Bedeutsamkeit des Lernens, ohne notwendig erachtetes Wissen zu vernachlässigen;
> 8. kultiviert er die Rolle des Lehrers im Sinne eines Lernberaters, ohne die Rollen von Lehrenden und Lernenden zu nivellieren;
> 9. bemüht er sich um ein mehrdimensionales Leistungsverständnis und entsprechend um angemessene Formen der Leistungsrückmeldung, ohne gegenüber dem Zwang zur Zensur blauäugig zu sein;
> 10. versteht er sich als Ergänzung zu »geschlossenen« Lernformen, die weiterhin als systematische Vermittlung von Kenntnissen und Fähigkeiten sinnvoll bleiben.
>
> In diesen Merkmalen ist die Spannung dieser Unterrichtsform gut eingefangen und einem platten Idealismus konsequent vorgebeugt: ein Spagat ist eben schwieriger als eine einfache Rolle vorwärts ...

Wer nun mit diesem »Super-Konzept« in seine Hauptschulklasse geht und ab heute offen und schülerorientiert unterrichten will, wird – zumindest – die Erfahrung jener vielbeschriebenen »recht chaotischen Phase« *(Wagner* 1982, 33) machen. Schüler/ innen einer Klasse sind ja kaum eine geschlossene, gut aufeinander eingespielte Gruppe; neben Cliquen gibt es die Motivierten, die Störer, Ängstlichen, Vorlauten,

– die Lernvoraussetzungen sind in der Regel unterschiedlich und die Ziele in Erziehung und Unterricht zudem heterogen. Im offenen Unterricht müssen deshalb die verschiedenen Strukturmerkmale jeweils im Grad ihrer konkreten Ausprägung auf die unterschiedlichen Ziele und Lernvoraussetzungen bezogen werden. Je nachdem wie stark die Offenheit in den Zielen/ Inhalten, in den Methoden, in den Lernmaterialien, der Lernkontrolle usw. ausgeprägt ist, ergeben sich unterschiedliche »Profile« offenen Unterrichtes *(Einsiedler* 1985, 21). »Schülerorientierter Unterricht ist für uns kein Idealtypus eines Unterrichts, den man nach der Art des ›Alles-oder-Nichts‹ entweder durchgeführt oder ›verfehlt‹, sondern ein Prozeß, *in dessen Verlauf Lehrer und Schüler gemeinsam dirigistisches Verhalten abbauen und die unterrichtliche Struktur so verändern, dass ein zunehmend größeres Ausmaß an Selbständigkeit und Mitbestimmung der Schüler möglich wird.« (Wagner* 1982, 28)

In einer umfänglichen Studie haben F. *Bohnsack* u. a. (1984) die bisher herangezogenen Ansätze im Umfeld eines »schülerorientierten Unterrichts« konzeptionell zusammengefaßt und Erfahrungen mit der praktischen Einführung/Erprobung im Unterricht dargestellt.

1.2.4 Freie Arbeit

Die Freie Arbeit (auch »Freiarbeit«) ist eine Art Zwischenglied zwischen Offenem Unterricht und Projektunterricht (PÄDAGOGIK H. 10/1993, *Krieger* 1994, *Hegele* 1995, *Vaupel* 1997, *Bartnitzky* 2005). Schüler (mehr und mehr auch in der Sekundarstufe – *Sehrbrock* 1993) können innerhalb eines festen Zeitrahmens (z. B. in der Woche) selbst bestimmen, welche Aufgaben oder Vorhaben sie in einem Fach bearbeiten wollen, allein oder in Gruppen und nach eigenem Rhythmus. Frei ist diese Arbeit in unterschiedlichem Ausmaß: Ein erster Schritt ist, dass der Lehrer bestimmte Materialien und Arbeitsmittel auswählt, diese vorbereitet und einführt; Schüler/innen können für das Thema entsprechendes auswählen. Ein zweiter Schritt ist dann die freie Wahlmöglichkeit zwischen verschiedenen inhaltlichen Vorschlägen des Lehrers (zu einem Oberthema) oder Handlungsformen (Erkunden, Experimentieren, Recherchieren). Ein gemeinsam erarbeiteter Plan strukturiert dabei die Arbeit. Sehr nahe dem Projektunterricht kommt dann der Schritt, selbständig und frei gewählte Themen oder Aufgaben in Gruppen handlungsorientiert zu bearbeiten. In der Regel werden die Ergebnisse der Klasse präsentiert. Freie Arbeit ist ansatzweise aber auch möglich, wenn es um Wiederholungs- oder Übungsphasen im Unterricht geht, wobei die Schüler/innen nach ihrem eigenen Rhythmus und ihren speziellen Lernnotwendigkeiten gezielt Aufgaben bearbeiten.

Gelegentlich ist die Freie Arbeit identisch mit dem *Wochenplanunterricht,* bei dem die Schüler und Schülerinnen einen vom Lehrer entwickelten Arbeitsplan (Pflicht –

Wahl – freie Aufgaben) selbständig, in Gruppen, nach eigener Reihenfolge und in eigenem Lerntempo bearbeiten, wobei sie die Ergebnisse selbst überprüfen, dem Lehrer aber rechenschaftspflichtig sind *(Claussen u. a. 1993, Vaupel 1996, Moosecker 2008).*

Ein Weg zur Freiarbeit ist auch das *Stationenlernen*, bei dem unterschiedliche Aufgaben (Wahl- und Pflicht-) Stationen mit entsprechenden Materialien im Klassenraum zugeordnet sind. Gearbeitet wird hier dann in freier Reihenfolge an den unterschiedlichen Stationen. *(Bauer 1997, Hegele 1998, Stationenlernen Sek. II 2007)* Freiarbeit in den unterschiedlichen Varianten ist keineswegs an eine Stufe oder Schulform gebunden: So liegen z. B. für die Förderung lernschwacher Schüler in der Sonderschule sehr positive Erfahrungen vor (*Reiß/Eberle* 1995, *Moosecker* 2008*).*

1.2.5 Erfahrungsbezogener Unterricht

H. *von Hentigs* Buch »Schule als Erfahrungsraum?« hat eine Diskussion eingeleitet, bei der das Konzept eines »*erfahrungsoffenen Unterrichts*« (*Garlichs/Groddeck* 1978) sich zugleich als Kritik der fundamentalen Prinzipien der herkömmlichen Schule verstand. Erfahrungsoffener Unterricht

– unterdrückt die aktuellen Bedürfnisse, Interessen und Neigungen der Schüler/innen nicht länger im Dienste der beschriebenen »Zukunftsorientierung«,
– verdrängt die Subjektivität, die eigene Sichtweise der Lernenden nicht aus dem Lern- und Aneignungsprozeß, im Gegenteil: sie werden Voraussetzung für eine angemessene Gegenstands- und Problembearbeitung und vermitteln damit die Erkenntnis, dass »auch die scheinbar objektive Perspektive, die in Schule und Wissenschaft Lerngegenstände konstituiert, das Resultat sozialer Konsensbildung ist« (S. 12).
– stellt die sinnliche Auseinandersetzung mit Gegenständen/Themen/Problemen in ihrem »natürlichen« Lebenskontext der Aufteilung in Fachdisziplinen entgegen, bezieht sie zumindest auf größere Bedeutungszusammenhänge,
– betont gegenüber der abstrakten Belehrung (»Erfahrungen aus zweiter Hand«) die eigenen konkreten Operationen, Aktivitäten, »Begegnungen« der Lernenden mit den Lerngegenständen,
– versteht schulisches Lernen als Hilfe für die Lebenspraxis anstatt zur Produktion von Prüfungswissen, für Noten und Klassenarbeiten,
– nimmt auch das »informelle Sozialverhalten« außerhalb von Lehrer/Schüler-Rolle ernst (Beispiel: »Lehrer und Schüler erforschen ihr Verhalten bei Disziplinproblemen« – *Heinze/Prause/Heinze*, ebd. 67ff.),
– statt eine geschlossene, bisweilen »totale« Institution zu sein, öffnet die Schule sich für ihr soziales Umfeld und läßt das übrige gesellschaftliche Leben bewußt hinein.

Damit ergibt sich nun allerdings auch ein anderer *Wirklichkeitsbegriff:* nicht mehr die didaktisch auf wenige Merkmale leicht(er) verdaulich reduzierte Wirklichkeit, sondern die Mehrdeutigkeit, Konflikthaftigkeit, Widersprüchlichkeit und Unbequemlichkeit von Sachverhalten und Problemen sind gemeint, – deren Vielfalt aber in pädagogisierten schulischen Erfahrungen mit ihrer Sterilität, Abgestandenheit und Lebensfremde kaum noch auftaucht. Nur wenn Erfahrungen in diesem Sinne ernstgenommen werden, kann ein auf sie bezogener Unterricht helfen, »mit den Brüchen in der Kontinuität der Welt- und Selbsterfahrung zu leben, etwas damit aufzufangen« (*Rumpf* 1976, 166).

Nun ist gleichwohl im Erfahrungsbegriff eine didaktische Differenzierung nötig. Neben den »gegebenen Erfahrungen« (die die Schüler/innen mit in die Schule bringen) sind im Unterricht besonders die »didaktisch erschlossenen Erfahrungen« (die der/die Lehrer/in durch Konfrontation der Schüler/innen mit geeigneten Materialien und Methoden anschaulich vermitteln kann) und die »kollektiv hergestellten« (in einer gemeinsam geplanten Aktion auch außerhalb der Schule gesammelten) Erfahrungen wichtig *(Schaeffer/Lambrou* 1972, 54).

Ein auf zahlreiche praktische – d. h. realisierte! – Beispiele gestütztes Konzept eines solchen erfahrungsbezogenen »Unterrichts« hat *I. Scheller* (1981, 53 ff.) entwickelt. Schüler/innen wird hier die Möglichkeit gegeben,

» – Fragen, Probleme und Erscheinungen zu untersuchen, die ihnen *wirklich wichtig* sind;
– nicht nur kognitiv, sondern auch *sinnlich-körperlich* zu handeln und zu lernen;
– sich *nicht immer nur über Sprache zu verständigen,* sondern auch über Bilder, Spiele, Musik, Gegenstände und Aktionen;
– *Produkte herzustellen,* in denen sie ihre Erfahrungen, Vorstellungen und Bedürfnisse vergegenständlichen können und die einen Gebrauchswert für sie haben;
– sich nicht nur selbst darzustellen und gegen andere abzugrenzen, sondern voneinander und miteinander zu lernen, d. h. *soziale Erfahrungen zu machen* und Beziehungen aufzubauen;
– in ihren Aktivitäten nicht auf die Schule und den Klassenraum eingeschränkt zu sein, sondern *auch außerhalb der Schule* Erkundungen und Aktionen durchzuführen;
– sich unabhängig von der Gängelung durch die Schulzeit und den Stundenplan nach dem *eigenen Arbeits- und Lernrhythmus* mit Erscheinungen, Fragen und Problemen auseinanderzusetzen.«

Freilich garantieren erfahrungsoffene – im Vergleich zur traditionellen Unterrichtspraxis schon »alternative« – Unterrichtssituationen noch keineswegs, dass *»Erfahrungen«* (nicht nur *»Erlebnisse«)* gemacht und diese reflexiv verarbeitet werden«. Erst die aktive, bewußte Auseinandersetzung mit Erlebnissen läßt Erfahrungen entstehen. Erfahrungen setzen die Symbolisierung von Erlebnissen, d. h. eine Interpretation im Horizont vorgängig erlernter Bedeutungen voraus, und – soweit die Erlebnisse neue Erklärungen notwendig machen – können sie zur Umstrukturierung und Erweiterung dieser Bedeutungen führen. Nur so bestimmen Erfahrungen das eigene Denken und Handeln in dem Sinn, dass sich die Person als Subjekt in der tätigen Auseinandersetzung mit der Welt produziert. Die *didaktische Konsequenz,* die *Scheller* zieht: Erlebnisse, Erfahrungen und Phantasien der Schüler/innen sind zwar Gegenstand von Lernprozessen, »allerdings sind es vor allem erinnerte, an Texten, Bildern, Filmen aktualisierte Situationen, die rekonstruiert und in Auseinandersetzungen mit anderen ... Erfahrungen begriffen werden sollen.« *(Scheller* 1981, 63) Erfahrungsbezogenes Lernen wird daher konkret in drei wesentlichen Elementen methodisch organisiert.

1. Aneignung von Erfahrungen. Der/die Lehrer/in schafft Situationen, in denen die Schüler/innen ihre Wahrnehmungen und Erlebnisse erinnern, darstellen und reflektieren können. Ein Beispiel: Hauptschüler/innen haben eine Schule für Körperbehinderte besucht – im Kontext einer Fülle von Erlebnissen, Wissen, Phantasien, Haltungen, Wahrnehmungen etc. – Die Schüler/innen erhalten die Aufgabe – statt wie üblich »zu besprechen«, was sie erlebt haben – allein oder mit andern jene Situationen, die ihnen besonders in Erinnerung geblieben sind, zu beschreiben, zu zeichnen oder szenisch darzustellen: Was war daran neu und wichtig? Im Zusammenhang mit vorher gelesenen Texten, gesehenen Filmen, Bildern (symbolisch vermittelt in den Unterricht eingebracht) bezieht sich die Aneignung zunächst auf eben die subjektiven Bedeutungen, die die Schüler/innen mit ihren Erlebnissen verbinden.

2. Verarbeitung von Erfahrungen. Darüber hinaus brauchen die Schüler/innen aber neue Perspektiven, Erklärungsmuster und Erfahrungen, damit sie das Erlebte neu sehen, interpretieren und in seiner gesellschaftlichen Dimension erklären können. Dabei sind die Erlebnisse, Haltungen und Phantasien der Schüler/innen – auch wenn sie »klischeehaft« oder emotional umgangssprachlich banal sind – als Basis der Verarbeitung zu akzeptieren. Sie bilden das Rohmaterial, das der organisierenden Bearbeitung bedarf, um es – z. B. durch Konfrontation mit Wissen und Erfahrung anderer (Schüler, Lehrer/Lehrbuchautoren, Journalisten u. a.) – zu »reorganisieren«: Der/die Lehrer/in kann den Schüler/innen Erfahrungsberichte von Behinderten zu lesen geben, Filme über den perspektivlosen Heimalltag zeigen, Schüler in Rollstühlen fahren und in der Stadt Aufgaben erledigen lassen – um dann miteinander nach Erklärungen zu suchen oder Alternativen zu studieren.

3. Veröffentlichung von Erfahrungen. Damit der eigene Lernprozeß nicht folgenlos bleibt, wird das Erarbeitete einer über den Klassenzusammenhang hinausgehenden Öffentlichkeit zugänglich gemacht. Am Beispiel der Behinderten können die Schüler/innen durch Darstellung und Diskussion ihrer Position (diese natürlich zugleich auch nochmal als Arbeits- und Lernprozeß rekonstruieren und damit erneut überprüfen) einen Beitrag leisten zur Aufklärung über ein gesellschaftlich immer noch weitgehend tabuisiertes Thema.

Scheller zeigt nun an einer Fülle von Beispielen *konkrete Möglichkeiten* auf, diesen Dreischritt von Aneignung, Verarbeitung und Veröffentlichung von Erfahrungen zu leisten. Neben dem *Gespräch (S.* 121 ff.), *dem Schreiben* (S. 128 ff.), *der Literatur* (S. 155 ff.), *dem szenischen Spiel* (S. 191 ff.) ist dies auch die *Fotografie* (S. 179 ff.).

Schellers Konzept macht auf der einen Seite zwar die zentrale Rolle des Lehrers/der Lehrerin im erfahrungsbezogenen Unterricht deutlich, belegt aber andererseits beeindruckend, wie sich über das Element der Erfahrung (und ihrer Verarbeitung/Aneignung) konkrete Handlungsmöglichkeiten für Schüler/innen im Unterricht ergeben können. Allerdings: Unterricht in der Schule lebt nicht allein von den Erfahrungen der Schüler/innen, sein untrennbares (dialektisches?) Gegenstück ist das nach einschlägigen Methoden organisierte Lehren und Lernen *(Duncker* 1987).

1.2.6 Selbstgesteuertes Lernen

Selbstgesteuertes Lernen, auch Selbstorganisiertes Lernen (SOL), selbstverantwortliches, selbstreguliertes oder selbstständiges Lernen genannt, ermöglicht Handlungsorientierung in weit größerem Maße als der traditionelle Frontalunterricht. Es wurde inzwischen schulpraktisch in vielen Fächern erprobt. (Moegling 2004, Hepting 2004, Herold 2005, PÄDAGOGIK H. 7-8 2007) Selbstgesteuertes Lernen impliziert eine erhebliche Kritik am traditionellen Verständnis von Unterricht. Immer noch geht die Schule über weite Strecken nämlich davon aus, dass die Lernenden von außen gesteuert werden müssen. Fremdsteuerung scheint bis heute der effektivste Weg des Lernens zu sein, – jedenfalls in der Vorstellung derer, die Schule veranstalten: Sie sind schließlich die Fachleute für das „Beybringen", sie organisieren das Lernen weitgehend nach dem Grundmuster des „Instructional Design" (Leutner 2001): Um Wissen zu vermitteln, übernehmen Lehrende den aktiven Part, Lernende eher den passiven. Die im Lehrplan festgehaltenen Inhalte sind möglichst systematisch zu organisieren und zu vermitteln. Das ist technologische Lehrstrategie, – die allerdings mit einer durchdachten Vorgehensweise aufwarten kann und deren Erfolge in großen Teilen empirisch gut abgesichert ist. (Helmke/Weinert 1997, 136)

Andererseits enthält Lernen immer ein gewisses Maß an Selbststeuerung, – oder es passiert überhaupt nicht. Lernen ist grundsätzlich sowohl selbst- wie auch fremdgesteuert. (Schiefele/Pekrun 1996) Jeder Text, jedes Fachbuch, jedes Computerlernprogramm, jedes Bild usw. enthalten Elemente der Fremdsteuerung. Das bedeutet: Der Begriff „Selbststeuerung" meint eine Lernform, in der die Lernenden mehr oder weniger Initiatoren und Verantwortliche ihrer Lerntätigkeit sind („Verantwortungsübernahme von Teilprozessen durch die Lernenden" – Bastian/Merziger 2007, 6). Dabei erfahren Lernende in dem für sie passenden Maß Unterstützung und können Hilfe heranziehen (vgl. Konrad/Traub 1999, 12 f.). Mit dem Begriff der Selbststeuerung wird klar, dass Lernakte zu Handlungen werden (im Kap.2 beschriebenen Sinn), denn sie erfüllen wesentliche Kriterien einer Handlung (1.Ziel, 2.Plan, 3.Durchführung, 4.Ergebnisprüfung/Bewertung, 5.Integration in Vorwissen und Handlungsrepertoire).

Dabei gibt es aber ein Problem: Selber beim Lernen *aktiv* zu sein ist gut, selber über sein Lernen zu *bestimmen* ist noch besser, selber sein Lernen zu *steuern* ist am besten. Allerdings: Wenn ich beim Lernen zwar aktiv sein und selber bestimmen kann, mich dabei aber im unökonomischen Zick-Zack-Kurs bewege, mit der Zeit und mit den Ressourcen chaotisch umgehe und methodisch falsch plane, fehlt offensichtlich die Qualifikation für die Selbststeuerung des Lernens. Von entscheidender Bedeutung ist daher die Vermittlung von Lernstrategien, Arbeitsmethoden und worbeiten. Schulen, die das Prinzip der Selbststeuerung fördern, legen größten Wert auf die vorherige und begleitende Qualifikation der Schüler durch Training entsprechender Lernmethoden, wie z. B. im QuiSS-Projekt Schleswig Holstein überzeugend gezeigt wird (Buschmann/Buhren 2004). Darüber hinaus kommt beim selbstgesteuerten

Lernen eine Fülle von *Unterrichtstechniken* zum Einsatz: Diese reichen von Kompetenzrastern zur Planung und Reflexion von Lernprozessen, über schüleraktive Arbeitsformen wie Gruppenpuzzle, Sandwich-Prinzip zum Wechsel von kollektiven und individuellen Lernphasen, Advance Organizer als prozessleitende „Lernlandkarten" bis hin zu Portfolios als Instrumente der Dokumentation von Gelerntem. (Hepting 2004, Herold/Landherr 2005)

Wissen, wie man lernt: Metakognition
Auf der Hand liegt damit auch die enorme Bedeutung der sog. *Metakognition* für das selbstgesteuerte Lernen. (Gudjons 2007, 82 ff.) Dieses in der neueren Lernpsychologie stark betonte Konzept bezeichnet das Wissen über das eigene kognitive System, also ein Bewusstsein von den eigenen Fähigkeiten und Stärken beim Lernen und Handeln, – aber auch von den Lücken und Schwächen. Schüler und Schülerinnen, die solche metakognitiven Strategien zur Lösung von Aufgaben (z. B. Fragen gezielt zur Problemlösung zu stellen, Informationen zu bündeln, den roten Faden zu rekonstruieren), aber auch zur Selbststeuerung, Selbstüberwachung, Selbstüberprüfung usw. gelernt und bewusst trainiert haben, konnten ihre Leistungen im Unterricht von 20 % auf 46 % steigern (Gage/Berliner 1996, 322).

Verantwortung und Wille, – nicht nur Spaß
Eine besondere Note bekommt das Prinzip der Selbststeuerung auch dadurch, dass nicht nur Elemente wie Spaß beim Lernen, also eher das Lustprinzip, betont werden, sondern in der neueren Lernpsychologie auch die Volition (= willentliches Element): Effektives eigenes Lernen ist gebunden an willentliche Kontrollprozesse innerhalb der Motivation: seine Aufmerksamkeit über längere Zeit kontrollieren zu können(also z. B. das auszublenden, was die Lernabsicht gefährdet), die Emotionen zu beherrschen (z. B. sich bei Pannen nicht zu ärgern, sondern einen andern Weg auszuprobieren), Misserfolgserlebnisse zu meistern (z. B. sich nicht enttäuscht abzuwenden, sondern es auf anderem Weg noch einmal zu versuchen), die unmittelbare Lernumwelt zu gestalten und zu kontrollieren (z. B. das Handy auszuschalten) u.a.m. (Konrad/Traub 1999, 33 f.)

Der Lohn einer solchen Einbindung der Selbststeuerung in Verantwortlichkeit und Verbindlichkeit ist auf die Dauer eine Steigerung der Könnenserfahrung und damit des grundlegenden Gefühls der Selbstwirksamkeit. (Bandura 1997) Die *Könnenserfahrung* der Schüler und Schülerinnen wächst mit ihrer methodischen Kompetenz. „Wenn jemand sich selber immer wieder als Ursache von Erfolgen erlebt, dann wächst sein Selbstvertrauen und damit seine Bereitschaft, Aufgaben selbstständig in Angriff zu nehmen." (Peterßen 1999, 170)

Starke und offene Lernumgebungen

Das selbstgesteuerte Lernen baut auf eine Neugestaltung des Unterrichtes in Richtung „starker" Lernumgebungen (Schiefele/Pekrun 1996, Helmke/Weinert 1997, Sacher 2002) Was heißt das? So oft wie möglich stehen im Mittelpunkt des Unterrichtes authentische Themen (d. h. lebensnah aus der Wirklichkeit der Schüler und Schülerinnen), realistische Aufgaben und Probleme, die situiert sind (d. h. auf den Lebenskontext bezogen und wenig vorstrukturiert), multiple Kontexte (Probleme, die aus möglichst unterschiedlichen Perspektiven betrachtet werden), kooperative Arbeitsformen (vom reziproken Lernen in Tandems bis zu verschiedenen Arten der Gruppenarbeit) und nicht zuletzt die Förderung der intrinsischen Motivation und der Schülerinteressen.

Lernumgebungen, die das selbstgesteuerte Lernen fördern, werden ferner eher offen statt geschlossen sein. Während *geschlossene* Lernumgebungen (Sacher 2002, 393) den Stoff hierarchisch gliedern, Informationen im schrittweisen Nacheinander präsentieren, eine enge Zeitstruktur haben, einem traditionellen Ablaufschema folgen und von der direkten Führung der Lehrkraft abhängen (s.o. „Instructional Design"), haben *offene* Lernumgebungen eine explorative Struktur, der Stoff ist „flacher" gegliedert, der Zeitrahmen flexibler, die Reihenfolge der Lernhandlungen und die Bemessung der Lernzeiten werden stärker den Lernenden selbst überlassen. Offene Lernumgebungen zeichnen sich aber auch durch qualitativ angemessene Lernhilfen und Unterstützungsangebote aus sowie durch gezielte Beratung seitens der Lehrkraft. Anders bringt selbstgesteuertes Lernen methodisch kompetente, motivierte und leistungsfähige Lerner nicht hervor!

Bei einer solchen Gestaltung von Lernumgebungen heißt „offen" (vgl. 1.2.3: Offener Unterricht) dann konkret, dass der Unterricht
- offen für die Mitplanung durch die Lernenden ist: Die *Lernziele* sind nicht einfach vorgegeben, sondern aushandelbar;
- offen für themenbezogene Wünsche und Interessen der Lernenden ist: *Inhalte* sind wählbar, u. U. sogar selbst bestimmbar;
- offen gegenüber individuellen Lernbedürfnissen der Schüler und Schülerinnen ist: Die *Lernverfahren* sind nicht starr und vorfixiert, sondern variabel;
- offen für die *Kontrolle und Evaluation* der Arbeit durch die Lerner ist: Selbstverantwortung und Metakognition werden betont;
- offen und flexibel im Arrangement der *Sozialformen* ist: unterschiedliche Sozialformen ergänzen sich funktional;
- offen für eine neue *Rolle der Lehrkraft* ist: Instruieren, anleiten, führen, unterweisen stehen gleichberechtigt neben zurückhaltendem Beraten, helfen, ermutigen und unterstützen;

- offen gegenüber unterschiedlichen *Lernzeiten* der Lerner ist: Lernzeit ist nicht frontalunterrichtlicher Einheitstakt, sondern „Eigenzeit";
- langfristig das selbstgesteuerte Lernen anstrebt: auf offenen Wegen, mit offenen Lernangeboten und eigener Verantwortung der Lerner.

Quer zu den bisher herangezogenen Ansätzen hat insbesondere der Gruppenunterricht eine lange eigene Tradition, die für den handlungsorientierten Unterricht von zentraler Wichtigkeit ist.

1.2.7 Soziales Lernen und Gruppenunterricht

Die spezielle Sozialform des Gruppenunterrichts – genauer gesagt: der Kleingruppenarbeit im Unterricht – bietet eine Fülle gegenstandsbezogener, vor allem aber sozialer Handlungsmöglichkeiten *(Gudjons 2003).*

Um nicht in der Vielfalt möglicher unterrichtlicher Gruppierungsformen – auch begrifflich – unterzugehen, wird hier daran festgehalten, dass sich Gruppenunterricht im engeren Sinne bezieht auf einen Unterricht

- in Kleingruppen (meist 3-6 Schüler/innen) *einer Klasse;*
- bei derselben Lehrkraft, zur selben Zeit, meist auch im selben *Raum*
- *und Aufgabenstellungen,* die in einem unterrichtlichen Gesamtzusammenhang auf die Entwicklung von Kooperationsfähigkeit, auf forschend-entdeckendes Verhalten und gemeinsame Problemlösungen zielen *(Gudjons 1979, 466).*

Seit *Dietrichs* empirischer Untersuchung (1969, zur Kritik: *Glück* 1976) ist sehr wahrscheinlich, dass Unterricht mit Kleingruppenarbeit in der Reproduktion von Wissen (Behalten), in der Beherrschung von Arbeitstechniken, in der Ausprägung sozialer Verhaltensweisen und in persönlichkeitsformenden Faktoren (Aktivität, Produktivität, Arbeitsintelligenz, Kontaktverhalten u. a. m.) ungleich höhere Chancen hat als ein Unterricht ohne Kleingruppenarbeit *(Gudjons 1985, 6ff.).*

Und im Anschluß an Andreas *Knapps* Forschungen (1975) lassen sich die besonderen Vorteile des Gruppenunterrichtes in vier Punkten zusammenfassen: 1. »Erhöhung der Interaktionschancen des einzelnen und somit zur Förderung sprachlich gehemmter Kinder«, 2. »Entwicklung der Fähigkeit des kritischen Überprüfens von Inhalten und Gegebenheiten«, 3. »Verstärkung produktiver, kreativer Prozesse«, 4. »Ermöglichung wechselnder Identifikation und ... Sensibilität für den anderen« *(Meyer 1977,* 43 – vgl. auch *Dann/Diegritz/Rosenbusch* 1999, *Nürnberger Projektgruppe* 2005).

Unangemessene Erwartungen lassen sich vermeiden, wenn man die Funktionen des Gruppenunterrichts auf drei Ebenen beschränkt.

Erstens: Durch stärkere Beteiligung an der Planung von Gruppenarbeitsprozessen öffnet sich für den /die Schüler/in die Möglichkeit eines freieren, offeneren und an seinen/ihren Interessen orientierten inhaltlichen Lernens, – *Schülerorientierung auf der Sachebene.*

Zweitens: Durch Übernahme unterschiedlicher Arbeitsfunktionen, Differenzierungen nach individuellen Fähigkeiten, durch das Erlernen arbeitsmethodischer Kompetenzen, Planungs- und Realisierungsstrategien wird Zusammenarbeit mit anderen gelernt, – *Kooperation auf der Ebene des Arbeitsvorhabens.*

Drittens: In der eigenen Gruppendynamik einer Kleingruppe müssen die Beziehungen untereinander entwickelt, emotionale Konflikte gelöst, metakommunikative Techniken gelernt, Außenseiter integriert, funktionale Rollen übernommen und Interaktionsstörungen ausgeräumt werden – *Kommunikation auf der Ebene sozialer Beziehungen.*

Motivation und Aktivität der Schüler/innen lassen sich durch Gruppenunterricht spürbar steigern, dies zeigen z. B. zahlreiche Erfahrungsberichte *(Schroeder* 1975, *Meyer* 1975, 5. Aufl., *Sharan* 1976, *Fuhr* 1977, *Haselmann* 1978, *Klafki/Meyer/ Weber* 1981, *Denecke* 1981, *Wöhler* 1981, PÄDAGOGIK H. 1/1992, *Gudjons* 2003, *Nürnberger Projektgruppe* 2005*).* Aber eine mangelnde Identifikation mit einer (aus den bereits genannten Gründen) abgelehnten Schule kann auch der beste Gruppenunterricht (sowie andere kooperatie Arbeitsformen: *Traub* 2004, *Hepting* 2004) in einem oder zwei Fächern nicht beseitigen.

Der Gruppenunterricht realisiert zwei für den handlungsorientierten Unterricht zentrale Elemente in besonderer Weise: das Moment der aktiv-tätigen Auseinandersetzung mit dem Lerngegenstand *(die Schülerlinnen* handeln, nicht der/die Lehrer/ in!) und das Moment der Tätigkeit als *sozialem Handeln.* Handelnder Unterricht bezieht sich nicht nur auf Gegenstände, sondern versteht Handeln immer auch als ein Sich-Erfahren in sozialen Rollen und in der Kommunikation.

1.2.8 Subjektive Didaktik – die Modellierung von Lernwelten

Viel mehr als eine dem handlungsorientierten Unterricht »verwandte« Form eines didaktischen Ansatzes ist die subjektive Didaktik, die von einem grundlegend veränderten Lern- und Bildungsverständnis ausgeht. Die subjektive Didaktik als eine radikale Alternative zur herkömmlichen Didaktik hat der Freiburger Schulpädagoge Edmund *Kösel* (2002) vorgelegt. Grundsätzlich ist in diesem Ansatz Lernen (und auch Lehren!) ein bei jedem Individuum aufgrund seiner (Lern-)Biographie anders verlaufender – also ein höchst »subjektiver«, – Prozeß. Daher nennt *Kösel* seinen

Ansatz »subjektive Didaktik« (im Gegensatz zur »objektiven Didaktik«, die die allgemeinen und überindividuellen Strukturen didaktischer Prozesse betont). Drei große Denkrichtungen des auf 4 Bände angelegten Grundsatzwerkes bilden das theoretische Gerüst der subjektiven Didaktik: die Postmoderne (d. h. die Bejahung von Pluralität und Individualisierung persönlicher Stile), der radikale Konstruktivismus (d. h. die Überzeugung, dass jeder Mensch sich seine »Welt« als subjektives Konstrukt – eben auch beim Lernen – schafft) und die Systemtheorie (d. h. die zirkuläre Organisation lebender Systeme, die sich selbst erzeugen, steuern und organisieren in struktureller Kopplung mit ihrem Milieu).

Die Konsequenz: Didaktik funktioniert nicht nach dem »Input-Output-Modell« (Nürnberger Trichter, für alle wissenschaftlich objektiviert), sondern kann nur Anreizstrukturen für die je individuell Lernenden geben, die das lernende Subjekt dann im Sinne der Selbstorganisation weiterverarbeitet. Didaktik kann nur eine »Modellierung von Lernwelten« sein, – so der Titel des Buches. *Kösel* zeigt dies sehr praktisch an der Integration einer Fülle von ganzheitlichen Lernkonzepten aus der humanistischen Psychologie und Pädagogik: Körperorientierte Verfahren (z. B. Bioenergetik), Themenzentrierte Interaktion (Verbindung von Thema, Gruppe und Individuum im Sinne eines lebendigen Lernens, Ruth *Cohn*: TZI), Psychodrama (Inszenierung von Lebensproblemen wie auf einer Bühne), Neurolinguistisches Programmieren (NLP, d. h. Selbstbeeinflussung durch sprachliche Mittel), Gestaltpädagogik (Zugang zu Themen über Kognition und Emotion), Interaktionserziehung (soziales Lernen durch Kommunikation und Kooperation in der Gruppe), partnerzentriertes Gespräch (nichtdirektives Gesprächsverhalten), aber auch Projektarbeit u. v. a. – ohne die Frage nach der Bedeutung der »Sache« im Bildungsprozeß aus den Augen zu verlieren. – Es bleibt abzuwarten, wie dieser Ansatz einer konsequent »subjektiven Didaktik« in der pädagogischen Diskussion rezipiert wird.

1.3 Handlungsorientierung in »Alternativen zur/in der Regelschule«

Während der Gruppenunterricht als das klassische Beispiel für Möglichkeiten einer stärkeren Handlungsorientierung mit den Elementen Partizipation an Planungen und Entscheidungen, Selbständigkeit, Aktivität, Kooperation, Kommunikation, Produktivität, Verantwortung u. a. m. im Alltag der Regelschule gelten kann, liegt das faszinierendste Feld des handlungsorientierten Lernens in umfassendem Sinn gerade in zahlreichen Schulen, die bewußt als institutionelle *Alternativen zur staatlichen Regelschule* entwickelt worden sind. Gerade weil sie den üblichen Zwängen und Einschränkungen der Regelschule nicht – vielleicht auch nur nicht so stark – unterliegen, haben sie die Chance, Leben und Lernen völlig anders zu organisieren (Ausführlich dazu: *Klemm/Treml* 1989, *Arbeitsgemeinschaft Freier Schulen* 1993, *Borchert/Maas* 1998, *Borchert* 2003).

Alternativschulen

Einen wesentlichen Anstoß erhielt die deutsche Alternativschulbewegung durch ausländische Versuche, vor allem in den 70er Jahren durch die *Tvind-Schulen in Dänemark (Beck /Boehncke* 1978, *Borchert/Derichs-Kunstmann* 1979, *van Dick* 1979 u. a.). Die Tvind-Schulen sind vor allem dadurch zu charakterisieren, dass sie gemeinsames Arbeiten (z. B. eigene Produktion von Nahrungsmitteln, Energie, Dienstleistungen) mit gemeinsamem Leben (größtenteils Internatscharakter) und gemeinsamem Lernen (lebenspraktischer wie für externe Prüfungen benötigter Kenntnisse) verbinden. Dies geschieht in einem System verschiedener Schulen: »Reisende Hochschule«, »Notwendiges Seminar«, »Efterskole«, »Gästeschule«.

Für einen handlungsorientierten Unterricht ist vor allem die Aufhebung der Trennung von *Hand- und Kopfarbeit,* von Theorie und Praxis entscheidend. Aber auch der *Ernstcharakter* der Arbeit, die das Element der *Verantwortung* betont, die Erfahrung *nicht-entfremdeter, selbstorganisierter, produktiver Arbeit* (wie sie schon in der Herstellung und im Verkauf eines Fotokalenders zum Apartheid-Elend in Südafrika – produziert von einer Gruppe der »Reisenden Hochschule« 1985 – liegt) sowie der ständige *Bezug der Lerngegenstände zum Subjekt* und zu seinem *gesellschaftlichen Umfeld* (jede/r Schüler/in weiß, warum er/sie etwas tut/lernt, wozu es nützlich ist) sind Elemente, die z. B. den Projektunterricht auch an der Regelschule wesentlich bestimmen können. In Deutschland ist es wohl vor allem die *Hiberniaschule* (als Waldorfschule), die neben der *Verbindung von praktischem, künstlerischem und theoretischem Lernen* das Konzept der *Integration von beruflichem und allgemeinbildendem Lernen* am weitesten entwickelt hat *(Edding* u. a. 1985).

In den *Landerziehungsheimen (Becker* 1986, *Seidel* 1995) wird neben dem Bezug zur Natur vor allem das Element der *Lebensgemeinschaft* betont, das ebenfalls eine Fülle von sozialen Handlungsmöglichkeiten enthält. Bei aller unterschiedlicher Ausprägung im einzelnen hat hier nicht nur das Miteinander-Leben und Miteinander-Umgehen einen anderen – existentiell bedeutsameren – Charakter als in der Halbtagsschule, der Ernstcharakter wird auch durch die zahlreichen praktischen Arbeiten ermöglicht (von der handwerklichen Arbeit, dem Gartenbau bis hin zur Reinigung der Häuser, Arbeit in Küche oder Wäscherei u. a. m.). Handlungsanlässe werden nicht mit pädagogischen Tricks künstlich hergestellt, sondern ergeben sich aus dem Leben selbst; Sozialverhalten wird nicht durch Belehrung, sondern durch Erfahrung gelernt.

Die inzwischen zahlreichen alternativen *»Freien Schulen«* lassen sich zusammenfassend durch folgende Hauptmerkmale und Zielsetzungen beschreiben (*Bäuerle* 1980, 22):

»– Lehren und Lernen mit Freude und Eigeninitiative;
– Förderung der Spontaneität;
– Ausleben und Befriedigung der Neugier;
– Selbstbestimmung durch und in bewußter Konfliktregelung;
– Förderung von Gerechtigkeit und Chancengleichheit;
– Befreiung von Zwängen jeder Art;
– Befreiung von staatlicher Aufsicht;
– Freistellung des Schulbesuchs;
– Selbstbestimmung der Lehr- und Lernprozesse;
– Abschaffung des Bewertungssystems durch Noten und Zeugnisse;
– Befreiung von Stufungen und Sitzenbleiben;
– Orientierung der Unterrichtszeiten an lernpsychologischen Erkenntnissen;
– Berücksichtigung von Voraussetzungen des Lernens;
– Berücksichtigung von Emotionen neben kognitiven Lernelementen;
– Praxisorientierung des Lernens;
– gemeinsame Bestimmung des Lehr- und Lernprozesses durch Lehrer, Schüler und Eltern;
– Orientierung der Lehrer und Eltern an den Bedürfnissen der Schüler.«

Darüber hinaus ist es für die *Freien Schulen,* die sich auf die *Sekundarstufe* beziehen, wichtig (z. B. für die »Freie Schule Hamburg« – Autorenkollektiv, in: *Claußen/ Koch* 1984) auch schul*un*pezifische Lernorte als »Schule« anzubieten.

In Hamburg geschieht dies durch Integration der Schule in das Kommunikationszentrum »Honigfabrik«, (einem alten, ausgebauten Fabrikgebäude), das neben Werkstätten, Kneipe, Küche u.a. auch Räume für die Schule enthält. Innerhalb dieser Voraussetzungen haben Projekte mit Ernstcharakter (wie Herstellung, Lagerung und Verkauf von Obstsaft aus biologischem Anbau oder Verköstigung von Großgruppen – 150-250 Mitglieder) durch die Jugendlichen aus dem sozialen Slum des Stadtteiles eine größere Akzeptanz erfahren als »Lernprojekte« (wie der Bau von Heißluftballons).

Andere Schulen, besonders die in staatlicher Trägerschaft befindlichen wie die *Laborschule* Bielefeld, die *»Glocksee-Schule«* in Hannover oder das Grundschulprojekt *Gievenbeck* in Münster, die Helene-Lange-Schule in Wiesbaden und viele andere sind inzwischen so ausführlich dokumentiert, dass hier auf eine nähere Untersuchung verzichtet werden kann (vgl. dazu die Vidio-Dokumentionen von R. Kahl: „Treibhäuser der Zukunft").

Alternativen in der Regelschule
Von den *in* der Regelschule entwickelten »Alternativen« enthalten besonders die Community Education und die Freinet-Pädagogik für den handlungsorientierten Unterricht wichtige Impulse.
Die »Community Education« versucht, die Schule dem Stadtteil zu öffnen, neuerdings nicht nur in England, sondern auch in Deutschland *(Loose* 1985). Wir fassen diese Bewegung in vier Merkmalen zusammen.

Erstens: Schulen bauen Freizeitmöglichkeiten aus, organisieren Clubs, Treffs, richten Werkstätten ein, starten Stadtteilinitiativen, ermöglichen Familien Urlaub in schuleigenen Ruder-, Paddel- und Segelbooten – *Schule als Stätte zahlreicher Aktivitäten der Bewohner eines Stadtteils.* Dabei sind Eltern so normale Teilnehmer am Schulleben wie Schüler.

Zweitens: Erwachsene lernen (z. B. in Kursen zur Vorbereitung der Abschlußprüfung) mit jugendlichen gemeinsam, besuchen Fortbildungsveranstaltungen oder gehen gemeinsam ihren Hobbys nach – *generationsübergreifendes Lernen.* Für den Unterricht sind Projekte zentral. Grundprinzip ist: »Laßt Eltern rein und Schüler raus«. *(Loose* 1985, 540).

Drittens: Wenn z. B. arbeitslose Jugendliche von – älteren – Arbeitslosen ausgebildet, in vielen Fällen praktische Sozialarbeit geleistet oder Ausländer integriert werden, zeigt sich die open school als *offen für die sozialen Probleme der Menschen eines Stadtteils.*

Viertens: Schließlich müssen sich diese Schulen völlig anders, selbstregulierend und flexibel organisieren – Schule gewinnt nicht zuletzt unter bildungspolitischem Aspekt als Institution *mehr Autonomie*. Die für den handlungsorientierten Unterricht wichtige Verbindung der Schule mit dem Leben (Stadtteil und Schule als Lebenswelt) liegt auf der Hand. Ein eindrucksvolles Beispiel dafür bietet die Berliner »Stadt-als-Schule« *(Grieser* 1996).

Auch bei *Freinet* (dt. 1979) steht die aktive Natur des Lernens im Mittelpunkt *(Dietrich* 1995). Die Aufhebung der Trennung von Kopf- und Handarbeit drückt sich in der *Einrichtung des Klassenraumes* aus:

Eine Druckerei, Arbeitsecken (»Ateliers«) mit zahlreichem Handwerkzeug und Material, aber auch mit Büchern, Heften und Lernmaterialien u. a. m. – *Arbeit* als Substanz der Didaktik. Im »freien Text« schreiben die Kinder, »was sie zu sagen haben«, in *Klassenzeitung* und *Korrespondenz* mit andern Klassen stellen sie »öffentliche« Bezüge her und erweitern ihre eigene Erfahrungswelt, – Schreiben und Geschriebenes bekommen einen unmittelbaren *Sinn.* Schülergruppen oder Einzelne arbeiten parallel, drucken in den Ateliers, lösen Aufgaben aus der Rechtschreib- oder Mathematikkartei, malen, schreiben Texte oder arbeiten einen Vortrag zu einem selbstgewählten Thema aus. Das alles geschieht nach selbsterstellten individuellen und gemeinsamen *Arbeitsplänen;* gemeinsame Vorhaben und Probleme werden im *Klassenrat* besprochen.

Obwohl *Freinet* Grundschullehrer war, gibt es inzwischen auch ermutigende Versuche für die *Sekundarstufe (WPB* 1983, PÄDAGOGIK H. 2/1993). Die prinzipielle Betonung der *Sinnhaftigkeit von Schülerprodukten,* die *selbstverantwortete Arbeitsplanung* und die selbsttätige praktische Arbeit als Kern des Unterrichts sind für den handlungsorientierten Unterricht wichtiger als die einzelnen, oft als »Freinet-Pädagogik« verstandenen Arbeitstechniken und -mittel. Die aktuelle Weiterentwicklung dieser Ansätze wird mit praktischen Beispielen im Themenheft »Freie Arbeit« (PÄDAGOGIK H. 6/1991) aufgezeigt. Über die genannten Ansätze hinaus gibt es inzwischen eine Fülle von Erfahrungen und Konzepten zum handlungsorientierten Unterricht in Regelschulen, über die in der Zeitschrift PÄDAGOGIK (1990-2008) immer wieder berichtet wird.

Die bisher unter dem Aspekt von Elementen einer Handlungsorientierung untersuchten Ansätze haben sich überwiegend nicht aus wissenschaftlichen Theorien abgeleitet. Im folgenden Kapitel geht es genau darum: um den handlungstheoretischen bzw. lernpsychologischen Begründungszusammenhang von Handeln und Lernen.

2. Handlungstheorien und handlungsorientierter Unterricht – Zur theoretischen Begründung handlungsorientierten Lehrens und Lernens

2.1 Unterschiedliche Theorieebenen – oder: Was nützt Theorie?

Es ist erstaunlich: Während die im ersten Kapitel dargestellten neueren didaktischen Ansätze (vom genetischen Lernen bis zu Alternativen in der Regelschule) weitgehend Gnade vor den Augen der Didaktik-Theoretiker finden, wird für den handlungsorientierten Unterricht vehement ein Theoriedefizit beklagt (zuletzt von *Wöll* 1998). Dies hängt sicher mit der Inflationierung des Begriffes handlungsorientierter Unterricht zusammen, wie das folgende kleine Beispiel aus der Praxis zeigt.

Eine Szene aus dem Schulalltag, wie sie überall vorkommen kann:

»Ihre Schüler waren heute aber sehr aktiv in der Stunde; Sie haben die ja sehr geschickt zum eigenständigen Handeln motiviert!« lobte der Schulrat den jungen Kollegen am Ende der Lehrprobe. Die Aufgabe hatte für die Schüler/innen gelautet, eine Brückenkonstruktion aus einem Papierbogen zu entwickeln, die einen dicken Stein tragen konnte. Kleingruppenarbeit, selbständiges Agieren der Schüler/innen, keine vorgegebenen Lösungswege, ein hoher Grad an Aktivität. In der zweiten Stunde wurden die Erfahrungen und Abläufe in den Gruppen mithilfe eines kleinen Fragebogens ausgewertet. Am Ende stand an der Tafel eine (mit Hilfe des Lehrers erarbeitete) Übersicht über Funktionen und Rollen bei Arbeitsprozessen in Gruppen. – Keine reine Wort- und Buchschule, sondern Lernen durch Handeln im Unterricht ...

Zwar hebt diese Stunde sich positiv ab von mancher minutiös durchstrukturierten, lehrerzentrierten, frontalunterrichtlichen und von Grobziel zu Feinziel eilenden Lektion des »Beybringens« (*Henningsen* 1974). Aber wie Momente von Aktivität, Kooperation, Selbständigkeit, »Handeln« in ein Unterrichtskonzept eingebettet sind, ist allein auf der unterrichtlichen Erscheinungsebene nicht auszumachen. Unser Beispiel zeigt lediglich auf, wie ein Lehrer versucht hat, sein Thema »Kommunikations- und Kooperationsprozesse in Gruppen« statt über das Sozialkundebuch hier handlungsorientiert aufzubereiten. Er nimmt damit zum einen Bezug auf die erfahrungs- und erlebnisorientierte Gestaltpädagogik, die sich bemüht, ein Thema durch »affektive Aufladung« (*Burow* 1988, 174) in den Interessen- und Fragehorizont der Schüler/innen zu rücken. Zum andern ist der Versuch getragen von der Auffassung,

dass Informationsaufnahme, Begriffsbildung, Einsichts- und Einstellungsentwicklung im Zusammenhang mit Handlungserfahrungen dem Lernen angemessener seien. Das ist eine theoretische Annahme. Welche Theoriegrundlage kann diese Annahme haben?
Eine Analyse des Begründungsniveaus handlungsorientierten Unterrichts auf unterschiedlichen Theorieebenen macht denn auch sehr schnell die in der Tat vorhandenen Defizite deutlich. Sehr hilfreich ist die folgende Unterscheidung möglicher Ebenen von Theorien (nach *Kujawski* 1994, 18 ff.):

1. Erste Ebene: Handlungsorientierte Metatheorien

Diese Theorien umfassen die weiteste Ebene, sie reichen von erkenntnistheoretischen über philosophische bis zu anthropologischen Konzepten. Untersucht man vorliegende einschlägige Arbeiten zum handlungsorientierten Unterricht auf Bezüge zu dieser Theorieebene, so stellt sich heraus, dass sie in den Grundannahmen über den Menschen und die Gesellschaft von einem »(lern-)aktiven und vernunftfähigen Individuum ausgehen, welches sich kritisch mit sich und der Gesellschaft auseinanderzusetzen vermag.« (*Kujawski* 1994, 18) Insofern zeigt sich eine »geistige Nähe handlungsorientierter Konzepte zu der wissenschaftstheoretischen Grundposition der Kritischen Theorie der Gesellschaft und damit auch zum Dialektischen Materialismus ...« (ebd. 18).
Aber wie die Diskussion um den »handelnden Unterricht« versus »handlungsorientierter Unterricht« (siehe genauer Abschnitt 2.2) zeigt, standen diese beiden Begriffe ursprünglich für zwei unterschiedliche Hintergrundtheorien: einerseits die materialistische Tätigkeitstheorie und zum andern die westliche Kognitions- und Handlungstheorie. Aber auch angesichts solcher Differenzen haben sich in den theoretischen Grundlagen Annäherungen ergeben.
Denn inhaltlich ist die Entwicklung inzwischen so verlaufen, dass sich westliche kognitive Handlungstheorien und materialistische Psychologie in ihren Grundannahmen nicht mehr wesentlich unterscheiden *(Söltenfuß* 1983, 57). In der Gesamtdiskussion um eine moderne Handlungstheorie lassen sich allenfalls »eine mehr subjektivistische und eine mehr objektivistische Variante der Problemlösung« *(Stadler/ Seeger,* in: *Lenk* 1981, Bd. 3/1, 227) unterscheiden. Wird menschliches Tun als Handlung aufgefaßt, dann wird auf der Basis eines *dialektischen Person-Umwelt Modells* nicht mehr nur das »Verhalten« (als eher re-aktiv, passiv, sich anpassend) des Menschen erklärt, sondern die gesamte Auseinandersetzung des Menschen mit seiner Umwelt, sein aufgrund von Zielvorstellungen geordnetes und reguliertes Tun, seine kognitiven Leistungen, letztlich also menschliche Subjektivität kommen in den Blick. Bei so umfassenden Perspektiven ist es auch nicht verwunderlich, dass es

in der breiten interdisziplinär ausgerichteten Forschung der letzten Jahre *(Lenk* 1977-1984) keine einheitliche Handlungstheorie gibt, die eine geschlossene Grundlage für den handlungsorientierten Unterricht bilden könnte.

2. Ebene: Handlungsorientierte Theorien des Denkens, Lernens und der Entwicklung

Wenn es denn schon keine einzig gültige Theorie auf der Ebene der Metatheorien gibt, so liefern doch aus der Arbeitspsychologie stammende moderne Handlungstheorien (z. B. *Hacker* 1998, *Volpert* 1992), die Entwicklungspsychologie (z. B. Piaget), die kognitiv orientierte Handlungstheorie z. B. *Aeblis* (1980, 1981), Arbeiten zur Wissensaneignung und Wissenskonstruktion (z. B. *Einsiedler* 1996), zur neurophysiologischen Gehirnforschung (z. B. *Roth* 1994, *Otto* 1995, *Spitzer* 2004), zum Konstruktivismus (z. B. *Dubs* 1995) oder zur Motivationspsychologie (*Weinert* 1997) eine Fülle von Argumenten zu einer sinnvollen Begründung handlungsorientierten Unterrichts. Man darf freilich die Suche nach Begründungsargumenten nicht mit einer in sich konsistenten Theorie verwechseln. Das zeigt sich nun besonders deutlich auf der folgenden Theorieebene.

3. Ebene: Schulpädagogisch-didaktische Theorien

Die aktuelle Diskussion um Sinn und Funktion der Schule (als »Antipoden« können *von Hentig* 1993 und *Giesecke* 1996 gelten) zeigt, dass als zentrale Aufgabe der Schule eine Lebensweltorientierung (Schule als Erfahrungsraum) und eine systematische Unterrichtsorientierung (Schule als methodisch organisierte Kulturvermittlung) kontrovers gesehen werden. Der Stellenwert eines handlungsorientierten Unterrichtes ist in dieser Diskussion umstritten. Allerdings ergeben sich aus einer Analyse der veränderten Bedingungen der Sozialisation und der sich grundlegend wandelnden Kulturaneignung von Kindern und Jugendlichen unübersehbare Argumente für eine notwendige Veränderung der Unterrichtskultur in Richtung einer Betonung der (Wieder-)Gewinnung aktiv-aneignender Formen des Lernens für die Schüler/innen der Gegenwart (siehe Kapitel 1). Darin scheint in der didaktischen Theoriediskussion auch Einigkeit zu bestehen, aber die weit verbreitete Literatur zum handlungsorientierten Unterricht hat gleichwohl eher noch den Charakter einer auf Programmformeln gerichteten unterrichtspraktischen Animation, – ohne bildungstheoretisch oder curricular stringente und konsistente Theorie.

Eine Ausnahme bildet der Ansatz von G. *Wöll* (1998). Ausgehend von der Habermas'schen Unterscheidung instrumentellen und kommunikativen Handelns wird ein Handlungsbegriff entwickelt, der Grundlage für handelndes Lernen in der

Schule ist. »Mit dem *Begriff des instrumentellen Handelns* bezeichnen wir im Kontext schulischen Erfahrungslernens die in naturwissenschaftlich-technisch orientierten Handlungszusammenhängen durchgeführte, in Standardfällen über Verständigungsprozesse koordinierte Veränderung, Untersuchung oder Herstellung von Objekten.« (Ebd. 129) Instrumentelle Handlungsformen beruhen auf der Herstellung von eindeutigen Ziel-Mittel-Relationen, es geht um die Erzielung eindeutiger Handlungserfolge, so z. B. »wenn etwas Nützliches, Verwertbares hergestellt wurde, wenn Sachverhalte experimentell erschlossen, Objekteigenschaften verbessert oder mit Erfolg untersucht werden konnten.« (Ebd. 129) Dabei wird die kooperative Handlungsplanung und -durchführung als Standardsituation unterstellt.

Von zentraler Bedeutung für schulisches Erfahrungslernen ist der normative *Begriff des kommunikativen Handelns*. Gemeint sind über Verständigungsprozesse koordinierte Aktivitäten der Lernenden, »die nur kooperativ erreichbare Ziele repräsentieren, über die kommunikative Verhandlung von Themen hinausreichen und für sie einen Zugewinn an Erkenntnissen, Einsichten, Dispositionen, Kompetenzen bedeuten oder primär eine Veränderung von Umweltaspekten implizieren.« (Ebd. 130) Es geht also als Grundlage eines Handlungsbegriffes zunächst um die Partizipation der Lernenden, bildungstheoretisch gesehen um die Förderung ihrer Selbst- und Mitbestimmung. In der aktiven Auseinandersetzung mit einer Situation sind Bezüge zur Lebens- und Erfahrungswelt der Lernenden wichtige Bedingung. Solche erfahrungsorientierten Aktivitäten lassen sich ferner differenzieren als selbst- vs. umweltgerichtetes Handeln. Die Lernenden müssen sich mit der Handlungsaufgabe identifizieren und diese selbständig planen und durchführen. (Ebd. 193)

Wegen dieser starken normativen Orientierung des Handlungsbegriffes werden von *Wöll* deskriptiv-formale Handlungstheorien abgelehnt, so z. B. *Aeblis* kognitionspsychologisch-handlungstheoretischer Ansatz (ebd. 42 ff.).

Obwohl Projektunterricht von *Wöll* verstanden wird als eine Unterrichtsform, die gegenüber der traditionellen Unterrichtsorganisation eine Ausnahmesituation bedeutet (ebd. 194), decken sich inhaltlich die Grundpostulate Wölls – freilich umfassender theoretisch abgeleitet – doch im wesentlichen mit den zentralen Bedingungen, die auch in diesem Buch für den handlungsorientierten Unterricht vorausgesetzt werden. Andererseits enthalten die neueren Handlungstheorien eine Fülle differenzierender Aspekte, an denen Versuche einer Begründung handlungsorientierten Lernens nicht vorbei gehen können.

Für die Praxis sind zwei Bereiche in der Diskussion eindeutig defizitär. Zum einen fehlt es an einer *fachdidaktischen* Durchbuchstabierung des Prinzips der Handlungsorientierung (vgl. z. B. für die Fachdidaktik Politik grundlegend *Grammes* 2000). Zum andern sind *schulformbezogene* Ausarbeitungen des Prinzips Handlungsorientierung dringend notwendig: Elaboriert sind inzwischen Theoriediskurse für die

Berufsschule (zusammenfassend z. B. *Pfahl* 2000) und die Hauptschule (z. B. *Scheufele* 1996), die Gesamtschule (z. B. *Vaupel* 1997, *Heuser/Xylander* 2008) oder auch für die Sonderschule bzw. für die integrative Pädagogik (z. B. *Heimlich* 1999), aber eine gymnasiale Didaktik der Handlungsorientierung steht noch aus, obwohl es auch hier vielversprechende Ansätze gibt (z. B. *Bastian/Combe/Gudjons/Herzmann/Rabenstein* 2000).

Die Suche nach weiteren Begründungsargumenten des handlungsorientierten Unterrichts ist also keineswegs überflüssig.

- Zunächst bietet sich das Konzept an, das sich »Handelnder Unterricht« nennt *(Mann* 1977, *Wilhelmer* 1979, *Rohr* 1982, *Kormann/Ramisch* 1984*)* und auf Anhieb sehr geschlossen wirkt. Seine Bezugstheorie ist die materialistische Aneignungstheorie.
- Sodann werden wir die moderne Handlungsregulationstheorie befragen, inwieweit sie als Grundlage für den handlungsorientierten Unterricht dienen kann.
- Eine dritte Grundlage ist erheblich stärker auf die Unterrichtspraxis bezogen: die kognitive Handlungspsychologie (*Piaget, Aebli*).
- Viertens hilft die Lern- und Motivationspsychologie – auch wenn sie keine einheitliche Theorie darstellt –, das Grundanliegen des »Lernens durch Tun« mit einer Fülle von Einzelargumenten zu untermauern.

Man kann diese Offenheit der theoretischen Begründungen kritisieren, sie spiegelt aber m. E. die gegenwärtige Entwicklung, die sich von Versuchen geschlossener Unterrichtstheorien hin bewegt auf (auch theoretisch offene) Lernkonzepte, mit deutlichem Primat der Praxisebene.

2.2 Aneignungstheorie und Handelnder Unterricht

Grundlage des Handelnden Unterrichts ist wie gesagt die materialistische Aneignungstheorie, die sich auf bedeutende *sowjetische Psychologen* der sog. kulturhistorischen Schule stützt *(Wygotsky* 1964, *Leontjew* 1975, 1977, *Galperin* 1969, 1979, *Rubinstein* 1979 u. a. – Zur deutschen Rezeption: *Jantzen* 1983, *Zur Kritik ...* 1989, 126ff.). Drei Elemente sind darin grundlegend: Erkenntnis und Tätigkeit, Aneignung und Lernen, pädagogische Lenkung des Aneignungsprozesses.

Erkenntnis und Tätigkeit

Ohne dass hier im einzelnen auf das komplexe Werk dieser Autoren angemessen eingegangen werden kann, ist festzustellen, dass dem handelnden Unterricht zunächst eine bestimmte *Erkenntnistheorie* zugrunde liegt, die mit der zentralen Kategorie der »*Widerspiegelung*« beschrieben wird. Widerspiegelung meint das Verhältnis von Abzubildendem (Gegenstände, Erscheinungen, Prozesse in der Welt) und dessen Abbild im menschlichen Bewußtsein (Wahrnehmungen, Empfindungen, Begriffe). Der Zusammenhang des Menschen mit der Welt, in der er lebt, wird hergestellt durch die aufgrund seiner *»Tätigkeit«* zustande kommende Eigenart der Beziehung zwischen äußeren Gegenständen und inneren Erkenntnissen, Handlungsstrukturen, Fähigkeiten usw., wobei »die psychische Tätigkeit das Ergebnis der Übertragung des äußeren materiellen Handelns in der Form der Widerspiegelung ist – in die Form der Wahrnehmungen, der Vorstellungen und Begriffe« *(Galperin* 1969, 379).

Hatte noch *Wygotsky* den Menschen stärker als der Außenwelt gegenübergestellt und diese wahrnehmend aufgefaßt (und daher den Prozeß der Interiorisierung erkenntnistheoretisch in den Vordergrund gestellt), so betonen *Leontjew, Galperin* und vor allem *Rubinstein* stärker die Rolle der Tätigkeit bei der Bildung psychischer Erscheinungen. Damit wird – *entgegen einer passivistisch-deterministischen Auslegung* des Prozesses der Widerspiegelung – deutlich, dass das Abbild »keine mechanische Kopie des Abgebildeten ist, sondern eine komplizierte, dialektisch-widersprüchliche Übersetzung von Materiellem in Ideelles« *(Rohr* 1972, 139). Als Ergebnis einer Wechselwirkung von Erkenntnisobjekt und erkennendem Subjekt bilden sich keine statischen Abbilder, sondern der ursprüngliche, sinnlich gegebene Inhalt eines Gegenstandes verändert sich im Erkenntnisprozeß selbst.

Einerseits spiegelt menschliches Erkennen also die unabhängig existierende objektive Welt im Subjekt wider, andererseits wird sie gebrochen durch das »Prisma der konkreten Besonderheiten des Individuums« *(Leontjew* 1977, 54). Die Widerspiegelung der Wirklichkeit in Bewußtseinsinhalten ist nach Leontjew also zweifach determiniert: äußerlich (durch die »Logik« der Gegenstände) und innerlich (durch Erkenntnisbedingungen des Subjekts). Letztere können – und darin liegt eine in der Diskussion noch zu wenig beachtete Perspektive bei *Leontjew –* in der Form subjektiver Motive zu einer Nicht-Übereinstimmung von *objektiver »Bedeutung«* der Dinge/Umstände der Außenwelt und persönlichem *»Sinn«* führen *(Leontjew* 1977, 57). Darüber hinaus ist grundlegend, dass sich Erkenntnis immer (nur) auf der *Basis der konkreten gesellschaftlichen Verhältnisse* (z. B. der Klassengesellschaft oder der sozialistischen Gesellschaft, also der Produktionsverhältnisse und Produktivkräfte einschließlich des historischen Erbes) vollziehen kann.

Aneignung und Lernen
In engem Zusammenhang mit diesen erkenntnistheoretischen Ausgangsbedingungen steht eine entsprechende *Lerntheorie,* die die praktische Herstellung dieser Wechselwirkung des Menschen mit der Welt durch menschliche Tätigkeit, durch Aneig-

nung der Welt im Handeln beschreibt. »Die Tätigkeit des Menschen ist die Substanz seines Bewußtseins« *(Leontjew* 1977, 61). Mit Tätigkeit sind nicht die zahlreichen Aktivitäten im Rahmen irgendeines praktischen Tuns gemeint, sondern umgekehrt: Tätigkeit ist der *Gesamtzusammenhang,* in dem sich der Mensch die reale Welt zu eigen macht, der Gesamtprozeß, in welchem er die *objektive Welt* (z. B. Gebrauchsgegenstände, Technik, Wissenschaft, Kultur) in *subjektive Formen* umwandelt (in Vorstellungen, Bewußtsein, Sprache). Aber auch *sich selbst* – ebenso wie die Außenwelt – kann der Mensch durch Tätigkeit begreifen und verändern.

Tätigkeit ist stets verbunden mit einem hervorrufenden Motiv, hinter dem wiederum ein *Bedürfnis* steht (das sich allerdings im Verlauf der Tätigkeit verändert). Die Tätigkeit realisiert sich in ihren »Komponenten«, den *Handlungen.* »Unter Handlungen verstehen wir einen einem bewußten Ziel untergeordneten Prozeß« *(Leontjew* 1977, 34). Teilziele regulieren wiederum die einzelnen Handlungen. Wir werden noch sehen, dass hier eine deutliche Übereinstimmung mit kognitiven Handlungstheorien westlicher Provenienz zu finden ist. – Die beim Handeln nötigen konkreten Verfahren des Handlungsvollzuges sind die *Operationen.* – Festzuhalten ist vor allem, dass bei der Herausbildung des Bewußtseins die *aktive praktische* Tätigkeit die entscheidende Rolle spielt.

Menschliches Lernen geschieht demnach im Rahmen dieses übergeordneten Zusammenhanges durch »Aneignung des von anderen Menschen bereits Vergegenständlichten, des gesellschaftlichen Erbes in seinen vielfältigen Formen« *(Wilhelmer* 1979, 148).

Der Begriff der *Aneignung* verweist also auf die grundsätzlich gesellschaftliche Natur menschlicher Lernprozesse und ist der Schlüsselbegriff zur Entwicklung eines handelnden Unterrichts. Werkzeuggebrauch, Sprachentwicklung und Ausbildung geistiger Handlungen sind z. B. Formen, in denen die Aneignung gesellschaftlich verdichteter Erfahrungen vollzogen wird und in denen sich die Gesellschaft reproduziert. Aneignung kennzeichnet das spezifisch *menschliche* Lernen im Unterschied zu dem des *Tieres,* das sich anpaßt. Beim Tier gibt es weder den Prozeß der *Interiorisierung* (»das heißt die allmähliche Umbildung äußerer in innere, geistige Handlungen« *Leontjew* 1975, 243) als Aneignungselement, noch den entgegenge-setzten Vorgang der *Exteriorisierung,* also die Enäußerung bereits angeeigneter (Denk-)Tätigkeiten in neuer, schöpferischen Form, ihre Vergegenständlichung z.B. in materiellen Produkten oder in Sprache. Beide Prozesse – Interiorisierung und Exteriorisierung – bilden im Aneignungsprozeß eine Einheit: Der Mensch wird nicht nur in der Aneignung gesellschaftlicher Verhältnisse geformt, »sondern gleichzeitig ist er derjenige, der diese Verhältnisse schafft und verändert, sich dabei selber verändert und entwickelt und neue Fähigkeiten entfaltete« *(Rohr* 1982, 97).

Pädagogische Lenkung des Aneignungsprozesses
Wenn die geistige Entwicklung des Heranwachsenden ein solcher Aneignungsprozeß ist, hängt viel von der pädagogisch organisierten Qualität und Gestaltung dieses Prozesses ab. – *Galperin* (Schüler *Wygotskis und Leontjews*) hat den Prozeß der Umwandlung äußerer materieller Handlungen in innere geistige als *etappenweise Ausbildung* in fünf Niveaustufen differenziert und gegliedert, die zugleich die wichtigsten Merkmale der Stufung handelnden Unterrichts bedeuten (*Rohr* 1982, 121 ff.: *1. Etappe: Orientierungsgrundlage, 2. Etappe: Materialisierte Handlung, 3. Etappe: Übertragung der Handlung in gesprochene Sprache, 4. Etappe: Sprechen für sich, 5. Etappe: Innere Sprache – geistige Handlung.*

Die umfassende theoretische Grundlegung des Handelnden Unterrichts z. B. für lernbehinderte Schüler/innen (z. B. *Rohr* 1982) ist sehr wertvoll, weil sie den Lernbedingungen und Lernweisen dieser Kinder durch die Betonung sinnlicher Erfahrung und konkreter Handlungen viel besser gerecht wird als die Buchschule. Zugleich erscheint aber eine zu enge Ableitung einer materialistischen didaktischen Gesamtkonzeption aus einer geschlossenen Bezugstheorie, »aufbauend auf einer einheitlichen philosophisch-weltanschaulichen Grundlage« (ebd. 155), problematisch (vgl. auch *Holzkamp* 1993, 416ff.).

2.3 Handlungsregulationstheorie: Das Modell einer »vollständigen Handlung«

Was kennzeichnet eine Handlung?
Zunächst einmal: Was ist das überhaupt – eine »*Handlung*«? Jemand stolpert, oder ein anderer zuckt nach einem Knall zusammen, haben sie gehandelt? Sicher nicht. Denn Handlungen lassen sich aus dem Strom des Lebens dadurch ausgliedern, dass wir sie zunächst einmal als Verhaltensweisen definieren, »die Maßnahmen und Sachen bewusst einsetzen, um ein Ergebnis zu erreichen« *(Aebli* 1983, 185). Danach wäre Geschirrspülen eine Handlung, auch das Reiben eines entzündeten Auges, um den Schmerz zu stillen, nicht aber das Weinen.
Zwar ist eine genaue Abgrenzung von Verhalten, Tätigkeit und Handlung schwierig (vgl. *Schurer* 1984, 21, *Bachmann* 1988, 68 ff., *Stexkes* 1991, 105), aber man kann Tätigkeit als additive und zielbezogene Verknüpfung von Handlungen auffassen (die Tätigkeit eines Lehrers z. B. umfasst Handlungen wie unterrichten, korrigieren, für Ruhe sorgen u.a.m.). Verhalten hingegen ist der weiteste Begriff, weil es »bewußte und unbewußte, willkürliche und unwillkürliche, absichtliche und zufällige Verhaltensweisen umfaßt« (*Schurer* 1984, 23). Handlungen sind auch mehr als

bloße Fertigkeiten, »es sind zielgerichtete, *in ihrem inneren Aufbau verstandene Vollzüge«* (*Aebli* 1983, 182). G. *Dietrich* hat in seiner handlungstheoretisch ausgerichteten *Pädagogischen Psychologie (*1984, 58 f.) als Ergebnis der modernen Psychologie *drei Hauptmerkmale* der Handlung zusammengefasst:

1. »Handlung ist eine zielgerichtete (intentionale) Tätigkeit, in der eine Person versucht, mittels Veränderung von Selbst- und/ oder Weltaspekten einen für sie befriedigenden (bedeutsamen, wertvollen) Zustand zu erreichen oder aufrechtzuerhalten ...
2. Handlung ist proaktive bzw. reaktive Auseinandersetzung mit einer Situation bzw. mit einer Abfolge von Situationen ... Auf der Grundlage mehr oder weniger komplexen Situationsdeutungen stellt die Person den Grad der Handlungsdringlichkeit und das Ausmaß der Ermöglichungschancen der Zielrealisierung fest. Demgemäß handelt sie.
3. Handlung ist die Auseinandersetzung der personalen Ganzheit mit einer Situation. D. h. (d. Verf.) dass ... physische (physiologische, motorische) und psychische Bestandteile zusammenwirken ... , insofern Handlungsintention, Handlungsorganisation und Handlungsevaluation integrativ verflochten sind ...«

Nach *Dietrich* wird also eine »Handlung« durch einige grundlegende Komponenten charakterisiert: Sie hat eine *motivationale Grundlage* (die Person will einen bedeutsamen Zustand erreichen oder aufrecht erhalten), sie hat ein *Ziel* (intentionale Tätigkeit), sie ist eine *aktive Auseinandersetzung* (ganzheitlich, also mit physischen, psychischen – d.h. auch kognitiven – und motorischen Bestandteilen) mit einer Situation, sie hat eine erkennbare *Struktur* (Handlungsorganisation) und sie wird »am Erfolg« gemessen (Handlungsevaluation) oder kontrolliert, hat also ein mehr oder weniger befriedigendes *Ergebnis.*

Damit nähert sich Dietrich bereits dem Grundverständnis von Handlung, wie es neuere Handlungstheorien, insbesondere die Handlungsregulationstheorie (*Hacker* 1998, *Volpert* 1992) entwickelt hat. Schon das bekannte handlungstheoretische Modell von *Miller/Galanter/Pribram* (1960, dt. 1973) faßte den Menschen als rational, hypothesenprüfend (d. h. denkend) beim Handeln auf (TOTE-Einheit = Test, Operation, Test, Exit; Handlungen werden solange ausgeführt, bis die Prüfungen/ Zwischentests – in hierarchischer Organisation, insgesamt als Regelkreis – ein befriedigendes Ergebnis – Exit – ergeben haben; vgl. das berühmte Beispiel »Nagel einschlagen« ebd. 42).

Ein zentrales Paradigma des Handlungsverständnisses kündigt sich an: Der Mensch ist beim zweiten Hammerschlag (im Bild gesprochen) schon nicht mehr derselbe wie beim ersten, weil er Werkstoff und Werkzeug jetzt besser kennt als zuvor; der Mensch wird also prinzipiell als ein Wesen gedacht, das gestaltend auf die Umwelt einwirkt und dabei Prägungen von seiner Umwelt erhält, – eine Art »kooperativer Selbstqualifikation« (*Halfpap* 1996, 6f.) Damit wird die Annahme einer Wesensverschiedenheit von Handeln und Denken zurückgewiesen und die funktionale

Verwandtschaft von Denken und Handeln betont. Mehr noch: Dadurch, dass im Handeln Menschen Situationen deuten und begreifen, Informationen aufnehmen und verarbeiten und aktiv, tätig sind, ein immer komplexer und differenzierter werdendes Handlungsrepertoire durch interne Strukturierungsprozesse (der kognitive Strukturaufbau ist Lernen!) gewinnen, wird der in unserer Kultur tief verwurzelte Dualismus von Denken und Handeln hinterfragt. Bildungspolitisch wirkte sich dieser Dualismus negativ aus: Traditionell wurde das Denken dem Gymnasium zugeschrieben, die Hauptschule und die berufliche Bildung repräsentierten das Handeln, – einer Elite der Geist und dem Volk das Tun. Eine handlungsorientierte Gymnasialdidaktik steht denn auch noch aus.

Zwar gibt es in der handlungstheoretischen Literatur keine einheitliche Definition der Begriffe »Handeln« und »Handlung« (vgl. *Langewand* 1994, 699 ff.), aber bei einer Durchsicht moderner Handlungstheorien stößt man immer wieder auf drei grundlegende Komponenten, wie sie die Handlungsregulationstheorie herausgearbeitet hat (*Pfahl* 2000, S. 43 ff.). Menschliches Tun im Sinne einer Handlung wird durch die Trias »Planen«, »Durchführen« und »Kontrollieren« reguliert. Diese drei Begriffe werden auch als Antizipationskomponente (bzw. -phase), Realisationskomponente (bzw. -phase) und Kontroll-, Reflexions- oder Bewertungskomponente (bzw. -phase) bezeichnet (*Dulisch* 1994, 57 f.).

1. Antizipation

Damit ist sowohl die grundlegende Motivation gemeint (Beispiel – in Anlehnung an *Vaupel* 1996 und 1997: Schüler/innen wollen Geld verdienen, um ihre Klassenreise zu finanzieren), aber auch die Zielbildung (sie wollen Spielzeug herstellen und es verkaufen), wobei das Ziel offen (möglichst viel verkaufen) oder auch geschlossen (eine ganz bestimmte Summe erwirtschaften) sein kann. Sinnvoll ist die Unterscheidung von Werkziel (finis operis: die Spielzeuge haben eine gute Qualität) und Wirkziel (finis operantis: sie sind sehr gut, womöglich aber nicht verkaufbar – die Handlung ist zwar gelungen, aber nicht erfolgreich).

Schließlich gehört zur Antizipation auch das Entwerfen von Aktionsprogrammen, also von Vorstellungen, wie das Handlungsziel erreicht werden kann (die Schüler/innen kommen auf die Idee, eine »Produktionsfirma« zu gründen mit allem, was dazu gehört). Damit werden die einzelnen Teilhandlungen organisierbar, sie können hierarchisch strukturiert werden, in Sequenzen aufgeteilt werden (z. B. zuerst die Marktchancen für Spielzeuge untersuchen, dann die Produktion organisieren, den Verkauf planen usw.). Dabei stehen die Teilhandlungen in Relation zu einander (ohne Qualitätskontrolle kein verkaufbares Produkt, ohne Beschaffung von Finanzmitteln kein Materialkauf, ohne kompetente Werkzeughandhabung kein brauchbares Spielzeug). Auf diese Weise bilden sie ein komplexes Ganzes. Und die Teilhandlungen können wieder unterteilt werden nach Einzeloperationen (Hölzer zurechtsägen, leimen, lackieren, lagern usw.).

Spätestens hier zeigt sich die Notwendigkeit einer sorgfältigen und umfassenden Planung für den handlungsorientierten Unterricht: Dem allgemeinen Handlungsziel wird ein entsprechendes Aktionsprogramm zugeordnet, das wiederum in sich untergliedert ist und in dem der gesamte Handlungsablauf antizipiert wird. Innerhalb eines solchen Planungsprogrammes werden Teilziele des Handelns festgelegt, hierarchisiert, in eine (mit Rückkopplungsschleifen versehene) Sequenz gebracht und zeitlich aufeinander abgestimmt.

Aber Ziele und Aktionsprogramme liegen nicht von vornherein fest. Wie insbesondere *Wöll* (1998, 127 ff.) im Anschluss an die Theorie kommunikativen Handelns bei Habermas betont, müssen sie in Verständigungsprozessen ohne Zwang und rational ausgehandelt werden. »Das bedeutet, dass Lernen nur dann als handelndes Lernen interpretiert werden kann, wenn die Lernenden die Zielsetzung und Thematik eines Handlungsvorhabens bejahen und zur Grundlage ihrer Aktivitäten machen, so dass sie aufgrund von Identifikationsprozessen bereit sind, für die Ermöglichung der Zielrealisierung einzustehen.« (Ebd. 127) Hier deutet sich bereits an, was im folgenden Kapitel über den Projektunterricht mit den Merkmalen Orientierung an den Interessen der Beteiligten, Selbstorganisation und Selbstverantwortung, gesellschaftliche Praxisrelevanz u.a.m. näher beschrieben wird.

2. Realisation

Der Handlungsvollzug setzt nun das Aktionsprogramm in koordinierte Operationen um (die Schüler/innen bilden Gruppen: für Finanzierung, Materialbeschaffung, -bearbeitung, Kontrolle, Verkauf usw.). Operationen können sich direkt auf den Handlungsgegenstand beziehen (z. B. anmalen der Spielzeuge) oder auch Hilfsoperationen sein (z. B. Erkundigungen, Berechnungen usw.). Der Plan wird »durchgearbeitet«, aus der Erfahrung ergeben sich immer neue Organisations- und Lernprozesse. Zwischen Planung und Realisierung besteht ein enger Zusammenhang, vor allem auch im Hinblick auf die nötigen aus Pannen resultierenden Veränderungen. Manchmal ändern sich die Bedingungen, Unvorhergesehenes muss bewältigt werden, die Planung muss angepasst werden. Die Realisation läuft also nicht einfach linear ab, sie hat eher eine zyklische Struktur. Handeln und Denken bilden dabei eine Einheit, es wird nicht nur praktisch ausgeführt, sondern im Vollzug gelernt.

Dafür spricht die Fülle der unterschiedlichen Handlungsformen, die vom äußerlich beobachtbaren Tun (sägen, schrauben, auf dem Wochenmarkt stehen) über das innere Handeln (kalkulieren, abwägen, korrigieren, – kurz: informationsverarbeitende Prozesse) bis zum Denken (Verkaufsstrategien überlegen, Berechnungen durchführen, Texte verfassen u.v.a.) reichen. Es wird also keineswegs nur mit der Hand praktisch gearbeitet, sondern Denken (als Probehandeln) und Ausführen sind untrennbar verknüpft. Es wird also – im Sinne der Subjektveränderung – gelernt, und dafür ist vor allem die dritte Komponente maßgebend:

3. Handlungskontrolle

Die Handlungskontrolle steht keineswegs erst am Ende. Bereits bei der Planung setzen Kontrollvorgänge ein: Die »prognostische Kontrolle« bezieht sich auf Kontrollvorgänge, die *vor* dem Vollzug durchgeführt werden und vorausschauend die Angemessenheit und Realisierbarkeit einzelner Programmelemente im Hinblick auf das Handlungsziel überprüfbar machen (sind alle Farben brauchbar oder müssen für Spielzeug ungiftige verwendet werden? Ist der Einsatz eines Standes auf dem Wochenmarkt zweckmäßig oder sollte in der Schule verkauft werden? Ist ein Kredit beschaffbar oder sind Spenden nötig?).

Aber auch während der Handlungsausführung sind Kontrollen nötig: Entspricht der Handlungsvollzug dem Aktionsprogramm? (Ist schrauben nicht doch stabiler als leimen?) Abweichungen zwischen dem antizipierten und dem realem Handlungsverlauf müssen registriert, ausgewertet und in flexible Veränderungen eingearbeitet werden (die Finanzgruppe braucht mehr Zeit, es fehlen Kenntnisse über Holzverarbeitung, rechtliche Fragen tauchen auf usw.).

Schließlich muss am Ende die resultative Kontrolle stehen: Haben wir unser geplantes Handlungsergebnis erreicht? Wo lagen Fehler? Können wir die Handlung beenden oder ergeben sich Anschlusshandlungen? Und insofern es sich um Unterricht handelt: Was haben wir gelernt? Was haben wir bei uns selbst verändert (selbstgerichtete Handlungen), was haben wir nach außen hin verändert (umweltbezogene Handlungen)? Neu erworbene Handlungskompetenzen müssen in das bestehende Handlungsrepertoire integriert und dort stabilisiert werden, – kurz: verinnerlicht werden.

Mit diesen Komponenten wird in der Handlungstheorie im allgemeinen die Regulationsstruktur einer »vollständigen Handlung« bezeichnet (*Pfahl* 2000, 56 ff.), die zugleich ein idealtypisches Modell für den handlungsorientierten Unterricht bedeutet. In einem solchen komplexen Handlungsbegriff kann die Lücke zwischen »Aktion« und »Kognition« geschlossen werden. Ein dualistisches Polarisieren von Denken und Handeln wird überflüssig. Die Gewinnung eines immer komplexer und zugleich differenzierter werdenden Handlungsrepertoires sowie der kognitive Strukturaufbau sind dabei untrennbar verschränkt.

Zusammenfassend ergibt sich als didaktisch noch auszudifferenzierende Grundlage für den handlungsorientierten Unterricht das folgende Modell einer vollständigen Handlung (vgl. *Pütz* 1995, 20 ff.):

> 1. Handlungsziel: Klärung, Begründung und Aushandlung mit dem Ziel einer gemeinsamen Identifikation
> 2. Handlungsplan: Beurteilung der Ausgangslage, Bestimmung der einzelnen Lösungsschritte, Festlegung einer Reihenfolge
> 3. Handlungsdurchführung: konkrete Umsetzung in einer hierarchisch-zyklischen Struktur
> 4. Handlungsbewertung: Ergebnisprüfung, Konsequenzen
> 5. Verinnerlichung: Integration und Stabilisierung im Handlungsrepertoire

2.4 Kognitive Handlungstheorie und handlungsorientierter Unterricht

»Denken – das Ordnen des Tuns«

Es war vor allem der Piaget-Schüler Hans Aebli, der die »kognitive Wende« der Handlungstheorie unter psychologischen Aspekten eingeleitet hat (kritisch dazu: *Wöll* 1998, 42 ff.). Er hat nicht zuletzt unter didaktischen Aspekten herausgearbeitet, dass sich Denkstrukturen aus verinnerlichten Handlungen entwickeln. Der Titel seiner kognitiven Handlungstheorie ist bezeichnend: »*Denken: das Ordnen des Tuns*« (Bd. I 2001, 3. Aufl, Bd. II 1994, 2. Aufl.). Seine fundamentale *These* lautet: »Denken geht aus dem Handeln hervor und es trägt – als echtes, d. h. noch nicht dualistisch pervertiertes Denken – noch grundlegende Züge des Handelns, insbesondere seine Zielgerichtetheit und seine Konstruktivität« (*Aebli* 2001, 26). Wenn Denken das Ordnen des Tuns ist, aus diesem hervorgeht und auf es zurückwirkt, dann sind Wahrnehmung und Denken gleichsam »die Magd des Handelns« (Ebd., 168).

Bereits Konrad *Lorenz* hatte die stammesgeschichtliche Bedeutung der Greifhand für die Entwicklung des dreidimensionalen Denkens betont und Karl *Jaspers* die Hand das Werkzeug des Denkens genannt. Wenn nun kognitive Strukturen wesentlich durch Handeln aufgebaut werden und andererseits der Handlungsregulation dienen, so dürfte man angesichts dieser engen Verbindung eigentlich gar nicht von »*Kognitionsgeschehen*« sprechen, sondern von »*Kognitions-Aktionsprozessen*«, bei denen sich Denk-, Entscheidungs-, Urteils-, Erinnerungs-, Reaktions-, Einspeicherungsprozesse wechselseitig in ihrem Ablauf beeinflussen (*Doerner,* nach *Söltenfuß* 1983, 77).

Schulischer Unterricht dagegen meint weithin immer noch, aus Büchern vergegenständlichte Begriffe und Wissensinhalte holen und als Erkenntnisse in begrifflicher

Form vermitteln zu können, ohne zu sehen, dass dem Begriff das Begreifen, der Einsicht das Einsehen, der Erkenntnis das Suchen, Forschen, Beobachten, Nachdenken vorausgeht. »Man kann sich Vorstellungen und Begriffe nicht in fertiger Form einverleiben« *(Aebli* 2006,182). Nur indem man sie *nachschafft, nachkonstruiert,* so dass sie in ihrem inneren Aufbau verständlich werden, gelangen wir zu einem *Wissen,* das nicht nur aus Versatzstücken besteht, sondern ein Handlungsrepertoire bedeutet, das den Menschen befähigt, aktiv in die Welt einzugreifen, sie zu verändern.

Gleichsam urbildlich läßt sich am Aufbau neuer praktischer *Handlungsschemata* aufzeigen, was auf der abstrakteren Ebene der Operationen (die nichts anderes sind als abstrakte Handlungen) oder der des *Begriffes* (der ebenfalls durch Aufbau entsteht) analog geschieht. Sehen wir uns das genauer an. Handlungsschemata sind im Handlungswissen oder Handlungsgedächtnis gespeicherte Handlungselemente. Eine gut trainierte Fußballmannschaft hat bestimmte »Schemata« der Spielhandlung, die aus Elementen wie Angriff, Verteidigung, bestimmten Spielzügen bestehen und in verschiedenen Spielen dieser Mannschaft lediglich variiert werden. Handlungsschemata sind als ganze gespeichert, daher reproduzierbar und auf neue Gegebenheiten übertragbar.

An einem einfachen *Beispiel,* der Herstellung von Hartkäse als einem kleinen »Projekt« einer Schulklasse, macht Aebli deutlich, welches die Struktur einer Handlung ist: Sie hat ein *Ziel* (die Erzeugung des Ergebnisses »Käse«), besteht aus *Teilhandlungen* mit den daran beteiligten Elementen (den »Handlungsteilnehmern« in Gestalt von Aktoren und Dingen) und hat einen *Gesamtablauf,* bei dem jeder Einzelschritt ein Teilziel verwirklicht, auf welches der nächste Schritt aufbaut (2006, 187ff.). Das Ganze geschieht nicht an der Wandtafel, sondern in der konkreten Wirklichkeit: Milch erwärmen, mit Lab impfen, gerinnenlassen, Käsemasse pressen und formen, lagern und salzen usw.

Bevor dies jedoch geschieht, muß eine zum Suchen und Denken anreizende *Problemstellung* da sein, z. B.: Wie könnte man Milch verarbeiten, damit sie haltbar und außerdem ohne spezielle Einrichtungen transportabel wird? »Wer ein Ziel hat und sieht noch nicht, wie er es erreichen wird, hat ein Problem. Wer zu sehen beginnt, wie man es lösen könnte, hat ein Projekt« (ebd. 196).

Nachdem die Spannung auf die Lösung geschaffen und dem Nachdenken die Richtung gewiesen ist, wird die Handlung geplant und durchgeführt. Dabei sind folgende Phasen wichtig:

1. *Klärung, Begründung, Rechtfertigung der Zielvorstellung* (Was wollen wir? Warum?)
2. *Beurteilung der Ausgangslage* (Mittel? Wen brauchen wir?)
3. *Bestimmung der einzelnen Lösungsschritte* (Welche Handlungsschritte ergeben sich, wenn wir vom Ziel her – und umgekehrt, wenn wir von der gegebenen Situation aus zum Ziel kommen?)
4. *Beurteilung des Plans* (als Ganzem; kann mit ihm das Problem erfolgreich gelöst werden?)

Bei der *Durchführung* der Handlung schlägt sich jeder Teilschritt in einem objektiven Ergebnis nieder, das man sehen, riechen, anfassen kann – man sieht, was man getan hat, um es zu erzeugen. Anders gesagt: »Im Ergebnis objektiviert sich die Handlung« (ebd. 189). (Wir werden gleich noch sehen, dass dies bei der Operation und beim Begriff ähnlich ist, nur dass diese sich in einem andern Ergebnis »vergegenständlichen«.) Weil alle Schüler/innen an der Handlung teilnehmen (auch wenn nicht jeder jeden Handgriff macht), bilden sie sich eine Vorstellung von ihr, sie verfügen über das Handlungsschema in Form einer *Handlungsvorstellung*. Dabei hat sich ein ursprünglich globaler Handlungsentwurf *differenziert* (im Zuge einer sowohl vorwärts – als auch rückwärtsschreitenden Planung, s. o., was sowohl im Probieren als auch in der Vorstellung möglich ist). Zugleich wurden beim Brückenschlag zwischen gegebener Situation und Handlungsziel Handlungselemente aus dem Repertoire des Handlungswissens abgerufen (*integriert*): Um Milch haltbar zu machen, müssen wir sie kochen; damit sie sich verfestigt, muß man sie zum Gerinnen bringen usw.

Nun ist das Ziel des Unterrichts aber nicht nur der Aufbau/die Realisierung eines Handlungsschemas als *effektive* Handlung, sondern eine Handlungs*vorstellung*, die innerlich ausgeführt, auf andere Situationen *übertragen* und wiederum in eine effektive Handlung umgesetzt werden kann. Dazu muß eine Handlung *verinnerlicht* (»*interiorisiert*«) werden. Während die effektive Handlung sich am konkret vorliegenden Gegenstand vollzog, entbehrt die Handlungsvorstellung dieser Stütze. Darum ist der Erwerb einer genauen Vorstellung der Ausgangssituation, des ursprünglichen Zustandes des Handlungsobjektes und der Veränderungen im Laufe der Handlungsschritte wichtig. Vor allem für Grundschüler, aber auch für ältere bis zu Erwachsenen gilt, dass eine neue Handlung (und auch Operation, bisweilen sogar ein Begriff) »im effektiven Versuch leichter erlernt und besser verstanden wird als im reinen Gedankenexperiment« *(Aebli* 2006, 195). Eine zentrale Rolle bei der Verinnerlichung spielt die *Versprachlichung*. Schon während der Planung und Durchführung diente die Sprache als Vorstellungsstütze. Die Verinnerlichung wird von Aebli (ebd. 201) *in drei Stufen* dann weiter vorangebracht.

1. Die Beteiligten blicken nach Abschluß der Handlung nochmal auf die Arbeit zurück und gehen alle Handlungen in Gedanken nochmal durch, *rekapitulieren* sie innerlich, wiederum unter Betonung präziser sprachlicher Darstellung.
2. Die Schüler/innen stellen sich den Handlungsverlauf vor, indem sie sich nur noch auf eine *bildliche Darstellung* – des Entstehungsvorganges, z. B. (Tafel-)Skizzen stützen.
3. Schließlich sollen die Handlungen ohne anschauliche Stütze aus der *reinen Vorstellung* wiedergegeben werden.

Voraussetzung für qualifiziertes Handeln des Menschen ist zu lernen, die in verschiedenen Situationen vorfindlichen Variablen als vergleichbar sprachlich zu identifizieren (*Tymister* 1978, 67), insofern schreitet er von der Sprache als »geronnener Handlung« zu eigenem Handeln.

Der Aufbau einer *Operation* (also z. B. das Erlernen der Addition 3 + 4 = 7 oder auch der Zahl π) verläuft ähnlich wie der Erwerb eines neuen Handlungsschemas, denn »Operationen sind abstrakte Abkömmlinge der Handlungsschemata; diese sind umgekehrt ihre konkreten Vorläufer« *(Aebli* 2006, 203). In der Operation werden Handlungen in abstrakte Zeichensysteme übersetzt, »kodiert«, also z. B. in Zahlen oder Buchstaben für algebraische Variable (a + b = c).

»Eine Operation ist eine effektive, vorgestellte (innere) oder in ein Zeichensystem übersetzten Handlung, bei deren Ausführung der Handelnde seine Aufmerksamkeit ausschließlich auf die entstehende Struktur richtet. Abgekürzt sagen wir: eine Operation ist eine abstrakte Handlung.« (ebd. 209) Auch hier geht es um die Stiftung von Beziehungen zwischen vorgefundenen oder selbst erzeugten Elementen, wobei diese über das Ziel in eine Struktur gebracht werden. Auch Operationen müssen verinnerlicht werden, um sie innerlich und symbolisch auszuführen: über die Stufe der ikonischen (also als Vorstellungsbild) hinaus bis dahin, mit Zeichen zu operieren wie mit den Sachen selbst, die Zeichen zu verändern, Beziehungen unter ihnen aufzubauen oder aufzulösen. Didaktisch werden dabei von Aebli immer wieder die Schritte *Tun, Verstehen, Verinnerlichen, Automatisieren* betont.

Schließlich gleicht die Struktur eines *Begriffes* (z. B. »Schutzfarbe« bei Tieren) der Struktur der Operation und der des Handlungsschemas, aber der Begriff vergegenständlicht sich nicht in einem wahren Ergebnis (»Hartkäse« oder π = 3,14), sondern in einem Sprachzeichen, dem Begriffsnamen (*Aebli* 2006, 180). Schon in der Handlung ist es möglich, die Grundstruktur einer begrifflichen Erfahrung zu verwirklichen. Die schrittweise Verinnerlichung, Systematisierung und sprachliche Kodierung dessen, was zuerst handelnd erarbeitet worden ist, macht deutlich: »Der Begriff ist das theoretische Gegenstück zum Handlungsschema« (ebd. 386), wobei »Gegen-Stück« nicht die Andersartigkeit, sondern die innere Entsprechung meint.

Jeder konstruiert sein Wissen selbst
Es läßt sich also aus dem Aufbau kognitiver Strukturen im Zusammenhang mit dem Handeln von Schüler/innen begründen, dass nicht die Vermittlung von fertigem, unverbundenem oder assoziativem Wissen sinnvoll ist, sondern der Aufbau von Handlungs- und Denkstrukturen. Die Schule vermittelt dann nicht mehr – im Unterschied zu einer »Häppchen-Didaktik« – nur assoziatives Wissen, sondern ermöglicht »strukturelles Lernen« (*Aebli* 1987, 152), bei welchem das Handlungswissen sich hierarchisch aufbaut und sich dabei gleichsam des assoziativen Wissens bedient (*Aebli* Bd.1 1980, 162). Es geht um die Vernetzung der durch Handeln erworbenen Kenntnisse, Informationen und Einsichten in die kognitive Struktur. Wir wissen nämlich inzwischen einiges darüber, wie unser Gehirn als »System-Gigant« (*Miller-Kipp* 1992, *Engelkamp* 1990, *Otto* 1995, *Edelmann* 2000) arbeitet: Es speichert Informationen nicht einfach in Schubladen, sondern ordnet es zu komplexen Netzen (*Gudjons* 2007). Wichtig für eine solche netzwerkartige Verarbeitung (und eine entsprechend vielfältige spätere Abrufbarkeit!) ist, dass motiviert und interessiert aufgenommene Informationen in ihren Tiefenmerkmalen gespeichert werden, während anderes sich nur an der Oberflächenstruktur ansiedelt. Für eine multiple Eincodierung (die Verbindung verschiedener Eingangskanäle) ist der »Tu-Effekt« – also die Unterstützung des Lernens durch Handeln – von großer Bedeutung (*Einsiedler* 1996, *v. Wulffen* 1997). Handelnd zu lernen in lebensnahen Problemen, durch Forschen, Entdecken und Erkunden, fördert den Aufbau solcher Netzwerke im Gehirn, weil vielfältige Bezüge eines Problems/einer Sache deutlich werden.
Wir hatten ferner schon gesehen, dass »inneres Handeln« (Denkoperationen) und »äußeres Handeln« (materielle Operationen), Aktion und Kognition, eng aufeinander bezogen sind. Genetisch betrachtet besitzen sie dieselbe Struktur, weil Denken aus dem Handeln hervorgeht und auf dieses steuernd zurückwirkt (*Aebli* 2001). Man könnte sagen, dass Begriffe – zentrale Mittel unseres Denkens – Abkömmlinge und Werkzeuge des Handelns zugleich sind. Da weiterhin unser Wissen netzwerkartig gespeichert ist und unsere Begriffe sich in Clustern oder Begriffshierarchien aufbauen, die durch handlungsorientiertes Lernen besser gefördert werden als durch isolierte Informationsaufnahme, liegt es nahe, durch Handlungsprozesse eher »kognitive Landkarten« aufzubauen als enzyklopädisches Wissen zu vermitteln. Das Abrufen und Fruchtbarmachen von »sinnvoll« geordneten Wissensbeständen aber ist wiederum eine zentrale Bedingung dafür, handeln zu können. Denn im Handeln ziehen wir sozusagen die Fäden unseres assoziativen Wissens zusammen, zu einem

Knoten gleichsam, der zielgerichtet eingeordnetes Wissen anwendet und für die Bewältigung der Handlung fruchtbar macht. Fehlt dieser Zusammenhang von Lernen und Handeln, von Wissen und Anwendung, kommt es – wie neuere Forschungen zum Wissenserwerb betonen – zu »trägem Wissen«: Gemeint ist ein »Wissen, das nicht zur Anwendung kommt, das in bestehendes Vorwissen nicht integriert wird und zu wenig vernetzt und damit zusammenhanglos ist ... « (*Gerstenmaier/Mandl* 1995, 867). Die konstruktivistische Didaktik (also jene Richtung, die die Selbstkonstruktion allen Wissens durch den Lernenden selbst betont) nötigt uns heute, unsere »Annahmen über den Prozeß und die Förderung des Wissenserwerbs zu überdenken. Um das Problem des trägen Wissens zu vermeiden, sollten sich Lernende nicht als passive Rezipienten von Wissen verstehen, sondern als aktive, selbstgesteuerte Lernende. Sie sollten zunehmend in der Lage sein, ihr Lernen selbst zu planen, zu organisieren, durchzuführen und zu bewerten. Lehrende sollten sich weniger als Vermittler, Präsentatoren von Wissen verstehen, sondern mehr als Mitgestalter von Lernumgebungen und Unterstützer von Lernprozessen.« (Ebd. 883. vgl. auch *Reimann-Rothmeier* 2005)

Dies bestätigt auch ein neuer Forschungstrend, der die Ergebnisse der erkenntnistheoretischen konstruktivistischen Diskussion didaktisch fruchtbar macht *(Dubs* 1995, 890f.). Konstruktivistischer Unterricht muß sich
1. an *komplexen, lebens- und berufsnahen, ganzheitlich zu betrachtenden Problembereichen* orientieren. Das bedeutet:»Nicht vereinfachte (reduktionistische) Problemstellungen, sondern die Realität unstrukturierter Probleme sind dem Unterricht zugrunde zu legen, denn verstehen läßt sich etwas nur, wenn es im komplexen Gesamtzusammenhang erfaßt ist, dann Einzelheiten im Gesamtzusammenhang betrachtet und vertieft und schließlich wieder in den Gesamtzusammenhang gebracht werden (das Ganze ist mehr als seine Teile). Zu überwinden sind also das vorherrschende, additive Aneinanderreihen von einzelnen Lerngegenständen und das bloße Üben mit gut strukturierten Problemstellungen, weil dies nicht genügt, um verstandenes Wissen aufzubauen, mit dem in neuartigen lebenswirklichen Lernsituationen weitergearbeitet werden kann. « (Ebd. 890) Besser als eine Lektion über Stadtgeographie ist demnach z. B. das Erkunden einer Neubausiedlung.
2. Lernen ist daher als *aktiver Prozeß* zu verstehen, in welchem vorhandenes Wissen aus neuen eigenen Erfahrungen verändert und neu konstruiert wird. Besser als die Vermittlung von isolierten Kenntnissen über Gentechnologie ist daher z. B. die Analyse von Markenkennzeichnungen von Nahrungsmitteln im Hinblick auf genetisch manipulierte Substanzen.
3. Durch *kollektives Lernen* (z. B. in Gruppen) erst wird die individuelle Interpretation und Sinngebung überdacht und neu strukturiert. Besser als einsames Ler-

nen zu Hause ist also z. B. eine Debatte in der Lern- oder Arbeitsgruppe oder eine »amerikanische Debatte« (PÄDAGOGIK H. 1/1997) in der Klasse.
4. Dabei sind *Fehler* erlaubt, ja bedeutsam, weil ihre Besprechung und Korrektur verständnisfördernd wirkt und zur besseren Konstruktion des verstandenen Wissens beiträgt. Besser als die korrekte Lösung von Buchaufgaben ist also z. B. das Experimentieren mit ungewissem Ausgang.
5. Für die Lerninhalte sind *Vorerfahrungen und Interessen* der Lernenden deshalb wichtig, weil diese eine Herausforderung für die Neustrukturierung des bisherigen Erfahrungsschatzes bedeuten. Besser als die Vermittlung gesicherter Ergebnisse der Sexualforschung ist also z. B. das Anknüpfen an Erfahrungen Jugendlicher mit Liebe und Sexualität.
6. *Gefühle und persönliche Identifikation* sind bedeutsam und müssen einbezogen werden, weil sie den Untergrund für kognitive Prozesse bilden. Besser als abstrakte Kenntnisvermittlung in der Mathematik ist also ein Beispiel für die Faszination von der Bedeutung mathematischer Operationen für die Lösung philosophischer Probleme.
7. Die *Evaluation* (Überprüfung, Auswertung) richtet sich nicht primär auf die Lernprodukte, sondern auch auf die Fortschritte im Lernprozeß, weil statt bloßer Wissensreproduktion vor allem die Wissenskonstruktion angestrebt wird. Selbstevaluation fördert die Beurteilung der individuellen Lernfortschritte und die Verbesserung der eigenen Lernstrategien. Besser als abschließende Noten für eine Klassenarbeit sind also z. B. Arbeitsprozeßberichte der Schüler/innen bei einem Projekt und individuelle Feedbacks der Lehrkraft zu dem, wie und was in einer Gruppe gearbeitet wurde.

Dieses Konzept gilt sowohl für die Hauptschule als auch für das Gymnasium und erst recht für die Grundschule: *Handeln und Denken, Theorie und Praxis* gehören zusammen. Handlungsorientierter Unterricht dient aufgrund des dargelegten Zusammenhanges von Handeln und Denken der Persönlichkeitserweiterung durch Selbstkonstruktion und Differenzierung kognitiver Strukturen zum Zwecke klarer Einsichten in die Zusammenhänge dieser Welt und der Kompetenz, sie handelnd zu gestalten. Wenn Denken eine »*Metatätigkeit*« über das konkrete Handeln ist *(Aebli* 1980, 22), dann müssen selbst Begriffsbildungsprozesse ihren Ausgang immer wieder von konkreten Handlungsvollzügen nehmen. Wird Lernen in der Schule als Handlungsprozeß, im Sinne einer zielorientierten, versprachlichten und reflektierten Tätigkeit organisiert, dann steht nicht mehr die didaktisch geschickte *Aufbereitung des Lehrstoffes* im Mittelpunkt, sondern die auf Handeln und Erkennen gerichtete *Planung und Realisierung von Handlungsprozessen* der Schüler.
Mit diesem Prinzip eröffnet sich für die Schule zugleich die enorme Chance, die viel beklagte Entfremdung vom »wirklichen Leben« zu überwinden, – oder zumindest

doch Schule und Leben wieder stärker einander anzunähern. Schule kann die Erfahrungen der Schüler in ihrer »Lebenswelt« aufgreifen (heute eher: die Lebenswelten, denn wir leben in einem Geflecht ganz unterschiedlicher Lebenswelten, die nebeneinander existieren, *Böhme/v. Engelhardt* 1979, 117f.). Lebensweltliche Erfahrung ist persönliche Erfahrung, sie wird im ganzheitlich handelnden Umgang mit Menschen und Dingen der Umgebung erworben, sie ist als sinnliche Wahrnehmung an den Leib gebunden und ist eine ebenso wichtige und legitime Erfahrungsweise wie die wissenschaftliche (die ja um der Erforschbarkeit willen Effekte und Qualitäten von Gegenständen bewußt isoliert) (*Preker* 1986, 37f.). – Ein eindrückliches Beispiel für das Auseinandertreten wissenschaftlicher und lebensweltlicher Erfahrung ist die Geburt und die Geburtshilfe: »Die Verwissenschaftlichung der Geburtshilfe hat eine fantastische Spezialisierung, Steigerung und Präzision der technischen Kompetenzen der Geburtshilfe gebracht. Faktisch verloren gegangen ist dabei das Wissen um die Geburt als einem biographischen Ereignis und einem sozialen Handlungszusammenhang.« (*Böhme* 1980, 49) – Wir leben heute in einem historischen Stadium beispielloser Informiertheit, und gleichzeitig schwindet uns die lebensweltliche Urteilskraft: gewonnenes Wissen kann immer weniger aus dem lebensweltlichen Erfahrungshorizont heraus beurteilt werden. Wissen verselbständigt sich und muß mühsam wieder in Handlungszusammenhänge sinnvoll eingebracht werden (*Preker* 1986, 54ff.). Hinzu kommt, dass wir zunehmend die Wirkungsfolgen unseres Handelns nicht mehr sehen: Die Langzeitfolgen der in den Ausguß gegossenen Chemikalien für das Trinkwasser sind nicht unmittelbar zu spüren; Tschernobyl hat erschreckend gezeigt, dass die Auswirkung von radioaktiver Strahlung geradezu eine Erfahrungslücke hinterläßt, weil die Folgen sehr wenig sinnlich wahrnehmbar und nur sehr langfristig spürbar sind. Menschliche Verantwortung bleibt hinter der Reichweite des Handelns zurück.
Mit der »*denkenden Erfahrung*« (Dewey) sucht der handlungsorientierte Unterricht aber gerade dem *Zusammenhang* von Problemen auf die Spur zu kommen; der Lebensweltbezug (und freilich auch die Aufklärung von Ideologien in dieser Lebenswelt und im Alltagswissen!) rückt Erfahrung und Wissen wieder näher zusammen und wirkt als Herausforderung bei der Bewältigung eines Problems, »indem wir die Kraft der Lernmotivation aus einem mächtigen Strom des Denkens und Handelns ableiten, so wie die großen Persönlichkeiten der Geistes- und politischen Geschichte ihre Kraft aus einer großen Vision ihrer Aufgabe geschöpft haben, aus einem ›Projekt‹ «, formuliert *Aebli* (1987, 153) etwas prosaisch, aber durchaus treffend.
Dass die Schule dazu befähigen soll, in Lebenssituationen handlungsfähig zu sein, ist ebenso unbestritten wie folgenlos für das »Schulehalten«. Da hilft es auch nicht, wenn gelegentlich den Schülern und Schülerinnen die Möglichkeit gegeben wird, selber aktiv etwas zu machen, statt rezeptiv Informationen aufzunehmen. Eigen-

tätigkeit ist gut, aber Handeln ist mehr. Schüler und Schülerinnen sollen nicht beschäftigt werden, sondern Handlungskompetenzen aufbauen. Dabei ist »finales Handlungswissen« (also durch Handeln erworbenes und zu Handlungen befähigendes Wissen – *Reetz* 1994) zur Bewältigung von Handlungssituationen im Leben unverzichtbar. »Werden die Situationen schwierig, kommt es zur Bewährungsprobe des Handlungswissens. Es muß unter Umständen neu organisiert werden. Wir sprechen von Problemlösung und greifen auf das Wissen mit Sachstruktur zurück, was umso eher gelingt, je mehr wir daran gewöhnt sind, Sachwissen in zielgerichtetes Handlungswissen zu transformieren.« (*Reetz* 1994, 35) Einfacher gesagt: Sachwissen ist gut und nötig, aber für eine Handlungskompetenz ist es wichtig, dass unser Sachwissen schon im Hinblick auf das Handeln organisiert ist. Und das geschieht am besten, wenn es handelnd erworben wurde.
In solchen Handlungszusammenhängen gewinnen fachliche Aspekte, die Vermittlung von Kenntnissen, die abständige Reflexion und das begriffliche Wissen, die denkende Verarbeitung – Kennzeichen des methodisch organisierten Fachunterrichts – also durchaus einen sinnvollen und legitimen, ja notwendigen Stellenwert. Manche Kritik am handlungsorientierten Unterricht wäre überflüssig, würde man begreifen: Der handlungsorientierte Unterricht hat dort seine Grenzen, wo andere Unterrichtsformen ihren legitimen Stellenwert haben; er bleibt angewiesen auf die Ergänzung durch methodische Konzepte, die die stoffliche Systematik, die kognitive Verarbeitung, die Wissensvermittlung, ja auch das Üben und Wiederholen in den Mittelpunkt stellen (s. Kp. 4.4 Didaktische Grundprobleme). Man muß begreifen, um (in gesellschaftliche Umwelt) ein-greifen zu können. »Wer nichts weiß, kann auch nicht vernetzt denken.« (*Beck* 1996, 129f.). Es gibt Schulen, die daraus für die gesamte Unterrichtsorganisation Konsequenzen gezogen haben, z. B. das »Altinger Konzept« (*Scheufele* 1996), bei dem handlungsorientierter Unterricht in Projektform mit Lektionen, Kursen, Spielen/Übungen, Schülerversammlung in einem integrierten Stoffverteilungsplan verbunden wird.

2.5 Lern- und Motivationspsychologie und handlungsorientierter Unterricht

Nachdem wir uns den prinzipiellen Zusammenhang von Handeln und Denken auf der Grundlage der kognitiven Handlungstheorien vergegenwärtigt und den lebensweltlichen Erfahrungshorizont als Kontext der schulischen Handlungsorientierung betont haben, geht es nun weiterführend um einige wichtige Ergebnisse und Befunde der Lern- und Motivationspsychologie (*Weinert* 1997, Rheinberg 2005). Im Mittelpunkt stehen – wieder eher als Sammlung von Argumenten zur Begründung handlungsorientierten Lernens denn als in sich geschlossene Theorie – die *Bedeutung der Sinne für das Lernen,* die *Gedächtniswirksamkeit des Handelns,* der *Bewegungsaspekt beim Lernen* und die *Förderung der Lernmotivation durch Handlungselemente.*

a) Sinnliche Erfahrungen und Lernen
Untersuchungen zum Wachstum von Hirnstrukturen, die für die Steuerung kognitiver Funktionen grundlegend sind, belegen die hohe Bedeutung sensorischer und motorischer Aktivität für die Entwicklung der intellektuellen Leistungsfähigkeit *(Möller* 1987, *Spitzer* 2004). Unmittelbar einsichtig sind bereits die Folgen von Bewegungsarmut, statischer Belastung des Körpers und einseitig »geistig« beanspruchenden Situationen: herz- und kreislaufphysiologische Reaktionen zeigen z. B. einen schnellen Ermüdungseffekt.
Möglicherweise hat auch die Schule ihren Beitrag zu körperlichen Schäden geleistet, die in Berlin an 122 600 Schülern festgestellt wurden: 5% Wirbelsäulenverkrümmungen, über 8% Brustverbildungen, über 16% Haltungsanomalien und 37% Fußverbildungen *(Möller* 1987, 99). Horst *Rumpfs* Anmahnung der »übergangenen Sinnlichkeit« erscheint für die Schule von daher in einer neuen Dramatik, wenn er zugespitzt meint, dass Schüler (wie Lehrer) ihre Körper nur noch als »Prothesen für redende Münder, hörende Ohren, lesende Augen, schreibende Hände« in den Unterricht einbringen *(Rumpf* 1981, 7).
Die Ergebnisse und Befunde der Erforschung von Verarmung und Entzug sinnlicher Reize (Deprivationsforschung) legen die hohe Bedeutung einer ausreichenden Beanspruchung der Sinnes- und Bewegungsorgane im Rahmen einer anregungsreichen Umwelt nahe. Trotz vieler ungeklärter Einzelzusammenhänge gilt als erwiesen, dass reizarme Situationen und einförmige Tätigkeiten zur Herabsetzung der psychischen Aktivität, zu Antriebsmangel, Konzentrationsausfällen und Ermüdung führen *(Möller* 1987, 113). So wurde lernphysiologisch nachgewiesen, dass der Grad der Erregung der Formatio reticularis (eines Teilgebietes des Hirnstamms) z. B. durch Tast-, Geruchs-, Geschmacks-, Gehör- und Sichtreize ganz entscheidend die Aktivierungslage auch des Großhirns und die freigestellte Energie bestimmt. Insofern kann Ermüdung nicht nur Folge von Anstrengung, sondern gerade umgekehrt von mangelnder Beanspruchung sein, wenn z. B. die verschiedenen sensorischen »Einströme« in die Formatio reticularis ausbleiben. – Pädagogische Konsequenz daraus ist die Bemühung um ein optimales, also weder zu hohes noch zu niedriges Aktivierungsniveau – nicht aber die Verwechselung von »**Handlungsorientierung**« mit permanenter »action« und Reizüberflutung durch den Lehrer als Showmaster ...
Aus der Entwicklungspsychologie ist bekannt, dass es in der (früh-)kindlichen Entwicklung sog. »sensible Phasen« zum Aufbau bestimmter Gehirnstrukturen gibt, z. B. der Zahl der Synapsen und Dendritenverzweigungen zwischen den Nervenzel-

len. Die bisherige Annahme, dass diese feinstrukturelle Entwicklung bis zum 3. Lebensjahr abgeschlossen und danach eine Beeinflußbarkeit durch äußere Reize nicht mehr vorhanden ist, muß allerdings nach neueren Forschungsergebnissen revidiert werden, mehr noch: Die Plastizität der Gehirnentwicklung ist nicht nur auf die sensiblen Phasen beschränkt, denn weitere Untersuchungen deuten darauf hin, »dass während des ganzen Lebens bestimmte Strukturen im Gehirn sich bei Nichtgebrauch zurückbilden, bei Stimulation dagegen regenerieren« (*Möller* 1987, 126). Für die Schule – und keineswegs nur für die Grundschule, sondern prinzipiell auch für die Sekundarstufe – ergibt sich daraus die Notwendigkeit, die Sinne vielseitig zu fördern und den »reizmonotonen« Unterricht (48,9% gelenktes Unterrichtsgespräch – *Hage* u. a. 1985) zu erweitern durch sensorische und motorische Aktivierung vieler Sinne und damit die Chance der generellen Beeinflußbarkeit von Gehirnstrukturen durch *Beanspruchung* zu nutzen.

b) Handeln und Gedächtnis
Jeder wird aus der Alltagserfahrung die Gedächtniswirksamkeit des eigenen Handelns gegenüber Formen bloß verbaler Kenntnisvermittlung kennen und die Plausibilität einer von *Witzenbacher* (1985, 17) zitierten Untersuchung der American Audiovisuell Society über menschliche Behaltensleistungen bestätigen können: Danach behalten wir 20% von dem, was wir hören, 30% von dem, was wir sehen, 80% von dem, was wir selber formulieren können und 90% von dem, was wir selbst tun. Aus der Fülle empirischer Einzelergebnisse zur Wirkung handlungsorientierter Lernprozesse auf Gedächtnisleistungen sollen hier exemplarisch nur die sog. »multidimensionale Kodierung« und die Bedeutung der Beanspruchung von Bewegungsorganen aufgezeigt werden. – »Handlungsintensives Lernen begünstigt die ›multidimensionale Kodierung‹ von Informationen, da es verschiedene Sinnesorgane beteiligt, mehrere Gehirnregionen mitschwingen läßt und ein breites Netz bedeutungshaltiger Assoziationen ermöglichte (*Möller* 1987, 185).
Die Beanspruchung mehrerer »Eingangskanäle« (z. B. visueller, auditiver, taktiler) bei der Aufnahme von Informationen wird bereits deutlich an der Rolle *anschaulicher Vorstellungen* im Lernprozeß. Ein Beispiel: Eine naturkundliche Information über das Meerschweinchen wurde in einer ersten Gruppe begleitet von einem Foto des Tieres, in der zweiten Gruppe durch ein ausgestopftes Meerschweinchenmodell und in der dritten durch ein lebendiges Exemplar. Die Gruppe »Bild« lag in den Behaltensleistungen mit 9,5%, die Gruppe »Modell« mit 20%, die Gruppe »lebendiges Tier« mit 40,7% über der Kontrollgruppe, der lediglich verbale Informationen geboten wurden *(Düker/Tausch* 1957, 394). Die Tatsache, dass ein lebendiges Tier besonderes Interesse erzeugt, wirkte sich offenbar förderlich aus; noch intensiver dürften die Behaltensleistungen sein bei weiterführenden Tätigkeiten: Untersu-

chungen, Umgehen, Herstellen usw. – in der Verbindung mit dem Verbalisieren dieser Tätigkeiten. Auf jeden Fall ist bereits die bildhafte Informationsvermittlung überlegen.

Wie ist das zu erklären? Information kann in *zwei Speichersystemen* (vgl. *Otto* 1995, *Engelkamp* 1990) niedergelegt werden (double encoding theory), einem bildhaften und einem verbalbedeutungsmäßigen, die sich wahrscheinlich jeweils in der rechten und in der linken Gehirnhälfte lokalisieren lassen (und die übrigens auch getrennt störbar sind) (*Angermeier* u. a. 1984, 151 f.). Die Wirksamkeit der multidimensionalen Kodierung ist aber auch zu erklären durch ihre höhere *Redundanz*, d. h. der Verbindung von Nebeninformationen mit dem Lerninhalt, die in der Phase der Reproduktion dann die Erinnerung begünstigen: je mehr Nebeninformationen als »Hinweisreize« (z. B. in der Form von lebendigen Vorstellungen und persönlichen Erlebnissen) fungieren können, desto eher die Wahrscheinlichkeit, dass etwas erinnert wird. Vor allem, wenn die Informationen in einen Sinnzusammenhang eingefügt worden sind, der vom Lerner selbst hergestellt wurde, ist die Gedächtnisbildung erheblich verbessert. Das ist auch nicht verwunderlich, weil die Aufnahme von Informationen auf ein System von Bedeutungen bezogen bzw. an eine definierte Stelle der (bereits erworbenen) Bedeutungsstruktur angelagert wird. Eine Information wie z. B.: »Der Tunneleffekt wird vermittels der Esaki-Diode ausgenützt«, kann nicht ins Bedeutungssystem eingeordnet werden, wird nicht verstanden und bald wieder vergessen (*Angermeier* u. a. 1984, 154).

Kein Wunder, dass beim Lernen von Wörtern eine Versuchsgruppe, die sich zu den Wörtern eine verbindende Geschichte ausdachte, sich an 93% der Wörter erinnerte gegenüber der Gruppe der Auswendiglerner, die es nur auf 13% brachte; offensichtlich sind selbstgefundene Ideen, die einzelne Elemente (in den Begriffen der Gestalttheorie) zu einer sinnvollen »Gestalt« verbinden, die wirksamsten – gegenüber der Speicherung von isoliertem Einzelwissen.

Genau darauf zielt der Handlungsbegriff z. B. des Projektunterrichts. Bloße »Tätigkeiten«, das Ausführen vorgegebener Anweisungen oder das sinnlich-anschauliche Erfahren und Erleben allein genügen letztlich nicht, weil ihnen die *kohärente Struktur* einer Handlung fehlt. Ein Projekt hingegen lebt vom übergreifenden Handlungszusammenhang, in dem Einzelelemente wie Ziel, Handlungsplan, Lösungsversuche, Teilhandlungen, Ergebnis, Produkt, Reflexion usw. ein beziehungsreiches Ganzes bilden. Im Unterschied zum ausschließlich lehrerzentrierten Unterricht gestalten die Schüler im Projektunterricht durch Eigenaktivität ihre Einsicht in dieses kohärente Ganze zunehmend selbst. (*Vaupel* 2008) Wesentliches Merkmal des Projektunterrichts ist dabei, dass Handlungen durch den Bezug zu den Interessen der Schüler, durch Einbeziehung der Schüler in Mitverantwortung und durch weitgehende Selbststeuerung als subjektiv bedeutsam empfunden werden (vgl. unten

»Motivation«). – Darin entspricht der Projektunterricht – wie gezeigt – zentralen Voraussetzungen nicht zuletzt für gedächtniswirksame Lernprozesse. (vgl. *Spitzer* 2004)

c) Bewegung und Lernen
Schließlich ist auf den *Bewegungsaspekt* bei der Aneignung von Lerninhalten hinzuweisen. Auch hier zeigt zunächst wieder die Alltagserfahrung, dass Aneignung über das motorische Handeln besser im Gedächtnis haftet als bloß verbale Übermittlung: Wer kennt nicht das hilflose Gefühl nach der Lektüre einer Gebrauchs- oder Aufbauanleitung und die Befriedigung, nachdem (vielleicht mit viel »trial und error«) ein kompliziertes Gerät durch handelnden Umgang mit Teilen, Zusammenbauen, Ausprobieren, Verbessern von Lösungsversuchen usw. zum Funktionieren gebracht wurde. Und die Gewißheit: beim zweiten Mal würde ich manches »gleich richtig machen«, – d. h.: Ich habe gelernt ...

Das »Bewegungsgedächtnis« ist phylogenetisch und ontogenetisch die früheste Form des Gedächtnisses. So wie in der Entwicklung der Menschheit der archaische Gedenkstein (der an etwas erinnerte, was sich begeben/ »bewegt« hatte) durch die sprachlichen Berichte und schließlich durch Bibliotheken abgelöst wurde, so überlagert in der kindlichen Entwicklung das intellektuelle Sprachgedächtnis immer stärker das ursprüngliche Bewegungsgedächtnis. Obwohl nun das Bewegungsgedächtnis langsam an Bedeutung verliert (der Ball als Reiz löst nicht mehr nur motorische Reaktionen wie Rollen, Fangen, Werfen usw. aus, vielmehr wird das Wort »Ball« zum Signal für die erfahrenen Bedeutungen), »bleibt es doch ein elementarer Mechanismus auf allen Stufen der Erkenntnis« (*Wohl* 1977, zit. nach *Möller* 1987, 175). Bestätigt wird dies durch Forschungen sowjetischer Psychologen zur Rolle der Bewegung bei der Gedächtnisbildung: Versuchspersonen erinnerten sich auf die Frage, was sie auf dem Weg von der Wohnung zur Arbeitsstätte erlebt hätten, vor allem an das, was sie *getan* haben; oder wenn Gegenstände und Methoden aus der Arbeit wiedergegeben werden sollten, so wurden zu 81% die bei der Arbeit gebrauchten Instrumente erinnert *(Smirnow, Schochorawa, Lapschina,* zit. nach *Möller* 1987, 175). (Übrigens kann auch ein erlebter *Geruch* ganze frühkindliche Szenen in der Erinnerung wieder lebendig werden lassen, wenn man diesem bestimmten Duft wiederbegegnet, wie C. G. *Jung* es am »Gänsegeruch« auf einem Spaziergang beschreibt. *Jung* 1968, 4).

Auch die Neuropsychologie kennt den Zusammenhang von Bewegung und Gedächtnis: Bei der »Aphasie« (einer fortschreitenden Störung der verbalen Speicherung von Inhalten) werden von den Patienten zuerst die Substantive, dann die Adjektive und erst zuletzt die Verben (= »Tätigkeitswörter«) vergessen!

d) Motivationspsychologische Aspekte
Aktivierung hat auch Auswirkungen auf die Motivation. *(Rheinberg* 2005) Das zeigt wiederum bereits die Alltagserfahrung: Wo Schüler etwas demontieren, herstellen, untersuchen, ausprobieren usw. können, wo sie unter Einbeziehung möglichst vieler Sinne »hantieren«, wächst das Interesse, entsteht manchmal sogar Faszination. Nachweislich ist bereits diese Aktivierung und Motivation eine günstige Bedingung für das langfristige Behalten der damit verbundenen Inhalte *(Möller* 1987, 178f.). Darüber hinaus ist allerdings wichtig, dass Schüler diese Inhalte als *sinnvoll* begreifen, ihnen also eine *subjektive Bedeutsamkeit* geben. Anfassen von und Umgeben mit Gegenständen allein erzeugt noch kein Verstehen und Behalten. Hinzukommen muß eine innere Anteilnahme, die sowohl die »affektive Färbung« eines Inhalts betrifft als auch die Integration in den persönlichen Kenntnisbesitz, also das Verknüpfen mit bereits bestehenden Positionen im persönlich verfügbaren Bedeutungssystem. Nicht allein die motorische Aktivität im Lernprozeß, »sondern das Durchdringen von Handeln, Denken und Erleben« bedingt »die Lern- und Gedächtniswirksamkeit des handelnden Lernens« *(Möller* 1987, 179).
Natürlich ist der Hinweis auf die Erfahrung, dass handlungsorientierte Lernprozesse in der Regel den Schülern und Schülerinnen einfach mehr *Spaß* machen, fast schon banal. Aber dahinter steht der inzwischen gut erforschte Zusammenhang von Emotion und Kognition *(Mandl/Huber* 1983). Emotional wichtige Informationen werden z. B. besser behalten, denn das »Limbische System« im Gehirn (das eng mit der für Denkprozesse bedeutsamen Großhirnrinde verknüpft ist – *Edelmann* 2000) sorgt für die ständige emotionale Tönung von Denkprozessen, wobei Sinnhaftigkeit und subjektive Bedeutung stark motivierende Kräfte sind. Wenn sich Schüler und Schülerinnen mit einem selbstgewählten Vorhaben identifizieren können, gewinnt ihre Tätigkeit für sie einen subjektiven Sinn und wird persönlich bedeutsam. Der Lehrer kann dann auf die üblichen »Motivationstricks« verzichten (auch wenn er in Krisenphasen schon einmal gut zureden muß ...).
Sinnhaftigkeit und subjektive Bedeutsamkeit sind also stark motivierende Kräfte. Im handlungsorientierten Unterricht wird dies oft erreicht durch das Anstreben *konkreter Produkte:* das Gesundheitskochbuch, nach dem man Gerichte kocht, der Film, den man öffentlich vorführt, das Boot, mit dem man auf's Wasser geht. »Es ist die herstellende Anwendung, die die Schüler am stärksten motivierte.« *(Aebli* 1987, 158) Neuere Motivationstheorien betonen, dass es ein grundlegendes Motiv des Menschen ist, seine *Kompetenz* zu steigern, in neuen Situationen zu bewähren und sich selbst zu erfahren als Wesen, das seine Welt gestalten und beherrschen kann *(White* 1959). Diese »Kompetenzmotivation« bringt uns zum Lernen, um leistungsfähiger zu werden, sie ist damit auch von enormer Bedeutung für das Selbstvertrauen und das Selbstbewußtsein, zumal dann, wenn ein Produkt des Projektunterrichts

z. B. die Erfahrung vermittelt, etwas bewirkt zu haben, ein Stück gesellschaftlicher Realität verändert oder eine unbefriedigende Situation verbessert zu haben. Dies beginnt bei der Ausstattung des Pausenhofes mit Spielmöglichkeiten und schließt den Aufbau eines alternativen Fahrradladens ebenso ein wie die Gründung eines Kommunikationszentrums für Deutsche und Ausländer. – Aber selbst wenn so »hohe«Ziele nicht erreichbar sind, darf die motivierende Stärke dieses *Wirkungsaspektes* nicht geringgeschätzt werden. Kompetenzmotivation ist intrinsisch, also in sich selbst sinnvoll, lohnend und befriedigend, unabhängig von äußeren, sachfremden Anreizen oder gar Zwängen wie Noten, Strafen, Leistungsbewertungen usw. *(= extrinsische* Motivation).

Aber auch die Anfangsphase handlungsorientierter Lernprozesse enthält bedeutende Motivierungselemente. Aus dem »entdeckenden Lernen« *(Neber* 1981, 2006) ist bekannt, wie stark die Entwicklung von Neugier motivierend wirkt. Ein Konflikt in der Anfangsphase startet eine Suchbewegung; dies kann geschehen durch »Überraschung« (die Kugel paßt nach Erwärmung nicht mehr durch den Ring ...), »Zweifel« (kann ein Schiff aus Eisen wirklich schwimmen?), »Verwirrung« (mehrere konkurrierende Lösungen sind möglich ...), »Verblüffung« (man kann auf dem Meer genau angeben, wo man sich befindet, obwohl weit und breit nur Wasser ist ...) oder »Widerspruch« (Pflanzen brauchen Licht, aber Pilze können im dunklen Keller wachsen ...). Ein entdeckendes Lernen motiviert erstens deshalb (gegenüber der bloßen Rezeption von Informationen) zu einem qualitativ wertvolleren Lernen, weil es durch »Verstehen« funktioniert, Wissensbestandteile aufeinander bezieht und integrierte Strukturen des Wissens aufbaut *(Berlyne* in: *Neber* 1981, 233). Ein solches Lernen macht zweitens den Schüler auch eher zum »Konstrukteur« seiner eigenen Problemlösungs- und Lernprozesse. Anders ausgedrückt: die »Zielhandlung« (intrinsisch) motiviert die »Mittelhandlungen«, die (als Mittel zum Zweck) dann durchaus extrinsischen Charakter haben können *(Aebli* 1987, 139). »Durststrecken« im Arbeitsprozeß können leichter ausgehalten werden, weil man ihre Funktion für das Ziel begreift.

Als didaktisches *Fazit* aller kognitions- und lernpsychologischen Argumente stehen zwei Zitate von G. *Dietrich* (1984, 58): »Lerngegenstände müssen, um pädagogisch vermittelbar zu sein, grundsätzlich in Handlungen übersetzt werden (können).« »Erkennen ist grundsätzlich ein Tätigsein, ein Umgehen mit der Realität« *(Dietrich* 1984, 176), wobei unterschiedliche Lerngegenstände je nach ihrer Gegenstandsstruktur auch unterschiedliche Repräsentationsebenen (z. B. handlungseffektive, anschaulich-bildhafte oder symbolische) erfordern. Handelndes Lernen ist also (im Sinne *Dietrichs,* 144) *proaktiv-entdeckendes* (statt reaktiv-rezeptives), *sinnvoll-einsichtiges* (statt mechanisch-unreflektiertes) und *innengesteuertes* (statt außengesteuertes) Lernen.

Damit ist nachdrücklich betont, dass alle theoretischen Begründungsargumente – will man das Prinzip der Handlungsorientierung nicht zur Totalverplanung der Schüleraktivitäten durch den Lehrer mißbrauchen – eines nicht übersehen dürfen: das Anliegen der *Selbststeuerung*, die Möglichkeit für die Schüler, *selbst*gewählte Ziele mit *selbst*gewählten Mitteln zu erreichen und Lernresultate mit *Selbstkontroll*prozessen zu überprüfen!

Hier zeigt sich eine – zumindest denkbare – *Gefahr* als Kehrseite der operativen Didaktik Aeblis ebenso wie der Aneignungstheorie. So sehr ihnen das Verdienst der (Wieder-) Einführung der Handlungsebene generell in den Unterricht zukommt, so sehr tendiert die praktizierte Didaktik dazu, alle Lernprozesse für den Heranwachsenden nach dieser schlüssigen Theorie zu organisieren, womöglich einheitlich, geschlossen, hoch-effektiv, nach wissenschaftlich begründbarer Stufung – nur diesmal nicht nach Herbarts Formalstufen, sondern nach der alles durchdringenden Konzeption einer operativen Didaktik. Lernen nach dem Prinzip des *Konstruktivismus (Aebli* 1983, 391) – ein wichtiger Fortschritt, gerade über *Piaget* hinaus, bei dem die Entwicklung des Kindes aufgrund von Erfahrungen erfolgt, »die sich das Kind als Folge seiner spontanen Aktivität laufend selbst verschafft« (ebd. 391). Nur: Wenn damit das Element eben jener *Spontaneität* selbst verloren geht, wenn konstruktives Lernen heißt, dass wieder einmal der/die Lehrer/in Konstrukteur kindlicher Lernprozesse wird und die Heranwachsenden wieder nur am entdecken-lassenden Gängelband laufen dürfen, wenn aus direktiver Lenkung eine subtile Fernlenkung wird, wenn von »Techniken« die Rede ist, die im Kind »Lernprozesse auslösen« (ebd. 392), dann könnte »*Handeln*« wieder leicht auf »*angeleitetes Tätigsein*« zusammenschrumpfen.

Handlungsorientiertes Lernen setzt nach unserer Auffassung das »*epistemische Subjektmodell« (Groeben*, nach *Söltenfuß* 1983) voraus, in dem Sinne, dass dem Erkenntnissubjekt sowohl tätiges Erkennen, aber eben auch *Intentionalität* und *Selbstbestimmung* zugestanden wird, dass die *Re*konstruktion der Wirklichkeit im Subjekt durch operative Prozesse in Wechselwirkung mit *seiner* (interessegeleiteten) *Kon*struktion der Wirklichkeit erfolgt. Wir unterlegen damit ein Grundverständnis des Menschen, der nicht – gleich einem Schwamm – nur seine Milieubedingungen in sich aufsaugt, sondern sich durch tätige Aneignung der Wirklichkeit zugleich als *Subjekt* produziert und damit zugleich Gesellschaft »herstellt«.

Schließlich ein letzter Gedanke als Plädoyer dafür, den handlungsorientierten Unterricht als eine *offene Konzeption* auch gegen eine mögliche »wasserdichte« Didaktisierung von Handlungstheorien zu realisieren. Hannah *Arendt* hat als Philosophin zu ihren Überlegungen über »Das Handeln« einmal die schöne Formulierung von der »*Unabsehbarkeit der Taten*« gebraucht und in diesem Zusammenhang geschrieben:

»Dass Menschen nicht fähig sind, sich auf sich selbst zu verlassen oder ... sich selbst vollkommen zu vertrauen, ist der Preis, mit dem sie dafür zahlen, dass sie frei sind; und dass sie nicht Herr bleiben über das, was sie tun, dass sie die Folgen nicht kennen und sich auf die Zukunft nicht verlassen können, ist der Preis, den sie dafür zahlen, dass sie mit anderen ihresgleichen zusammen die Welt bewohnen.« (Arendt, in: *Lenk* 1978, Bd. II/1, 74 f.)

2.6 Pädagogische Begründung handlungsorientierten Unterrichts – Zusammenfassung bisheriger Überlegungen

Handlungsorientierter Unterricht ist keine neue Strophe im Jahrhunderte alten Lied vom Versuch, passive Schüler/innen wieder aktiv zu machen. Es ist auch keine Variante im Repertoire der Motivationstricks und Methodenkniffe, damit Schule »wieder Spaß macht«. Er ist erst recht kein Versuch, die »praktische Begabung« der Hand zu pflegen und damit z. B. die die inzwischen „tote" Hauptschule wiederzubeleben *(Rösner 2007)*. Handlungsorientierter Unterricht ist eine überfällige Antwort auf den tiefgreifenden *Wandel in der Aneignung von Kultur* in einer Lebenswelt, deren defizitäre Entwicklungstendenz in *H. von Hentigs* Formulierung vom »allmählichen Verschwinden der Wirklichkeit« präzise markiert wird, in unserem Zusammenhang aber über die »neuen Medien« weit hinausgeht. Daraus ergeben sich *drei Begründungsebenen* für den handlungsorientierten Unterricht: eine *sozialisationstheoretische,* eine *anthropologisch-lernpsychologische* und eine *didaktisch-methodische.*
1. Sozialisationstheoretisch betrachtet haben u. a. demographische Entwicklung, dinglich-räumliche Veränderungen der Lebenswelt und das Vorrücken der elektronischen Medien zur Reduzierung sozialer Erfahrungsmöglichkeiten von Eigentätigkeit und Primärerfahrungen geführt. Die mögliche Dynamik zwischen Symbolwelten und »erster Wirklichkeit« beginnt sich zu verschieben zu ungunsten der tätigen Aneignung konkreter, authentischer und originaler Lebenswelt. *Ent-Sinnlichung* und *Abstraktion* bestimmen die Erfahrungsmöglichkeiten stärker als früher, die *ikonische* Aneignung dominiert die *handelnd-tätige.* Eine bedenkliche Erfahrungslücke zwischen Lebenswelt und Bewußtsein tut sich auf: Statt produktiv-realitätsverarbeitender Subjekte werden im Extremfall Heranwachsende heute z. B. zu »Computerkids«, die morgen mit kindlich zurückgebliebenen Sozial- und Wirklichkeitserfahrungen an den Schaltpulten von Bürokratie, Industrie und Rüstung sitzen.
Die *Schule* der Gegenwart ist von diesem Schwund kontinuierlicher Erfahrungen mit Menschen und Dingen, des Gebrauchtwerdens, des Ernstfalls, der progressiven Isolation von Kindern und Jugendlichen von produktiver Erwachsenentätigkeit direkt betroffen. Die fortschreitende Scheinhaftigkeit und Zukunftsschwäche der Institution Schule höhlt ihren Sinn von innen her aus; das Bewußtsein greift um sich,

»dass in der Schule zwar noch gewisse Schwimmbewegungen gemacht werden, dass aber das Wasser wegzusickern droht, ohne das alle Schwimmbewegungen zur Farce, zum Leerlauf werden« *(Rumpf* 1985, 75).

Handlungsorientierter Unterricht ist deshalb der notwendige Versuch, tätige Aneignung von Kultur in Form von pädagogisch organisierten Handlungsprozessen zu unterstützen. Über die ikonische Aneignungsweise hinaus bietet er die Möglichkeit, handelnd Denkstrukturen aufzubauen und den Zugang zur Welt nicht über ihre Abbilder, sondern durch vielfältige sinnliche Erfahrungen zu schaffen. Kompensatorisch zur tendenziellen »Entwicklung der Wirklichkeit« dient er dem Aufbau einer umfassenden *Handlungskompetenz* (im Sinne des Kompetenzbegriffes von Habermas). Er bezieht sich auf Handeln als tätigen Umgang mit Gegenständen, Handeln in sozialen Rollen und Handeln auf symbolisch-geistiger Ebene.

Politisch bedeutsam ist dabei, dass die Verringerung tätiger Aneignung in einer hochorganisierten gesellschaftlichen Lebenswelt kaum noch die Erfahrung aktiver *Eingreif- und Veränderungspotentiale* ermöglicht. Darum liegt im handlungsorientierten Unterricht ein Schwerpunkt auf der Exteriorisierung tätig angeeigneter Denk- und Handlungsfähigkeiten in Form schöpferischer Vergegenständlichung (z. B. von Handlungsprodukten, die »etwas bewirken«, verändern, in Bewegung setzen). Statt durchgehend pädagogisierter Erfahrungsräume und vorfabrizierter Sinngebungen mutet handlungsorientierter Unterricht den Schüler/innen durchaus die widersprüchliche, rauhe, *»wirkliche«* Wirklichkeit zu, auch pädagogisch unkontrollierte Lernorte und Erfahrungsräume der außerschulischen Welt, die Abarbeitung an ihren Widerständigkeiten, – nutzt damit aber auch Dissonanzen, Konflikte und Verwirrungen produktiv, um Interessen zu wecken und Tätigkeit anzuregen.

Im Unterschied zu einem Selbstverständnis der Schule, das diese weitgehend durch Lernen für die Zukunft (»Vorratslernen«) legitimiert, macht der handlungsorientierte Unterricht Schule in zweifacher Hinsicht sinnvoll (»sinnlich angefüllt«).

Zum einen: In der Unmittelbarkeit der Sinnerfahrung von Handlungsvollzügen (und dem dabei erworbenen Wissen), ihrer Nützlichkeit, Einsehbarkeit und ihres Gegenwartsbezuges zur Welt liegt für Schüler/innen die Chance einer *Sinnstiftung durch Gegenwartserfüllung.*

Rein formal wäre das Abschreiben eines Tafeltextes zwar auch eine »Handlung«, aber handlungsorientierter Unterricht lädt den Handlungsbegriff *normativ* auf.

Es gilt also, ein wirkliches Problem zu bearbeiten oder zu lösen. Die Handlung hat demnach ein (selbst oder gemeinsam mit andern) gesetztes Ziel, sie ist eine bewußte und gewollte Tätigkeit. Sie ist eine entdeckende Auseinandersetzung mit der den Menschen umgebenden Welt (in weitestem Sinn), wobei diese wiederum auf die Person zurückwirkt. Damit sind Handlungen nicht nur kognitiv bestimmt, sie entspringen auch aus emotional eingefärbten Motiven und sind von Gefühlen begleitet. Und diese werden ernst genommen.

> Wesentlich für einen inhaltlich-pädagogisch bestimmten Handlungsbegriff sind nämlich zwei Merkmale: 1. Der Handelnde bestimmt selbst (und/oder mit andern) über das Vorhaben, er ist an der Planung beteiligt, identifiziert sich mit dem Sinn des Ganzen. *Das* Thema wird zu *unserem* Thema. 2. Am Anfang jeder Handlung steht eine »Dissonanz«, d. h. eine echte Fragestellung, ein Auseinanderklaffen von aktueller und gewünschter Kompetenz, eine vom Aktor selbst wahrgenommene Diskrepanz zwischen einem nicht befriedigten Bedarf und der Vorstellung eines erreichbaren Zustandes, in dem diese Diskrepanz beseitigt ist, – kurz: ein zu lösendes Problem (*Volpert* 1992, 14). Erst der Wunsch nach Behebung dieser »Dissonanz« setzt kognitive Prozesse ingang *(Aebli* 1980, 20f.)* und ist Voraussetzung für die Übernahme von Verantwortung.

Handlungsorientierter Unterricht betont die nichtentfremdete Arbeit, die durch den »Ernstcharakter« von Konsequenzen des selbstgeplanten Handelns und durch Produkte mit Gebrauchswertcharakter (nicht nur im ökonomischen Sinn, sondern auch z. B. im Aufbau von Einstellungen, Haltungen etc.) die Identifikation der Schüler/innen mit ihrem Handeln und Lernen fördert. Ohne dieses pädagogische Kriterium liest man Aneignungstheorie und kognitive Handlungstheorie zu kurzschlüssig als didaktische Handlungsanweisungen und landet bei neuen Formalstufen.
Die ausgeprägte Tendenz Jugendlicher, ihre Identitätssuche mit starken Wünschen nach Betroffenheit, Nähe und Beziehungen zu verbinden, findet dabei ihren Niederschlag in der *Betonung der sozial-kommunikativen Ebene* des handlungsorientierten Unterrichts, bei dem Lernen immer auch emotionales und gemeinsames ist.
Zum anderen: Optimale Instruktion und Erwerb von Kenntnissen sind durch moderne *Informationstechnologie* inzwischen nahezu perfektioniert. Medien könnten die traditionelle Vermittlungsarbeit des/der Lehrers/in im Grunde übernehmen, besser, schneller, effektiver. Wenn die Schule als sinnvolle Institution erhalten bleiben soll, wird sie etwas dagegensetzen, das moderne Medien nicht leisten: über Sinnlichkeit, Erfahrung, Tätigkeit/Handeln kognitive Strukturen aufzubauen, – handlungsorientierten Unterricht! Dabei können Informationstechnologien, vom Fernsehen bis zum Computer und Internet, durchaus *einbezogen* werden *(Brenner/Niesyto* 1993*, Tulodziecki* 1995*, Koch/Neckel* 2001*)*, aber sie werden im handlungsorientierten Lernen *funktionalisiert* für eine grundlegend andere Vermittlungsstruktur von Kind und Welt. »Handelnd handeln lernen« ist das Entscheidende, was die Schule der Überlegenheit perfektionierter Informationsvermittlung entgegenzusetzen hat! Mit dieser Positionsbestimmung wird handlungsorientierter Unterricht zugleich vom Odium befreit, »*Sonntagssituation*« zu sein, die den ansonsten grauen Schulalltag ab und zu ein wenig aufhellt.

2. *Auf anthropologisch-lernpsychologischer* Ebene wird handlungsorientiertes Lernen dadurch begründet, dass der Mensch in einer *dialektischen Person-Umwelt-Beziehung* gesehen wird. Person und Umwelt werden nicht als getrennte Gegebenheiten aufgefaßt; vielmehr verschränken sich im Begriff der Handlung Aufbau/ Veränderung individueller Strukturen und Herstellung/ Gestaltung von materieller und sozialer Umwelt. In der materialistischen Aneignungstheorie war das entscheidende Bindeglied die *Tätigkeit*, in kognitiven Handlungstheorien ist es der *handelnde Aufbau kognitiver Strukturen*. Der handelnde Umgang mit Beziehungen zwischen Gegenständen / Erscheinungen / Gegebenheiten setzt sich im Denken fort als Fähigkeit, auch auf symbolischer, begrifflicher und abstrakter Ebene mit Beziehungen zu operieren: *Denken geht aus dem Tun hervor und wirkt als Handlungsregulation auf dieses zurück.*

Die Konsequenz für den (handlungsorientierten) Unterricht: Nicht mehr die didaktisch noch so geschickte Aufbereitung »fertigen« Wissensstoffes steht im Mittelpunkt, sondern die Organisation von aktiven, zielgerichteten transparenten Tätigkeiten, von Handlungen, die Denken zur »Metatätigkeit« (*Aebli*) des Tuns werden lassen. Von entscheidender Bedeutung ist dabei *die Sprache*, die als Medium des Denkens ihren Ursprung ebenfalls im Tun hat. Handlungsorientierter Unterricht macht es sich also nicht so leicht, aufgrund der (berechtigten) Polemik gegen die verbal-abstrakte Bildung (»Darüberritis« in der Schule) auf sprachliche Aneignung und Sprachkompetenz zu verzichten. Die Forderung: »Lieber mit der Hand arbeiten als darüber reden« geht an den Ergebnissen der kognitiven Handlungstheorie schlicht vorbei. Zur Aneignung von Kultur gehört auch die *verbalargumentative und -kommunikative Kompetenz*. Weil Sprache einen Schatz an Welt-Strukturierung enthält und zentrales Kommunikationsmedium in Handlungsprozessen ist, ist sprachliches Lernen unverzichtbarer Bestandteil handlungsorientierten Unterrichts.

3. Schließlich faßt handlungsorientierter Unterricht vorliegende verwandte Konzepte *didaktisch-methodisch* unter einer leitenden Perspektive zusammen (*Meyer* 2007). Er gewinnt aus diesen Ansätzen Kategorien, *Elemente* und *Merkmale*, die ihn näher beschreiben, – nicht aber ihn *begründen!* Das ist äußerst wichtig zu betonen, denn einzelne Merkmale legitimieren und konstituieren noch kein theoretisch fundiertes, übergreifendes Lernprinzip. Damit Merkmale nicht bloße Etiketten bleiben, mußte handlungsorientierter Unterricht um die Grundlegung durch die Aneignungs- und Handlungstheorie erweitert werden. Wir haben dies in der gebotenen Kürze getan, eigentlich wäre dazu ein eigenes Buch nötig. Es wäre auch zu wenig, einen solchen Unterricht lediglich aus den *Negativ-Merkmalen* des gegenwärtig verbreiteten Schulunterrichts abzuleiten und seine Merkmale Stück für Stück als *positive Alternativen* darzustellen, – obwohl sie dies ganz sicher sind!

Handlungsorientierter Unterricht verzichtet auf das Prinzip der inhaltlichen Vollständigkeit eines Themenkanons. Er wählt aus nach dem Prinzip des *exemplarischen Lernens*. Dabei sucht er nach einer prozeßhaften Gestaltung eines Problems; nicht die Einverleibung von Begriffen, sondern ihr Nach-Schaffen und das Neukombinieren von Gegebenem sind wesentlich: *genetisches* und *entdeckendes* Lernen werden angestrebt.

Dabei wird er geleitet durch *Offenheit* bezüglich der Ziele, Inhalte, Methoden und Lernkontrollverfahren, nimmt *Interessen und Erfahrungen* der Schüler/innen (übrigens auch der Lehrer/innen) auf (*Jank* 1986), fördert und entwickelt sie oder sorgt dafür, dass sie überhaupt entstehen. Dabei wird vom Lernen im Gleichschritt Abstand genommen zugunsten von *Individualisierung* und *Differenzierung* der Lernprozesse. Vor allem aber schafft er Raum für *sinnlich-unmittelbares Tätigsein*, in vielfältiger, vor allem den Körper einbeziehender Weise und verbindet im oben angeführten Sinn *Kopf- und Handarbeit* (als Chiffren für Denken und Tun). Selbsttätigkeit ist aber noch nicht dasselbe wie Selbständigkeit, darum legt er auf die *Selbststeuerung* der Schüler in der Planung, Durchführung und Auswertung von Handlungsprozessen großen Wert. Er ist zielorientiert, stellt aber die *Zielverständigung* in den Mittelpunkt. Dies impliziert auch, dass Schüler/innen als Subjekten ihrer Lernprozesse eine größere *Verantwortung* übertragen wird. Dies zeigt sich auch in der Betonung der *sozial-emotionalen Ebene* von Aktionen, insbesondere der *Gruppenarbeit*. Dass dabei *Fachgrenzen überschritten* und neue Formen der *Leistungsbewertung* ebenso wie *Lehrer/innen-Kooperation* erforderlich sind, deutet auf die notwendigen *institutionellen Bedingungen und Konsequenzen* des handlungsorientierten Unterrichts hin.

Wie jedes Handeln, so können auch Handlungsprozesse von Lernenden scheitern. Handeln ist zwar prinzipiell zielgerichtet, aber es fließen auch nicht vorhersehbare oder unerwünschte Nebenwirkungen ein. Handlungen sind in ihrem Ausgang polyvalent (»Unabsehbarkeit der Taten« – Hannah *Arendt).*

Darum würde eine exakte, wissenschaftlich geleitete, lerntheoretisch bis ins Detail abgesicherte und präzise durchgehende *Methodisierung* das Konzept aushöhlen (man denke an das Schicksal des »entdeckenden Lernens« von *Bruner* über *Ausubel* bis *Gagné!*). Das wäre der Tod des handlungsorientierten Unterrichtes!

Die genannten Merkmale und Elemente deuten nun bereits auf eine Unterrichtsform, die als gleichermaßen offenes wie in sich strukturiertes Konzept handelnden Unterrichtes angesehen werden kann: den *Projektunterricht*.

Literatur

Rohr, B.: Handelnder Unterricht. Heidelberg 1982, 2. Auflage.
  Eine informative Einführung in den materialistisch bestimmten Unterricht auf der Grundlage der Aneignungstheorie (nach *Leontjew* und *Galperin*), speziell für lernbehinderte Schüler. Ausführliche Unterrichtsbeispiele sind nicht enthalten, der Akzent liegt auf der gesellschaftstheoretischen Begründung.

Aebli, H.: Zwölf Grundformen des Lehrens. Stuttgart 2006, 13. Aufl.
  Aufbauend auf seine einschlägigen Arbeiten zur kognitiven Handlungstheorie (1980, 1981) wendet Aebli diese konkret auf Lehren und Lernen in den Schulen an. Zahlreiche Beispiele veranschaulichen diese manchmal nicht leicht zu rezipierende Theorie. Für unseren Zusammenhang ist vor allem der zweite und dritte Teil über Handlung, Operation, Begriff und Problemlösung wichtig.

Söltenfuß, G.: Grundlagen handlungsorientierten Lernens. Bad Heilbrunn 1983.
  Eine außerordentlich fundierte theoretische Studie, die sowohl die aneignungstheoretischen Konzepte als auch die modernen kognitiven Handlungstheorien aufarbeitet. Zielpunkt ist die didaktische Konzeption des Lernens im Simulationsbüro für die kaufmännisch-verwaltende Berufsbildung.

Möller, K.: Lernen durch Tun. Frankfurt/M. 1987.
  Das Buch faßt eine Fülle von sehr verstreuten Forschungsergebnissen zur Relevanz des praktischen Tuns für Lernprozesse vor allem in der Grundschule zusammen.

Zur Kritik handlungsorientierter Ansätze in der Didaktik der Wirtschaftslehre. Mit Beiträgen von *K Beck, R. Czycholl, H. G. Ebner, H. Reinisch.* Oldenburg 1989.
  Die Autoren setzen sich u. a. kritisch mit der Rezeption Aeblis auseinander, analysieren den Handlungsbegriff theoretisch sehr gründlich (wobei sie auch ausführlich auf die Aneignungstheorie eingehen), und bemängeln durchgehend die fehlende theoretische Fundierung handlungsorientierter Entwürfe, vor allem der Didaktik der Wirtschaftslehre. Das Buch ist eine wichtige Ergänzung der in unserem Zusammenhang nur andeutungsweise möglichen handlungstheoretischen Grundlegung des Unterrichts.

Jank, W. / Meyer, H.: Didaktische Modelle. Berlin 2008, 10. Aufl.
  Im Zusammenhang mit den klassischen didaktischen Modellen wird im 9. Kapitel ein Konzept des handlungsorientierten Unterrichts begründet, in seinen Merkmalen dargestellt und praxisnah in der Realisierung skizziert.

Beck, H.: Handlungsorientierung des Unterrichts. Darmstadt 1996.
  Ausgehend vom betriebswirtschaftlichen Unterricht der Berufsschule wird eine ausführliche Synopse der gängigen Arbeiten zum handlungsorientierten Unterricht vorgelegt. Das Konzept der Schlüsselqualifikationen bildet dann die Grundlage für eine Untersuchung des handlungsorientierten Unterrichts in schulpraktischer Hinsicht.

Wöll, G.: Handeln: Lernen durch Erfahrung. Baltmannsweiler 1998.
  Eingefordert wird eine didaktische stringente theoretische Begründung des handlungsorientierten Unterrichts, die der Autor im Anschluß an das Diskursmodell von Habermas entwickelt.

Pfahl, U.: Handlungsorientierung als Ausbildungsprinzip. Hamburg 2000.
  Am Beispiel der auftragsorientierten Lernortkooperation von Schule und Betrieb wird an einem Beispiel ein ausführlich begründetes Konzept des handlungsorientierten Unterrichts in der Gewerbeschule erarbeitet.

3. Projektunterricht – ein umfassendes Konzept handlungsorientierten Lehrens und Lernens

3.1 Woher kommt der Projektunterricht?

Nach neuesten Untersuchungen (*Knoll* 1988, 1991, 2006 kritisch dazu: PÄDAGOGIK H. 7/8/1993) kommt zumindest der Begriff nicht aus Amerika, auch nicht aus der Reformpädagogik im ersten Drittel unseres Jahrhunderts, sondern aus Italien im 16. Jahrhundert bzw. aus Frankreich, Anfang des 18. Jahrhunderts. Dort hatten die Studenten der Akadémie Royale d'Architecture die Aufgabe, regelmäßig »projets« einzureichen, z. B. Pläne für ein Chateau, ein Grabmal oder einen Pavillon zu entwerfen, – kooperativ, originell und selbständig, als Bestandteil ihrer Ausbildung. Doch dies Verständnis ist nicht identisch mit heutigen Projektkonzeptionen.
Über die Bauakademien und die technischen Hochschulen gelangte diese Methode dann nach Deutschland (etwa 1831), von hier aus wurden auch die amerikanischen technologischen Institute beeinflußt. Der Gründer des Massachusetts Institute of Technology, *William B. Rogers*, führte z. B. (um 1865-1866) den Projektbegriff in die Sprache der amerikanischen Pädagogik ein. Im weiteren Verlauf passierte dann etwas Entscheidendes: Es bildeten sich zwei »Varianten« des Projektverständnisses: eines eher sozialkonservativ-technologisch und eines eher sozialreformerisch-politisch. Es ist hochinteressant zu sehen, dass beide Orientierungen bis heute – wenn auch nicht immer bewußt – die Diskussion bestimmen. Die sozialreformerische Variante begriff ausdrücklich Lernen durch Tun, und damit das Lernen am handwerklichen Projekt, als zutiefst demokratisch, weil es a) den praktisch begabten Jugendlichen die Chance zum sozialen und wirtschaftlichen Aufstieg ermöglichte und weil b) die Merkmale Schüler-, Wirklichkeits- und Produktorientierung, also selbständiges Denken und kooperatives Handeln, endgültig etabliert wurden. »Junge Leute, ... die wissen, wie man projektiert, plant, ausführt, ... kann man nicht einfach mit großen Namen imponieren, mit Spitzfindigkeiten täuschen oder mit Autorität unterdrücken« (*Francis A. Walker*, zit. nach *Knoll* 1991, 53) – »Dass Demokratie und Projekt zusammengehörten« (*Knoll* 1991, 53), ist der entscheidende Grundsatz, der das Projektkonzept endgültig aus dem Verständnis einer bloßen »Methode« vorwiegend handwerklichen Tuns löste. Hier knüpft der große Philosoph und Päd-

agoge John *Dewey* (1859-1952) an, der zum ersten Mal unter politischen, philosophischen, lernpsychologischen und pädagogischen Aspekten ein umfassendes Konzept dessen begründete und entwickelte, was wir heute »Projektunterricht« nennen, obwohl er den Begriff nur selten benutzte.
Drei Gesichtspunkte sind für *Dewey* wesentlich (vgl. PÄDAGOGIK H. 1/2008).

Erstens: Der Projektgedanke ist eine Reaktion auf sich rasch wandelnde gesellschaftliche Verhältnisse (enormer Anstieg der Industrialisierung, Massenproduktion, eine Welle von »Fremden«, im Land, die Notwendigkeit der gesellschaftlichen Integration von Migranten, Zerbrechen traditioneller Lebensmuster – man beachte die Parallelen zu unserer Situation!). Erziehung konnte nicht mehr auf den alten Grundlagen Vorbereitung für vorausbestimmbare Lebensverhältnisse sein *(»Die Zukunft ist unbekannt«,* so der Dewey-Schüler *Kilpatrick* 1928). Die junge Generation muß lernen, wie man Probleme aufgreift und löst, wenn sie auftauchen. Das Denken vom traditionellen Fachinhalt her nützt nicht mehr viel, *»der Mittelpunkt ... ist vom Fach verlegt auf das Leben«* (ebd.). Diese gesellschaftliche Dimension des Projektgedankens zeigt, dass Projektlernen keine Mode-Masche ist, sondern zentrale Antwort auf die gesellschaftlichen Herausforderungen unserer Zeit. Hier liegt die Wurzel des (weiter unten ausgeführten) Merkmals der *»gesellschaftlichen Praxisrelevanz«* von Projektarbeit.

Zweitens: Die Projektidee ist eingelagert in ein grundlegendes Verständnis von Demokratie. Nicht umsonst heißt Deweys Hauptwerk: *»Demokratie und Erziehung«* (1916). Ausgehend vom wechselseitigen Wirkungsverhältnis von Mensch und Welt *(»Erfahrung«* als Grundlage von Erkenntnis) bezeichnet Dewey die persönliche Seite dieses Prozesses als *»Erziehung«* (im Sinne einer Höherentwicklung des Individuums) und die politische als *»Demokratie«* (im Sinne der sozialen Höherentwicklung). *(Dewey* 1916, 120ff.) Erfahrung ist also zugleich der Weg und das Ziel menschlicher Höherentwicklung. Grundlage dafür ist nicht die *»Anordnung von oben«,* sondern das freie Recht der Individuen, ihre Angelegenheiten selber zu regeln, es ist die Grundidee des freien, nichthierarchischen Vertrages des bürgerlichen Rechts.
Dewey und *Kilpatrick* standen mit der Philosophie des Pragmatismus in der in Amerika noch sehr lebendigen Tradition der *Menschen- und Bürgerrechte,* die das Gemeinwesen vom Individuum her – allerdings sehr radikal – dachte. Deweys und Kilpatricks Konzepte knüpften an den libertinär-sozialistischen Anspruch an, dass die Individuen das Recht haben, ihre kulturellen, sozialen, politischen und ökonomischen Verhältnisse selbst und in gegenseitiger Hilfe in die Hand zu nehmen. Aus Untertanen und Unmündigen, welche in anderen Ländern durch staatsbürgerliche Erziehung unterworfen – zumindest angepaßt – werden, werden in dieser Erziehungs-

philosophie, die dem Projektunterricht zugrundeliegt, Gesellschaftsmitglieder, die ihre Angelegenheiten selber regeln. (*Suin de Boutemard*, in: *Bastian / Gudjons* 1989, 68 und in *Bastian / Gudjons* u. a. 1997)
Ohne dieses konzeptionelle Kernelement, ja »Herzstück« der freien, selbstbestimmenden, nicht hierarchischen Problembearbeitung schrumpft Projektunterricht zu einer bloßen »Methode« (unter anderen) zusammen, die sich sogar reibungslos in einen sehr traditionellen Unterricht einverleiben läßt. Bezeichnenderweise haben dann ja auch die methodischen Aspekte des Projektunterrichts die Geschichte der Diskussion weitgehend bestimmt, die Implikation einer Demokratisierung der Schule wurde demgegenüber jedoch vernachlässigt. Deshalb ist es nicht nur bescheidener, sondern sachlich auch konsequenter, wenn nicht selten statt von »Projektunterricht« von »projektorientiertem Unterricht« (z. B. *Stach* 1978) gesprochen wird.
Wie ernst es Dewey mit dieser zutiefst auf Demokratisierung der Gesellschaft gerichteten Überzeugung war, hat er durch konkretes politisches Engagement bewiesen, das ihm bisweilen Verdächtigungen und Diffamierungen (»leftist« – Schimpfwort für »Linker«) einbrachte (*Schreier* 1986, 16). – Wenn im Projektunterricht Schüler und Schülerinnen als gleichberechtigte Partner ernstgenommen werden und zunehmend Selbstorganisation und Selbstverantwortung für den Verlauf unverzichtbar sind, so spiegelt sich darin die politische Wurzel des Projektgedankens unmißverständlich wider. Projektunterricht zielt damit auf demokratisches Handeln in Schule und Gesellschaft.
In anderer Weise entwickelte die russische Tradition die politische Grundintention des Projektgedankens. P. *Blonskij* (1884-1941) schuf in Moskau 1921 und 1928 seine Konzeption der *»Arbeitsschule«*, die auf der Grundlage des *Marx*'schen Arbeitsbegriffes Kultur und Arbeit in einer klassenlosen Gesellschaft (wieder) integrieren sollte.
Auch in der deutschen Reformpädagogik des ersten Jahrhundertdrittels finden wir wichtige Vorläufer des Projektunterrichtes, vor allem bei den Vertretern der *Arbeitsschulbewegung*. (*Skiera* 2003) Sie reichen von Berthold *Ottos* (1859-1933) *»Gesamtunterricht«* über Hugo *Gaudigs* (1860-1923) *»freie geistige Tätigkeit«*, die den Erwerb von schüleraktiven Arbeitsmethoden erforderlich macht, bis zur Arbeitsschulpädagogik Georg *Kerschensteiners* (1854-1932). Den Projektgedanken haben aber auch Fritz *Karsen* (1885-1951), Otto *Haase* (1893-1961) und Adolf *Reichwein* (1898-1944) aufgenommen (vgl. *Krauth* 1985).

Drittens: Wir hatten bereits gesehen, dass Erziehung nicht mehr das *»Fertigmachen«* für das Erwachsenenleben bedeutet (so schön doppeldeutig in Baroths Formulierung: *»In der Schule wird man für das Leben fertiggemacht«*), sondern Ziel und Mittel der menschlichen *»Höherentwicklung«* zugleich ist. Die *»denkende Erfahrung«* (Dewey

1916, 201 f.) ist der Weg des Menschen, sich selbst und die Welt zu verändern (*»Erziehung«* und *»Demokratie«* zu bewirken, s. o.), ist *die* Weise der erkennenden Auseinandersetzung des Menschen mit der Welt. Erziehung kann also für die Generationen nicht heißen, dass z. B. schulische Inhalte *»von einem zum andern weitergegeben werden wie Ziegelsteine«* (ebd. 19). Vielmehr sind Erkennen und Tun untrennbar, und die *»Beteiligung an einer gemeinsamen Tätigkeit (*ist – H. G.) das *wichtigste Mittel, um Dispositionen zu entwickeln«* (ebd. 49). Diese Erziehungsphilosophie Deweys (verkürzt als *»learning by doing«* bekannt) ist zentrale Grundlage der Projektmethode.

3.2 Was ist Projektunterricht? – Schritte und Merkmale eines Projekts

Erst vor dem Hintergrund der historischen Ursprünge und begrifflichen Abgrenzungen können wir nun die Frage klären, was denn nun Projektunterricht ist, was er leistet und wo seine Grenzen liegen.
Bis auf wenige Ausnahmen (z. B. *Suin de Boutemard* 1975, *Kaiser/Kaiser* 1977, *Stach* 1978, *Duncker/ Götz* 1984, *Hänsel/Müller* 1988, *Frey* 2007, *Emer* u. a. 1991, *Petri* 1991, *Bastian/Gudjons* u. a. 1997, *Hänsel* 1997, *Wöll* 1998, Apel/Knoll 2001, *Emer/ Lenzen* 2005) gibt es kaum umfassende Studien zur *Theorie* des Projektunterrichtes. In der während der letzten Jahre angeschwollenen Flut der Veröffentlichungen sind aber *Beispiele* für die verschiedenen Arten von Projekten auf allen Stufen und in allen Schulen inzwischen zahlreich dokumentiert *(Tymister* 1975, *Laubis* 1976, *Bielefelder Lehrergruppe 1979, Verband Deutscher Schullandheime* 1979, *Schweingruber* 1979, *Struck* 1980, *Frey* 2007, *Pütt* 1982, *Arbeitsgruppe Oberkircher Lehrmittel 1982, Heller/Semmerling 1983, Bastian/Gudjons* 1994 und 2006, *Jostes/Weber* 1987, *Landesinstitut NRW* 1988, *Jürs* u. a. 1990, *Kliebisch/Sommer* 1997 u. a. m.). Wir werden die Entfaltung unserer Leitfrage »Was ist Projektunterricht?« hier um der Übersichtlichkeit und Klarheit willen im wesentlichen auf *ein* Beispiel beziehen *(Scheufele/ Heller* 1983, 28ff., aktualisiert in *Scheufele/Heller* 1996):

Kurzbeschreibung des Projektbeispiels
– Klasse 8 einer Hauptschule
– Thema: »Angepaßte Technologie und Dritte Welt«
– Verlauf: Zweiteiliges Projekt mit Bau von Sonnenkollektoren aus einfachsten Materialien und Herstellung eines Videofilms zu den Lebensbedingungen, vor allem zum sozialen Elend, in der Dritten Welt aufgrund einer selbstgespielten Geschichte aus einem Buch. Dabei Integration des Unterrichtes verschiedener Fächer (Geschichte, Physik, Technik, Mathematik). Dauer: ca. ein Viertel Jahr, einige Studenten unterstützten den Klassenlehrer.
– Während des Projektes lief der normale andere Fachunterricht zum großen Teil weiter.

Dabei werden wir weder Deweys pointierte Äußerung, dass »ein Gramm Erfahrung ... besser als eine Tonne Theorie« sei, vordergründig als Plädoyer für eine vorwiegend manuelle Praxis (miß)verstehen, noch eine Zusammenfassung aller »derzeit diskutierten Forderungen nach einer Erneuerung des Lehrens und Lernens in der Schule« vorlegen, wie *Terhart* (1989, 171) unsere früheren Arbeiten zum Projektunterricht verstanden hat. Auch eine Deutung unserer Konzeption als Merkmalskatalog im Sinne einer beliebig variierbaren »Sammelliste« (*Hänsel/Müller* 1988, 16, ähnlich *Wöll* 1998, 204) würde zu kurz greifen, denn die im folgenden entwickelte Systematik von Schritten und Merkmalen eines Projektes orientiert sich theoretisch an Deweys »Stufen des Denkvorganges« (*Dewey* 1916, 203 ff.) und an seiner Philosophie des Pragmatismus, wie sie *Schreier* (1986) in seiner aufschlußreichen Quellensammlung und *Hänsel* (1988) in ihrer konsequenten Interpretation Deweys vorgelegt haben. Das ist freilich nicht zu verwechseln mit einer eigenen Theorie des Projektunterrichtes, die in diesem Buch auch nicht beabsichtigt ist. Über diesen nur angedeuteten Theoriebezug zu Dewey hinaus wurden Schritte und Merkmale eines Projektes vor allem entwickelt als Ergebnis einer Analyse von ca. 200 durchgeführten Projektbeispielen, wie sie zum größten Teil in der Literatur vorliegen, z. T. aber auch vom Verfasser selbst in Kooperation mit zahlreichen Kollegen und Kolleginnen erprobt wurden. Dabei haben Merkmalskataloge sicher den Nachteil einer gewissen Beliebigkeit, andererseits haben sie den pragmatischen Vorteil, in der Praxis des Projektunterrichtes (sowohl bei der Planung als auch bei der nachträglichen Auswertung und Reflexion) als direkt anwendbare »Checkliste« fungieren zu können: Welches Merkmal wurde nicht bedacht, welches kam zu kurz, welches bereitet(e) in der Durchführung besondere Probleme usw.

Dabei darf man die tendenzielle »Sprengkraft« des Projektkonzeptes im Hinblick auf den traditionellen Fachunterricht mit seiner starren Zeitrhythmik, vorherrschendem Frontalunterricht, lehrerzentrierter Unterrichtsplanung und -durchführung etc. nicht unterschätzen. Wenn sich im Rahmen der Etablierung von Projektunterricht an Schulen wichtige Elemente der Unterrichtsorganisation ändern (z. B. Klassenlehrertage, Projekttage, Absprachen über fächerübergreifende Vorhaben, Einbindung des Projektunterrichts in den Stundenplan u.a.m.), so bedeutet das nach meiner Auffassung keineswegs, »den Projektbegriff zu verwässern und dazu beizutragen, dass die Projektidee verstümmelt dahinvegetiert.« (*Wöll* 1998, 217) Eine Studie der wissenschaftlichen Begleitung des fächerübergreifenden Projektunterrichtes gerade in der gymnasialen Oberstufe (hier einer Gesamtschule) zeigt dagegen, dass der Projektunterricht durchaus geeignet ist, die herkömmlichen institutionellen Bedingungen der Schule auch langfristig zu verändern. (*Bastian/Combe/Gudjons* u.a. 2000) Diese völlige Wandlung der Unterrichtsstruktur kann aber auch bereits mit dem Beginn der Sekundarstufe I greifen: *Häusler/Xylander* (2008) berichten davon, dass der Unterricht auf vier Blöcke verteilt ist: 1.) Gruppenzeit in jahrgangsgemischten Klassen (5-7 und 8-10), 2.) KuBa (Kulturelle Basis = Deutsch, Englisch, Mathe, Gesellschaftslehre), 3. Werkstatt (= musische + technisch-naturwissenschaftliche Fächer und 4. Projekte. Alle Blöcke sind inhaltlich miteinander verzahnt. Beschränkt man hingegen den Projektbegriff auf eine »Ausnahmesituation«, und definiert Projekte als »lösgelöst von den herkömmlichen, nicht grundsätzlich revidierbaren Rahmenbedingungen schulischen Lernens« (*Wöll* 1998, 216), dann läuft man Gefahr, ihre potenzielle Reformkraft gegenüber herkömmlichen schulischen Lernbedingungen zu übersehen und bei einer schlichten Polarisierung von Projektkonzept und traditioneller Schule stehen zu bleiben.

Darüber hinaus führt die von *Wöll* (1998) geleistete, ungemein aufwendige Theoriearbeit auch nicht zu einem »neuen Projektbegriff« (ebd. 195), weil sie über die Ableitung ohnehin bekannter Elemente des Projektkonzeptes nicht hinausreicht (u.a. Partizipation der Lernenden an Ziel-Inhaltsentscheidungen, aktive Auseinandersetzung mit einer Situation, selbst- vs. umweltgerichtetes Handeln, instrumentelles und kommunikatives Handeln, Auseinandersetzung mit einer relevanten Situation, Bildung als normative Perspektive, ebd. 214 ff.).

Es wäre auch eine Illusion, wollte man eine konsistente, in die Praxis bruchlos umsetzbare Theorie erwarten. Projekte bleiben risikoreich, ambivalent, manchmal widersprüchlich. *»Wer ein Projekt beginnt, sollte solche Theorien kennen, sich aber hüten, ihnen sklavisch zu folgen. Das Leben verläuft nicht gradlinig, manchmal in Sprüngen, zumeist überraschend, Projekte auch.«* (*Hänsel/ Müller* 1988, 8 f.) Allerdings: Projektunterricht muß ernstzunehmender Unterricht sein, nicht Spielwiese für frustrierte Schüler und ausgebrannte Lehrer, sonst wird auch diese wichtige Reformbewegung – einer Mode gleich – vergehen.

Schritte und Merkmale eines Projektes

Projektschritt 1:
Eine für den Erwerb von Erfahrungen geeignete, problemhaltige Sachlage auswählen

Dieser Projektschritt läßt sich durch folgende *Merkmale* näher bestimmen.

3.2.1 Merkmal: Situationsbezug

Eine Sachlage oder »*Situation*« (wie *Dewey* 1931, 97 auch sagt) ist in der Regel eine umfassendere, also nicht auf einen »*Fachaspekt*« verengte Aufgabe, ein Problem, das eine Fülle von Aspekten umfaßt. So kann ein Projekt durchaus im Fach Textilarbeit/ Werken angesiedelt sein, aber es wird Fragestellungen und Aspekte einschließen, die über das Fach im engeren Sinne hinausgehen. In einer »*Sachlage*« hängen die Dinge so zusammen, wie sie in der Wirklichkeit vorkommen, gleichsam in der »*natürlichen*« Ordnung des Lebens selbst, und nicht in der künstlichen Ordnung von wissenschaftlicher Systematik oder einer Einteilung in Fächer. Die Fragestellung dieser Sachlage wirkt dann gegenüber allen möglichen Stoffgebieten der Fächer »*wie ein Magnet, um sie zu sammeln*« *(Dewey* 1931, 97).
Hierin liegt unter anderem der Grund für das Gefühl vieler Lehrerinnen und Lehrer, bei Projekten fachlich überfordert zu sein. Aber das kann man auch gerade als Ansatz dafür nehmen, gemeinsam mit den Schülerinnen und Schülern lernend an eine Sache heranzugehen. – *Der »Situationsbezug«* muß vom Lehrer oder der Lehrerin sorgfältig daraufhin überprüft werden, ob er für den Erwerb von Erfahrungen geeignet ist, ob er also von den bisherigen Erfahrungen der Schüler nicht zu weit weg ist, andererseits aber auch so neuartig ist, dass er eine echte Herausforderung bedeutet, also ein »echtes« Problem darstellt.
Situationsbezug meint aber auch, dass die Fragestellung des Projektes mit dem wirklichen Leben zu tun hat. »*Wenn wir uns klarmachen wollen, was eine wirkliche Erfahrung, eine lebendige Situation ist, so müssen wir uns an diejenigen Situationen erinnern, die sich außerhalb der Schule darbieten, die im gewöhnlichen Leben Interesse erwecken und zur Betätigung anregen.*« *(Dewey* 1916, 206) Es kommt im Projektunterricht darauf an, das Leben wieder am Leben zu lernen.

3.2.2 Merkmal: Orientierung an den Interessen der Beteiligten

Wenn ein echtes Problem aus der Sachlage erwachsen soll, muß das Projektthema sich an den Interessen der Beteiligten orientieren. Sonst ist das Thema vielleicht für die Lehrerin interessant, geht aber an den Bedürfnissen und Fragen der Schülerinnen und Schüler vorbei. Allerdings sind diese Interessen nicht mit einem Schlag da, zumindest sind sie den Lernenden (es wurde ihnen ja auch durch die Schule weitgehend abgewöhnt) nicht bewußt. Interessen zu wecken, z. B. durch erste angeleitete Handlungserfahrungen (Ausprobieren, Stutzen, Nicht-weiter-Wissen), durch Filme, Besichtigungen und anderes mehr, gehört deshalb durchaus mit zum Beginn des Projektprozesses. Darum ist es, besonders in projektunerfahrenen Lerngruppen, oft notwendig, in einer längeren Frontalunterrichtsphase Themen erst einmal zu entfalten. Ein Beispiel: In einer norddeutschen Schule war ein Projekt zum Thema »Gewalt an unserer Schule« geplant. Der Lehrer vermittelte interessante Aspekte durch kurze Texte, die gemeinsam gelesen und diskutiert wurden, Schüler und Schülerinnen sammelten Material aus Zeitungen und Zeitschriften, ein Polizist wurde zum Thema Gewalt im Stadtteil eingeladen, einzelne Ideen wurden immer wieder an der Tafel festgehalten usw. Der Lehrer sorgt also dafür, dass sich Interessen als Ergebnis einer thematischen Auseinandersetzung ergeben (und nicht immer schon vorausgesetzt werden!). Auch die Verständigung über die Lehrer- und Schülerinteressen ist notwendig, wäre es doch ein fataler Irrtum zu meinen, alle Projektvorschläge dürften nur von Schülern und Schülerinnen kommen. Und schließlich ist wichtig zu sehen, dass sich Interessen während des Projektprozesses verändern können.

Unterricht ist deshalb auch ein interesse*vermittelnder* Prozeß. Im Wechselspiel zwischen Interpretation der Interessenartikulation der Schüler/innen durch den/die Lehrer/in und Ermöglichen von neuen Erfahrungen (nicht nur verbalen Themen-Vorschlägen) werden Interessen »wach«, weil sie sich in einem zirkulären Zusammenhang von Aktivität und Passivität herausbilden. Schüler/innen können auf diese Weise ihre Interessen zu konkreten Absichten im Projektverlauf verdichten.

Orientierung an den Interessen der Beteiligten meint also nicht nur die Projektthemenwahl, sondern den verantwortlichen Umgang mit dem gesamten Erfahrungsprozeß, auf den sich Lehrer und Schüler einlassen.

Projektunterricht enthält gerade auch jenes wichtige Element der *elaborativen Prozesse* bei der Themengestaltung, also im Gegensatz zur bloßen formalisierten Themenwahl gerade den Prozeß der »›Anreicherung‹, der Themen mit subjektiven Bedeutungen ... und allmählichen Strukturierung und Straffung« *(Duncker/Götz 1984, 55).*

In *unserem Beispiel* wurde eine Vermittlung von Schüler/innen-Interessen mit den vorgesehenen Lehrplanthemen durch eine gemeinsame Planungsgruppe realisiert. Die Schüler hatten die Chance, in einem längerfristigen Prozeß Interessen einzubringen, zu modifizieren und neu zu entwickeln. Vor dem konkreten Projektbeginn nahm dann jede/r einzelne Stellung, Einverständnis und Bereitschaft zum Mittragen bis zum Schluß wurden eigens geklärt. Ein verbindlicher »Projektvertrag« war ausgehandelt und geschlossen worden.
Bemerkenswert dabei war vor allem, dass sich die Interessen der Schüler/innen vor allem an den vorgesehenen Handlungsformen entzündeten, z. B. daran, dass ein Film gedreht werden sollte; die inhaltlichen Problemstellungen dagegen wurden eher vom Lehrer eingebracht.
Ein anderes Beispiel. Ein Projekt »Masken« in der Projektwoche einer Hamburger Hauptschule drohte zu scheitern, weil »das Interesse« der Schüler fehlte. Als aber in dem sehr unbefriedigenden Planungsgespräch dann erste Erfahrungen mit Masken ermöglicht wurden (Schüler und Lehrer setzten sich im Gesprächsverlauf wechselnd verschiedene Masken auf: der Nörgler, der Gelangweilte, der Hitzkopf, der Chef, der Streithammel u. a. m., redeten und agierten entsprechend im Raum) gab es nicht nur ein großes Hallo, sondern im auftauchenden Wunsch, weitere Masken herzustellen bzw. Schüler zu schminken, waren Interessen bereits zu ersten Zielen verdichtet.

3.2.3 Merkmal: Gesellschaftliche Praxisrelevanz

Das Merkmal »*gesellschaftliche Praxisrelevanz*« ist in gewisser Weise ein Korrektiv zur Orientierung an den Schülerinteressen. Wenn Projektunterricht nicht der individuellen oder gruppenweisen Hobbypflege dienen und zur völligen Beliebigkeit verkommen soll, muß sein Gegenstandsbereich eine gesellschaftliche »*Relevanz*« haben, die sich aus dem Anspruch der Projektmethode ergibt, zur »*Höherentwicklung*« des Einzelnen und der Gesellschaft beizutragen. Dewey hat an vielen Projekten kritisiert, sie seien »*zu trivial, um bildend zu sein*« *(Dewey* 1931, 97). Er setzt der Beliebigkeit von Inhalten das Auswahlkriterium entgegen, »*das Leben der Gemeinschaft, der wir angehören, so zu beeinflussen, dass die Zukunft besser wird, als die Vergangenheit war*« *(Dewey* 1916, 255).
Projekte haben deshalb einen anderen »Ernstcharakter« als manche, der bloßen Stoffvermittlung dienende Unterrichtsstunde; sie greifen bisweilen sogar direkt in lokale Entwicklungen ein, verändern praktisch etwas: Das reicht vom Bau eines Spielplatzes bis zur Gestaltung des Schulhofes als sinnvoller Freizeitmöglichkeit. Projekte haben daher neben dem Lernen der Beteiligten auch oft einen bestimmten Adressatenbezug: Eine Ausstellung zum Thema »Kleidung ohne Kunststoff« z. B. soll Mitschüler/innen gezielt zum Nachdenken über Alternativen zur »Polyester-Kultur« anregen. Sehr hilfreich ist es, bei der Projektarbeit mit zu überlegen, für welchen Adressatenkreis ein Projektergebnis nützlich, anregend, brauchbar oder auch anstoßend/provozierend sein könnte: das Modell einer verkehrsberuhigten Straße für die Stadtverwaltung, die Ausstellung für die Bevölkerung eines Stadtteils, das Theaterstück für gleichaltrige jugendliche, Rezepte für die Eltern usw.

»Praxis« meint also weder bloß manuelle Betätigung noch allein die handelnde Aneignung von Realität, sondern ist der »Versuch, eine zuvor als mangelhaft erkannte Situation in ihren Defiziten aufzuklären, daraus Handlungsperspektiven zu entwickeln, die in konkrete Handlungspläne umgesetzt werden, um so zu einer konstruktiven Verbesserung der Situation beitragen zu können« *(Duncker/ Götz* 1984, 121). In jüngster Zeit kommen Initiativen und Bewegungen wie Community Education, »Gestaltung des Schullebens und Öffnung der Schule« (Kultusministerium NRW) oder »Regionalisierung des Lernens« diesem Merkmal des Projektunterrichts entgegen: Ernstsituationen werden vermittelt, soziale Kontakte entstehen, Realitäts- und Handlungserfahrungen werden ermöglicht, – für Schüler/innen in der Regel sehr motivierend: »Kontakt, Rausgehen, Neuheit, Direktheit, Anschaulichkeit, lokale Spezifik, Kooperations- und Konfrontationsmöglichkeiten; aber auch Schwierigkeiten: Komplexität der Realität, reale Widerstände, Handlungsschwierigkeiten, Theorie-Praxis-Gefälle, Schulleitung und Schulaufsicht.« (*Emer* 1991, 13)

In unserem *Beispiel* ist die gesellschaftliche Praxisrelevanz unmittelbar einsichtig, sie erweist sich zugespitzt in einem exemplarisch vorweggenommenen Stück »bessere Zukunft«. Unmittelbar praktische Bedeutung sollten die Sonnenkollektoren für die Warmwasserbereitung eines kleinen Gartenhauses im Schulgarten bzw. für die Beheizung eines kleinen Gewächshauses gewinnen; der Film sollte ein Beitrag zu einer Friedenswoche sein, beide Projektteile verbanden sich in der öffentlich diskutierten Frage: »Was hat Entwicklungshilfe mit Friedensarbeit zu tun?«

»Gesellschaftliche Praxisrelevanz« spiegelt also Deweys Verständnis des Projektunterrichts als Methode der Selbst- und Weltveränderung wider. Das schließt auch die Verbesserung von Schule und Unterricht ein. Projektunterricht hat (als Unterricht!) sich damit auch selbst zum Gegenstand/Ziel. Er beinhaltet darum auch die Reflexion der Frage, inwieweit die Bedingungen des »Normalunterrichts« vom Projektunterricht verändert wurden, ob und wie sich Schüler und Lehrer und ihre Beziehung verändert haben, kurz – ob und wie der Projektprozeß über sich selbst hinaus verändernd in die Schule hineingewirkt hat. Bei Dagmar *Hänsel* wird dieser Aspekt (»Projektunterricht als pädagogisches Experiment«) unter »methodenbezogene(n) Aufgaben« als besondere Dimension hervorgehoben (1988, 37; 1997, 62 ff.).

Projektschritt 2:
Gemeinsam einen Plan zur Problemlösung entwickeln

Folgende Merkmale charakterisieren diesen Schritt.

3.2.4 Merkmal: Zielgerichtete Projektplanung

Der nächste Schritt im Projektunterricht besteht darin, dass Schüler und Lehrer gemeinsam einen Plan zur Lösung des Problems oder zum Erreichen des Ziels entwickeln. Kilpatrick hat das »*planvolle Handeln*« (neben den Merkmalen »*aus ganzem Herzen*« und »*in einer sozialen Umgebung*«) in den Mittelpunkt seiner bekannten Definition des Projektbegriffes gestellt *(Dewey/Kilpatrick 1935, 162)*. Gemeinsames Planen hat für ihn zutiefst mit Demokratie zu tun, ist die beste Vorbereitung auf eine demokratische Gesellschaft und zugleich im Heute wertvoll. Im Projektunterricht wird also nicht nur »action« gemacht, sondern sorgfältig auf Ziele hin geplant: die Abfolge von Arbeitsschritten, die einzelnen Tätigkeiten, die Verteilung von Aufgaben, die Zeit, die Erstellung von Endprodukten, – und: die Auswertung des Projektunterrichts! Oft ist es auch sinnvoll, gleichsam von hinten nach vorne zu planen: vom zu erstellenden Produkt her den Ablauf der notwendigen Arbeitsschritte zu organisieren. Trotzdem: Manches ist nicht planbar, Informationslücken tun sich auf, neue Interessen kommen hinzu, Organisationspannen treten auf usw. – Aber im Plan verdichtet sich der Wille, zum Ziel zu kommen, er ist die Triebfeder des Projektes, seine organisierende Mitte.

3.2.5 Merkmal: Selbstorganisation und Selbstverantwortung

Die Planung wird nicht von der Lehrerin oder vom Lehrer vorgegeben, sondern Schüler und Schülerinnen werden zur Selbstorganisation und Selbstverantwortung ermutigt. Die von Dewey geforderte vorausgehende Planung des Lehrers – auch im Projektunterricht – ist dazu kein Widerspruch! Pointiert hat es J. Bastian als Resümee seiner Projekterfahrungen als Lehrer formuliert: »*Der Lehrer hat die Verantwortung für die Planung der Selbstplanung* (der Schüler, H. G.)« (*Bastian* 1984, 294). Sind die Schüler und Schülerinnen – auch im handelnden Unterricht – allerdings lediglich Ausführende von Arbeitsanweisungen, die ihnen andere geben, so sollte man nicht von Projektunterricht sprechen.

Ein Kurs »Säuglingspflege« in dem Schülerinnen(!) nach einem von der Lehrerin vorgegebenen Aufbau und Verlauf das Füttern und Wickeln von Säuglingen lernen, ist für das Leben sicher nützlich, – aber kein Projekt. Wie im traditionellen Unterricht werden Zielsetzung, Art und Methode des Lernens durch die Lehrperson festgelegt, obwohl die Schülerinnen sehr aktiv lernen. Andererseits bedeutet das Merkmal »*Selbstorganisation und Selbstverantwortung*« der Lernenden keinen Laisser-faire-Stil der Lehrenden bei der Durchführung eines Projektes, so dass sich der Lehrer oder die Lehrerin nicht einmal mehr traut, Vorschläge für sinnvolles Arbeiten zu machen oder unfruchtbare Fehlentwicklungen rechtzeitig zu stoppen.

Dabei wird Planung immer offen und revisionsfähig sein müssen. Bildhaft gesprochen gleicht eine solche Planung »weniger der Anlage einer Einbahnstraße, durch welche die von den Schülern zu durchlaufenden Lernwege und die von ihnen zu bewältigenden Lernhürden genau festgelegt werden, sondern eher dem Entwurf einer didaktischen Landkarte. Diese hält, je nach Schüleraktionen, viele Wege offen« (*Messner* 1978, 147). Erfahrungen im Prozeß der Durchführung fließen als neue Planungselemente in die Projektarbeit wieder ein.

In unserem *Beispiel* liegt ein wichtiges Moment der Selbstorganisation u. a. darin, dass nicht ein Sonnenkollektor gemeinsam gebaut, sondern mit verschiedenen Materialien, acht Kollektoren in Gruppen hergestellt wurden. Die vielen kleinen, aber oft aufreibenden Probleme im Umgang mit den Materialien »boten immer wieder Anlaß, gemeinsam nach Lösungen zu suchen« (*Scheufele/Heller* 1983, 31). Ebenso beim Film: Die Herstellung der Bühnenbilder, Plakate, Begleitgeräusche etc. durch unterschiedliche Gruppen ließ die Schüler/innen »immer wieder darüber nachdenken, welchen Stellenwert die Teilbeiträge in der gesamten Handlung einnahmen« (ebd. 34). Auch die Pannen bei den Filmaufnahmen forderten die Schüler/innen heraus, selbstverantwortlich nach Verbesserungen zu suchen.

Projektschritt 3:
Sich mit dem Problem handlungsorientiert auseinandersetzen

Folgende Merkmale kennzeichnen diesen Schritt näher.

3.2.6 Merkmal: Einbeziehen vieler Sinne

Nachdem nun eine problemhaltige, lebensweltbezogene Sachlage/Aufgabe gewählt und die Planung unter Einbeziehung der Schülerinteressen, mit besonderer Betonung von Selbstorganisation und Selbstverantwortung der Schüler, erfolgt ist, kommt es darauf an, eine handlungsbezogene Auseinandersetzung mit dem Themenbereich zu erreichen. Im Projektunterricht wird gemeinsam etwas getan, wird praktiziert, gearbeitet usw. unter Einbeziehung des Kopfes, des Gefühls, der Hände, Füße, Augen, Ohren, der Nase, des Mundes und der Zunge – also möglichst vieler Sinne. Die Palette der Handlungsformen ist schier unerschöpflich (*Meyer* 2007, Bd. 2 395ff.). Statt der üblichen Formen wie Lesen, Schreiben, gelenktes Gespräch usw. werden Gegenstände hergestellt, szenische Darstellungen entwickelt, Kochbücher, Vokabelhilfen, Dokumentationen erstellt, Videos und Filme gedreht, Menschen, Probleme, Meinungen erkundet, öffentliche Aktionen wie Ausstellung, Fest, Versammlung inszeniert, eine Aktion gegen die Milchtüten als Verpackungsmüll gestartet u. v. a. – Geistige und körperliche Arbeit wird »wiedervereinigt«, weil die Suche nach

Sachinformation sich aus den Handlungszielen und -notwendigkeiten ergibt. Lernen und Arbeiten, Produktion und Konsumtion, Verstand und Sinnlichkeit, Theorie und Praxis rücken wieder zusammen. Die Wirklichkeit wird nicht nur »beredet« (Schulkrankheit: »Darüberitis«), sondern handelnd unter Einbeziehung möglichst vieler Sinne erfahren und gestaltet. Wie wichtig – über »Sprechhandlungen« hinaus (*Wöll* 1998, 206) – eine verstärkte sinnliche Erfahrung beim Lernen ist, belegen neuere Arbeiten zur Wissenskonstruktion und zum Wissensaufbau (*Einsiedler* 1996: »Tu-Effekt«, vgl. Kapitel 2.4).

Unser *Beispiel* enthält eine Fülle solcher sinnlicher Aktivitäts- und Handlungsforrnen: neben dem Umschreiben einer Geschichte in ein Drehbuch (Sprachkompetenz!) Tippen, Nähen, Malen, Geräusche imitieren, Kostüme und Requisiten anfertigen, Kamera und Tonband bedienen, spielen, beobachten, werben, diskutieren u. a. m., aber auch Maßstabzeichnen, Konstruieren, Dreiecksberechnungen, Löcher bohren, Schläuche anschließen u. v. a.

Dass dies unmittelbar die Kooperation und die Kommunikation der Handelnden erfordert, liegt auf der Hand. Darum gehört das folgende Merkmal selbstverständlich zum Projektunterricht.

3.2.7 Merkmal: Soziales Lernen

Zusammenarbeit in Gruppen, Koordination der Gruppenarbeiten zu einem Ganzen, Interessenausgleich, Beachtung der gruppendynamischen Ebene usw. sind Faktoren der Projektarbeit, die soziale Lernprozesse erforderlich machen.
Gerade die Verunsicherung durch einen selbst zu entwickelnden organisatorischen Rahmen für unterschiedliche Tätigkeiten der Projektteilnehmer weist auf die Notwendigkeit gegenseitiger *Rücksichtnahme,* aber auch auf die generelle Unverzichtbarkeit von Kooperation beim gemeinsamen Handeln. Die Bezogenheit aller auf eine Sache führt zur *Kommunikation* der Schüler/innen untereinander und mit dem/der Lehrer/in. Interaktionen werden nicht mehr durch die Kommandos vorn Lehrerpult gesteuert. *Voneinander* und *miteinander* wird gelernt.
Gleichzeitig wird damit die *Interaktion* zum gleichberechtigten Lernfeld, soziale Ziele und Sachziele können nicht gegeneinander ausgespielt werden, wenn wir nicht nur ein gelungenes Produkt herstellen, sondern auch planungs-, kooperations- und handlungsfähige Schüler/innen erziehen wollen. Damit ist der/die Lehrer/in vor die umfassende Aufgabe gestellt, *demokratische Verkehrsformen* anstelle von traditionellen Unterrichtsritualen (bis hin zur Sitzordnung und zu eigenem Zeitrhythmus) für den Projektunterricht zu ermöglichen.
Viel wird heute von *»sozialem Lernen«* geredet, und es wird fraglos auch in anderen unterrichtlichen Zusammenhängen außerhalb des Projektunterrichtes realisiert. Au-

ßerdem wird soziales Lernen auch in anderen Projektschritten bedeutsam (z. B. bereits bei der Projektplanung). Insofern könnte die Zuordnung dieses Merkmals zum Projektschritt drei (sich handlungsorientiert mit einem Problem auseinandersetzen) durchaus willkürlich erscheinen. Aber in dieser Durchführungsphase wird soziales Lernen besonders dicht und konkret, es wird zur »Nagelprobe« jener von *Wöll* (1998, 127) so vehement eingeforderten »von einer Lerngruppe verantwortete(n) Auseinandersetzung mit einer Situation«, und zwar mit allen Konflikten, Enttäuschungen und Rückschlägen, aber auch als Einübung jener demokratischen Tugenden, die in jedem Lernzielkatalog gefordert, aber im Umgang der Beteiligten oft ad absurdum geführt werden ...

Für dieses Merkmal ist in unserem *Beispiel* wichtig, dass Schüler/innen z. B. über die Rollenbesetzungen lange diskutiert und dann selbst entschieden haben, dass Konflikte in einberufenen »Schülerversammlungen« offengelegt oder im Rollenspiel bearbeitet wurden, dass intensive Kleingruppenarbeit erfolgte und dass die Schüler/innen insgesamt gerade angesichts der Herausforderungen durch die Schwierigkeiten ein Gefühl der Zusammengehörigkeit entwickelten.

Projektschritt 4:
Die erarbeitete Problemlösung an der Wirklichkeit überprüfen

Zur näheren Erläuterung folgende Merkmale.

3.2.8 Merkmal: Produktorientierung

Die Problembearbeitung führt in der Regel zu einem andern Ergebnis als im traditionellen Unterricht, bei dem der mit Stoff angefüllte Schülerkopf (wenn es denn soweit überhaupt kommt ...) am Ende steht. Ein solches »Wissen« reicht oft knapp bis zur nächsten Prüfungsarbeit und spielt dann kaum noch eine Rolle. Am Ende eines Projektes stehen Ergebnisse, die wertvoll, nützlich, wichtig sind, für den einzelnen wie für die Klasse; sie haben »*Gebrauchs- und Mitteilungswert*« (*Duncker/ Götz* 1983, 139). Wenn die Herstellung eines Produktes mit unmittelbarem Gebrauchswert nicht sinnvoll ist, können die Projektteilnehmer ihre Erkenntnisse, Einsichten und Erfahrungen in anderer Form dokumentieren. Wesentlich für den Projektunterricht ist es, dass seine Ergebnisse öffentlich gemacht, d. h. der Kenntnisnahme, Beurteilung und Kritik anderer (Lerngruppen) zugänglich gemacht, kurz: kommunizierbar werden. Die langjährigen Erfahrungen am Oberstufenkolleg Bielefeld haben unter diesem Gesichtspunkt zu folgenden Typengruppen von Produkten geführt (*Emer* u. a. 1991, *Emer/Lenzen* 2005):

1. Aktions- und Kooperationsprodukte (z. B. Podiumsdiskussion oder Mitarbeit in einer außerschulischen Gruppe)
2. Vorführungs- und Veranstaltungsprodukte (Theaterstück, Ton-Dia-Schau, Videovorführung)
3. Dokumentationsprodukte (Broschüre, Gutachten, Buch)
4. Ausstellungsprodukte (Stellwände, Wanderausstellungen)
5. Gestaltungsprodukte (Spielplatzgestaltung, Begrünung)

Hilfreich ist auch für die Produktpräsentation die Praxis, an einem regelmäßigen Termin (für Regelschulen könnte man etwa an große Pausen denken), eine Gruppe in Kurzform (20 Minuten) ihr Produkt als Kleinpräsentation vorzustellen zu lassen. Grundsätzlich wird das Produkt nicht mit dem Maßstäben einer willkürlichen Zensurenskala beurteilt, sondern der Vergleich von Ziel, Ergebnis und Präsentation bietet transparente Kriterien, – wobei auch der Prozeß der Produkterstellung einbezogen wird.

Eine andere Zusammenfassung möglicher Produktformen schlagen *Duncker/Götz* (1984, 137) in folgender Matrix vor:

	Innere/interne Produkte	Äußere/ externe Produkte
Abgeschlossene Produkte	1. Wissen und Fertigkeiten als abrufbares Repertoire, personenunabhängig (Erste-Hilfe-Kurs, Säuglingspflege, Mofa-Führerschein, Tanzen, ...)	2. Vorzeigbare Gegenstände und Aktionen (Töpfern, Bastelei, Ausstellung, Aufführung)
Offene Produkte	3. Identitätsfördernde und persönlichkeitsgebundene Erkenntnisse, Einsichten, Fähigkeiten, Einstellungen (Im Rollstuhl, Wehrdienst oder Zivildienst, Amnesty International, Schöpfung am Abgrund: Die Kirche und der Umweltschutz, ...)	4. Verbesserung von Situationen, Handelnde Beeinflussung von Arbeits-, Lern- und Lebensbedingungen (Klassenzimmergestaltung, Schulordnung, Ausländische Mitschüler in der Stadt)

Produkte führen zugleich dazu, die erarbeitete Problemlösung an der Wirklichkeit zu überprüfen: Haben wir unser Ziel erreicht, haben wir unsere Ausgangsfrage beantwortet, können wir anderen diese Ergebnisse angemessen vermitteln – aber auch:

War unsere Problembearbeitung sinnvoller und befriedigender als der »normale Unterricht«? Erinnern wir uns daran, dass der pädagogische Fortschrittsgedanke bei Dewey untrennbar »*mit dem institutionalisierten Erziehungswesen verbunden*« ist (*Schreier* 1986, 74).
Obwohl Produkte oft »handgreiflich« sind, ist dies doch nicht ihr einziges Merkmal; auch tiefgreifende Einstellungsänderungen bei Kindern (z. B. dem Problem der Behinderung oder der atomaren Bedrohung gegenüber) gehören dazu. – Allerdings: Letztlich ist nicht das Produkt entscheidend, sondern die Qualität des Prozesses, der zum Produkt geführt hat. Damit unterscheiden sich die Produkte des Projektunterrichts – auch wenn sie sich als neue Erkenntnisse, Wissen, Fertigkeiten, Einstellungsveränderungen, Wertüberzeugungen etc. in der Nähe von (gelungenen) Ergebnissen traditionellen Unterrichtes bewegen können – doch erheblich von den üblicherweise hier zu findenden Unterrichtsergebnissen. Das an der Produkterstellung gewonnene Wissen hat eine andere Qualität: Es ist im Aufbau anders konstruiert (Wissenskonstruktion), ist multimedial gespeichert, gedächtniswirksamer, nicht »träges Wissen«, es ist anders in vielfältige Bezüge einer Sache vernetzt, es ist nicht nur enzyklopädisches oder assoziatives Wissen, sondern oft handlungsrelevantes Wissen, das den Transfer zu weiterem Handeln erleichtert, es ist »arbeitendes Wissen«, dessen Sinn und Wert von den Schülern erfahren wird und vor allem gewollt wird. Der Aufbau eines solchen »anwendungsfähigen Wissens« wird nach neueren konstruktivistischen Arbeiten zum Lehren und Lernen »situierte Wissenskonstruktion« genannt und kann nicht unabhängig von der konkreten Lernsituation, von gestalteten Lernumgebungen erworben werden. Situierte Wissenskonstruktion zielt auf Verstehen *und* Anwenden von aufgebautem Wissen. Insbesondere die von *Reinmann-Rothmeier/Mandl* (1998, 461f.) beschriebene »problemorientierte Lernumgebung« wird durch ein aktives, verstehendes, selbstgesteuertes und exploratives Verhalten der Lernenden bestimmt und kommt den Bedingungen des Prozesses zur Erstellung eines Produktes im Projektunterricht besonders nahe. Wenn also von solchen »inneren Produkten« des Projektunterrichts die Rede ist, bedeutet dies keineswegs, dass hier der semantische Gehalt des Produktbegriffes »überstrapaziert« werde (*Wöll* 1998, 142).
Angesichts dieser Bedeutung der modernen Kognitionspsychologie muss also gerade die besondere Qualität eines produktorientierten Lernprozesses betont werden. Das macht ein einfaches Beispiel aus der Alltagserfahrung schnell deutlich: Wer eine Aufbauanleitung zu einem Möbelstück von IKEA durchliest und sie vielleicht mit eigenen Worten dann noch wiedergibt, hat nicht nur ein wenig brauchbares abstraktes, unanschauliches Wissen gewonnen, er wird es auch schnell wieder vergessen. Wer dagegen handelnd die Anleitung ausführt (oder gar ein Möbelstück selbst baut), hat den inneren Aufbau und die Funktionslogik des Gegenstandes

»begriffen«, kann dieses auf andere Gegenstände übertragen und braucht vielleicht beim nächsten Mal gar keine Gebrauchsanweisung mehr.
Darüber hinaus spricht auch die Tatsache, dass ein Produkt eine wichtige Steuerungsfunktion für den Projektprozess haben kann, dass Schüler und Schülerinnen (oft ganz anders als im herkömmlichen Unterricht) Freude an konkreten Produkten haben und sich durch diese Perspektive auch in Durststrecken stärker motiviert fühlen, dass Produkte (anders als im herkömmlichen Unterricht) für Schüler und Schülerinnen selbst wahrnehmbar sind (und nicht nur für die Lehrkraft im eigenen Kopf als vermeintliches Ergebnis einer Unterrichtseinheit), dass sie also eine wichtige Funktion bei der Evaluation und Reflexion des gemeinsamen Lernprozesses haben, keineswegs dafür, »diesen verbrauchten Begriff aus der schulpädagogischen Diskussion auszumustern.« (*Wöll* 1998, 207)

In unserem *Projektbeispiel* wurde u. a. ein »Hungerspiel« durchgeführt, das die ungerechte Nahrungsverteilung in der Welt buchstäblich »am eigenen Leibe« erfahrbar machte (wenige Schüler bekamen üppig zu essen, der Rest Wasser und ein wenig Brot, das Ganze bei einem echten Frühstück, das wegen der schließlich fließenden Tränen bei den folgenden Auseinandersetzungen abgebrochen wurde). »Eine unheimliche Betroffenheit hatte uns alle erfaßt, sie hatten ... erfahren, was es heißt, solcher Ungerechtigkeit machtlos gegenüber zu stehen.« (33).
Und im Gesamtprojekt waren über die vorzeigbaren Produkte (Sonnenkollektoren, Film) hinaus »Haltungen entstanden, die auf Erfahrung und Handeln beruhen« (38).

3.2.9 Merkmal: Interdisziplinarität

Projektunterricht überschreitet Fächergrenzen, obwohl er auch im Fachunterricht möglich ist. Oft wird gerade das Merkmal der Interdisziplinarität insofern mißverstanden, als diese nur möglich erscheint in einer Projektwoche, in der sämtlicher Fachunterricht ausfällt. Es geht beim interdisziplinären Arbeiten aber darum, ein Problem, eine Aufgabe in ihrem komplexen Lebenszusammenhang zu begreifen und sie sich im *Schnittpunkt verschiedener Fachdisziplinen* vorzustellen. Ob dabei eine Perspektive dominant ist, z. B. in der Zuordnung zu einem Unterrichtsfach, oder ein Thema ohne jede Hierarchie der Fachaspekte – möglicherweise alle denkbaren Fächer übergreifend – angegangen wird, ist ohne wesentliche Bedeutung. Entscheidend ist, dass die verschiedenen Fächer und die Wissenschaften befragt werden, was sie zur Lösung eines Problems) jeweils beitragen können. Insofern arbeitet der Projektunterricht mit der Perspektive mehrerer Fächer, ist aber nicht gleichbedeutend mit fächerübergreifendem Unterricht, der auch als relativ traditioneller Frontalunterricht angelegt sein kann. (*Huber* 1997, 31 ff)
Bisweilen spiegelt auch die Kooperation verschiedener Fachlehrer/innen in einem Projekt – gar in der Hochform als Team-Teaching – auf der Lehrer/in – Seite die Interdisziplinarität der Arbeitsweise und Fragestellung wider.

Waren also mehrere Fächer und auch Fachkollegen/innen im Projektverlauf integrierbar, so regt ein Projekt nach seinem Abschluß die vertiefte Weiterbearbeitung einzelner Aspekte in ganz verschiedenen Fächern an. In der Regel sind die Schüler und Schülerinnen dazu ganz anders motiviert als ohne das vorhergehende Projekt.

3.2.10 Merkmal: Grenzen des Projektunterrichts

Es mag überraschen, dass »Grenzen« als ein Merkmal der Projektmethode genannt werden. Der Projektunterricht hat dort seine Grenzen, wo andere Unterrichtsformen ihren berechtigten Stellenwert haben (s.Kp. 4.4.2 Handlungsorientierung und Frontalunterricht). Während der traditionelle Fachunterricht sich bisweilen dünkt, alles vermitteln zu können, sich also für geradezu »grenzenlos« hält, ist der Projektunterricht also bescheidener. Lernen durch eigene Erfahrungen ist gut, die Einordnung der gewonnenen Erkenntnisse und der erworbenen Erfahrungen in den vorhandenen Wissensbestand einer Kultur ist ebenso notwendig wie Üben und Trainieren.

Historisch läßt sich nämlich nachweisen, dass nicht der Projektgedanke, sondern der *Lehrgang* das Entstehen von Schule begründet: »Schule entsteht immer dann, wenn ein umfassender, rational durchgebildeter Lehrgehalt existiert, der nur in methodisch geordneter Weise überliefert werden kann.« (*Geißler* 1969, 165)

Wenn das Lernen in der natürlichen Lebensumwelt nicht mehr ausreicht, um die in einer Kultur gesammelten Erfahrungen, Erkenntnisse und Fertigkeiten zu vermitteln, dann setzt die Übermittlung in Form des systematisch geordneten und methodisch geplanten Unterrichts ein. Insofern ist der Lehrgang letztlich – trotz aller »Entschulungsversuche« – das Kernstück von Schule überhaupt. Der Unterricht muß also das in der Projektarbeit Gelernte auf die Systematik eines Faches, Lernbereichs oder einer Wissenschaft beziehen, wenn er diese Integration nicht den (mit dieser Aufgabe alleingelassenen und folglich völlig überforderten) Schülergehirnen überlassen will. Im Projektunterricht ist grundsätzlich die *Ergänzung durch Elemente des Lehrgangs* sinnvoll, um eigene Erfahrungen in systematische Zusammenhänge einzuordnen, vorliegende »fremde Forschungsergebnisse« mit eigenen Erfahrungen und Erkenntnissen zu vergleichen, ja auch um den Anschluß an den vom Lehrplan vorgesehenen Kanon von Fachinhalten zu halten:

Was haben andere zu meinen Ergebnissen herausgefunden, wo erweitern sie meine subjektiven Erkenntnisse und Erfahrungen, wo zeigen sich Grenzen meiner Ergebnisse, wo sind Kenntnisse anderer wichtig, die meine Erfahrungen korrigieren oder diese in einen systematischen Zusammenhang stellen, der mir selbst vorher gar nicht bewußt war?

Aufgeklärtes Handeln ist angewiesen auf solche grenzüberschreitenden, systematischen Erweiterungen. Insbesondere die Unterrichtsform des »*Lehrganges*« (neben Projekt, thematischer Unterrichtseinheit und Fertigkeitstraining, nach *Klafki* 2007) wird als Ergänzung von Projektlernen unverzichtbar, denn im Lehrgang werden Wissensgebiete unter didaktischen Gesichtspunkten systematisch erschlossen. Meine praktische Erfahrung mit Projekten in mehrjähriger Kooperation mit Lehrern und Lehrerinnen zeigt, dass sich immer wieder die Vertiefung eines Projektthemas durch Elemente des systematisch aufgebauten Lehrgangs als Notwendigkeit ergibt, nicht zuletzt, weil die Schüler und Schülerinnen dies wollen. Zudem ist die Frage, ob alle Lehrplaninhalte (die nun einmal in der Schule von heute unabdingbar sind) über Projektlernen vermittelbar sind, ob z. B. Fremdsprachen oder Mathematik nicht ihrem eigenen, sachlogischen Aufbau folgen müssen und überdies nur bedingt per »Erfahrung« lehrbar sind. Das würde für eine stärkere Verklammerung von Projekt und Lehrgang sprechen – nicht für ein Entweder-Oder. Ein überzeugendes Beispiel dafür liefert *Scheufele* (1996) mit dem »Altinger Konzept« einer umfassenden und langfristigen Integration von Projekten, Lektionen, Kursen, Spielen/Übungen und Schülerversammlung, ebenso wie zahlreiche andere Schulen (Helene Lange, Wiesbaden, Max Brauer, Hamburg, Meerweinstr. Hamburg, IGS Flensburg und v.a.m.).

Konkret erprobt haben wir drei Formen der Integration von systematischer Informationsvermittlung und Projektphase; – immer unter der Prämisse, dass Projekte nicht nur auf »praktisches Handeln«, sondern auf »denkende Erfahrung« (*Dewey*) zielen (*Greiß* 1991):

A) *Vor* dem Projektunterricht werden grundlegende inhaltliche und fachliche Kenntnisse systematisch vermittelt (unter Einsatz aller sonst auch im Unterricht üblichen Medien und Methoden).
Vorteil: Die Schüler können auf einem fachsystematischen Fundament aufbauend ihre weiterführenden Interessen formulieren und bearbeiten.
Nachteil: Dieser Einstieg vernachlässigt die Motivation der Schüler, zunächst einmal – ›unbeeinflußt‹, und den eigenen Interessen folgend – einer selbstgewählten Fragestellung nachzugehen. Er vernachlässigt darüber hinaus die Möglichkeit, dass die Schüler im Verlaufe des Prozesses ihre – oft an Alltagsphänomenen orientierte Interessen differenzieren und systematisieren.

B) *Während* des Projektunterrichts werden gezielte Instruktionsphasen integriert (z. B. durch Texte, die von *allen* gelesen und diskutiert werden).
Vorteil: Die Informationen können vom Lehrenden gezielt auf entweder inhaltlich vernachlässigte oder methodisch defizitäre Aspekte zugeschnitten werden und zur

Korrektur, Vertiefung oder Systematisierung der Aspekte des Themenbereichs dienen, die die Schüler eigenständig verfolgen.
Nachteil: Erfahrungen zeigen, dass Schüler, die endlich mal selbständig und oft *mit* bislang unbekanntem Arbeitseinsatz eine Fragestellung verfolgen, dies als störende Einmischung empfinden; als Zeitverlust, der sie daran hindert, endlich an das selbstgesetzte Ziel (Produkt) zu gelangen.
Selbst dann, wenn vorher gemeinsame Instruktions- bzw. Lehrgangseinheiten vereinbart wurden, kann dieser Effekt auftreten.

C) *Nach* dem Projektunterricht wird in anderen Unterrichtsformen auf der Basis dessen, was die Schüler erarbeitet haben, ergänzt, verknüpft und vertieft (z. B. durch eine thematisch verwandte Unterrichtseinheit).
Vorteil: Wie in Modell B ist eine *gezielte* Nacharbeit möglich. Der Lehrer kann aus seiner Perspektive die Aspekte des Problemfeldes herausarbeiten, die durch den Projektunterricht nicht erreicht wurden. In historisch/politischen Projekten z.B. neigen Schüler aller Altersstufen zu einem Ansatz, der zunächst von Alltagsphänomenen ausgeht. Das im Projektunterricht erarbeitete Wissen dringt dabei nicht immer in historisch-analytische Bereiche vor, läßt manchmal politische Aspekte außen vor: eine Abwehrhaltung, die aus dem traditionellen Fachunterricht erwachsen ist und erst allmählich abgebaut werden kann. Nacharbeit auf der Basis einer hohen Identifikation mit dem Thema macht allerdings Erkenntnisse möglich, die mit lehrerzentriertem Unterricht allein kaum erreichbar sind.
Nachteil: Es kann bei den Schülern der Eindruck entstehen, dass erst jetzt das eigentliche ›Lernen‹ beginnt und der Lehrer jetzt doch ›durchzieht‹, was er *eigentlich* für wichtig hält. Dieser Nachteil muß ausgehalten werden, hat etwas mit der fordernden, der unangenehmen Seite der Lehrerrolle zu tun, kann aber aufgefangen werden, wenn auch in diese Unterrichtsphase Projektelemente wie Gruppenarbeit und Schülermitplanung integriert werden.
Es wäre naiv, auch andere Grenzen des Projektunterrichts nicht zu sehen: Schüler/innen laufen Gefahr, sich *einseitig zu spezialisieren,* wenn sie immer nur die ihren Neigungen entsprechenden Tätigkeiten in einem Projekt übernehmen. Es ist auch schwer festzustellen, was – angesichts des Leistungsmessungskriteriums »Produktqualität« – der/ die *einzelne* Schüler/in im Projekt wirklich gelernt hat; Schüler/innen können durchaus am Erhalt des »*Tauschwert-Charakters*« schulischen Lernens interessiert sein, z. B. durch das Bestreben, gute Noten zu erhalten, wobei die Inhalte relativ beliebig sind. Schülerinteresse kann es durchaus sein, eine möglichst hohe formelle Abschlußqualifikation höher zu bewerten als Formen selbstbestimmten Lernens.

3.3 Methodische Realisierung des Projektunterrichts

3.3.1 Planung der Projektarbeit

Mit der Planung – das zeigen alle Erfahrungen im Projektunterricht – steht und fällt das gesamte Unternehmen. Zur Planungsphase gibt es inzwischen sehr differenzierte und praxisnahe Literatur (z. B. *Frey* 2007, vor allem *Bastian*, 1989, 72-75, *Kratz* 1995, *Emer/Lenzen* 2005, *Vaupel* 2008, *PÄDAGOGIK* H. 1/2008), so dass ich mich hier auf die unverzichtbaren Kernpunkte beschränken kann.

Zur Planung eines Projektes gehören drei zentrale Planungsprozesse:
1. die Einführung der neuen Unterrichtsform in der Klasse
2. die vorbereitende Projektplanung des Lehrers oder der Lehrerin
3. die kooperative Planungsphase mit der Klasse

Darüber hinaus könnte man noch die permanente Revision der Eingangsplanung während des Projektprozesses nennen, die im Projektunterricht als »*offener Lernform*« unverzichtbar ist.

Zu 1.: Projektunterricht muß als eine »*neue*« *Unterrichtsform sorgfältig eingeführt werden.* Zunächst einmal bestehen nämlich die lange eingespielten Mechanismen zwischen den Personen weiter, die auch im traditionellen Unterricht miteinander gearbeitet haben: Lehrer geben Anordnungen – Schüler führen sie aus; Lehrer setzen Inhalte – Schüler machen sich keine Gedanken; Lehrer geben die Methoden vor – Schüler »lernen« entsprechend. Im Projektunterricht soll nun alles plötzlich ganz anders sein!? – Das muß scheitern, wenn nicht vor der Projektarbeit ein gemeinsames Sich-vertraut-Machen mit Merkmalen und Arbeitsformen dieser besonderen Unterrichtsform steht. – Vor allem für die Lehrerin und den Lehrer selbst ist eine Klärung der eigenen Einstellung wichtig: Wieweit bin ich bereit, mich dieser neuen Unterrichtsform wirklich zu stellen, z. B. mein traditionelles Planungsmonopol aufzugeben; bin ich selbst bereit, mich zu verändern durch den Projektprozeß? Methodisch kann die Einführung der neuen Unterrichtsform z. B. so geschehen, dass die Lehrerin einen Brief an die Klasse schreibt, in dem die Veränderungen des Unterrichts vorgeschlagen werden, zu dem jede/r Stellung nimmt und der dann diskutiert wird. – Oder man inszeniert ein Rollenspiel zwischen Gegnern und Befürwortern der Projektmethode (z. B. als simulierte Lehrerkonferenz). – Schließlich kann man auch auf Karteikarten Kritik am herkömmlichen Unterricht sammeln, diese mit Hilfe einer Wandzeitung ordnen und in Veränderungsvorschläge umformulieren. Ziel ist es, dass Lehrer und Schüler ein gemeinsames Verständnis der neuen Unterrichtsform entwickeln. – Außerordentlich hilfreich ist es, wenn bestimmte Techniken und Arbeitsformen (wie z. B. Dokumentieren von Arbeitsprozessen, Protokollieren, selbständiges Entscheiden, Gruppenarbeit usw. – vgl. *Klippert* 2007) schon vorher im Fachunterricht eingeübt worden sind. Diese Perspektive der langfristigen Einübung einzelner Elemente, ohne die Projektunterricht nur schwer gelingt, wird oft übersehen!

Zu 2.: Die Lehrenden fertigen unabhängig von den Schülern und Schülerinnen zunächst einmal für sich eine *Projektskizze* an. Sie ist unabdingbar, um den Projektrahmen »im Hinterkopf« zu behalten, falls das Projekt anders als geplant verläuft. Im Unterschied zu *Frey* (2007) und in Übereinstimmung mit der Praxis der Projektskizze im Oberstufenkolleg Bielefeld (*Emer/Lenzen* 2005) zeigen unsere Erfahrungen:
a) Vorüberlegungen des Lehrers und der Lehrerin zu einem gemeinsamen Projekt mit Schülern und Schülerinnen sind notwendig; Vorplanung des Lehrers und Selbständigkeit der Schüler sind kein Widerspruch, wenn die Vorplanung geschmeidig genug ist, sich den Interessen der Schüler/innen anzupassen. Wer nämlich selbst keine Vorstellung davon hat, was in einem Projekt passieren soll, was hier zu lernen ist und welche Sachansprüche mit einer Fragestellung oder einem Vorhaben verbunden sind, der wird schnell und leicht Opfer einer falschen Spontaneitätsideologie. Übrigens: Auch im Projektunterricht wird der Lehrer und die Lehrerin für *Unterrichtstätigkeit* bezahlt ...
b) Vorüberlegungen sollten in Form einer *Projektskizze* konkretisiert werden. Eine Stunde Schreibtischarbeit erspart dabei manche Stunde frustrierenden Leerlaufs in der Projektdurchführung. Natürlich können Sackgassenerfahrungen sehr nützlich sein, regen sie doch zur Suche nach produktiveren Möglichkeiten an, – aber wer vom Ziel nicht weiß, kann den Weg nicht finden ... Das gilt allemal auch für die Vorplanung von Projekten.
c) Eine Projektskizze des Lehrers und der Lehrerin enthält Überlegungen zu mindestens *sechs Punkten:*
1. In welcher *Klasse/Lerngruppe* soll das Projekt laufen? Was ist überhaupt unser *Rahmenthema?*
Beispiel: Klasse 10b – Thema: Die sechziger Jahre
2. Wie sieht der *organisatorische Rahmen* aus?
Beispiel: 25 Stunden Deutsch vom 3. 3.-7. 4. 90, 8 Stunden Kunstunterricht, Kooperation mit der Kunstkollegin Schulte, ein Projekttag von 4 Stunden am 17. 3. 3.
Was sagt der *Lehrplan* zu unserem Projektthema?

Beispiel Deutsch: Sprache und Medien; die Gesellschaft in der Literatur – die Literatur in der Gesellschaft. Beispiel Kunst: Erfahrungen mit der Dingwelt – Design, Möbel, Gebrauchsgegenstände, Mode ...
Jede/r Lehrende muß sich vergewissern, ob und ggf. welche Lehrplaninhalte vom Projekt abgedeckt werden – spätestens dann, wenn der Schulleiter oder Eltern besorgt nachfragen, ob denn auch im Projekt »ordentlicher Unterricht« stattfindet!
4. Eine *Ideensammlung* schließt sich an:
– zu möglichen und zu unverzichtbaren Inhalten/Themen,
– zu möglichen Handlungsformen,
– zu den benötigten Materialien, Medien und zu möglichen außerschulischen Lernorten. Sehr oft sind Schüler und Schülerinnen angewiesen auf Hinweise und Vorschläge, wie man etwas herausbekommen kann, was kurzfristig zu beschaffen ist, was länger dauert, oder auch auf Material, das der Lehrer oder die Lehrerin bereitstellt.
5. Eine kurze *organisatorische Ablaufskizze* – je nach graphischer Begabung des einzelnen – ist äußerlich hilfreich: Phasen des Projektes (z. B. Planung, Erkundung, Auswertung, Präsentation, Reflexion des Projektes). Auch Überlegungen zur Leistungsbewertung sind nötig, ebenso wie das Nachdenken über mögliche Vertiefungen im anschließenden Fachunterricht oder in neuen Projekten.
6. Start für die *»Kooperative Projektplanung«* mit Schülern.

Zu 3.: Die Koordinierung von thematischen Aspekten des Projektes und Interessen der Schüler und Schülerinnen erfolgt in einer *kooperativen Planungsphase*. Sinnvoll sind dabei vier Schritte:
3.1 In Kleingruppen assoziieren die Schüler zunächst einmal alles, was sie an Vorwissen zum Thema und an Interessen dazu haben (bzw. sie sammeln Vorschläge über ein Rahmenthema eines zu planenden Projektes, über die dann in der Klasse, z. B. mit dem Klebepunktverfahren abgestimmt wird). – Die Schüler und Schülerinnen fertigen in Gruppen Wandzeitungen an, die auch schon erste Handlungsideen enthalten können. Hilfreich ist eine *Mind-Map* (genauere Beschreibung in PÄDAGOGIK H. 10/1994, 22ff.): Alle zu einem Thema gehörenden Aspekte werden zusammengetragen und in einer einfachen Form festgehalten. In der Mitte steht die Frage/das Thema, von diesem aus werden Hauptäste gezogen, an die sich Unterthemen und Fragestellungen anbauen lassen (vgl. Abb. 2). So entsteht auf relativ schnelle und für alle überschaubare Weise eine Übersicht über das Thema.

Anleitung zur Projektskizze

1. *Klasse:*................ / *Rahmenthema:*........................
2. *Organisatorischer Rahmen:* Fachstunden, Fachkollegen, Dauer ....
3. *Lehrplanvergleich, Stoffverteilungsplan* (welche fachlichen Aspekte können abgedeckt werden?)
4. *Eigene Ideensammlung:*

Inhaltliche Ideen		Handlungsformen		Materialien, Medien außerschulische Lernorte	
möglich	unverzichtbar	erwünscht	dringend	kurzfristig beschaffbar	längerfristig organisieren

5. *Kurzer Ablaufplan:*
   - Daten, Stunden
   - Phasen (z. B. Planungs-, Erkundungs-, Auswertungs-, Präsentationsphase)
   - Pufferzeiten (für Informationsschleifen = gezielte Info-Blöcke bei Schwierigkeiten)
   - Auswertung/Reflexion des Projektes mit den Schülern einplanen
   - Anschlußmöglichkeiten im Fachunterricht oder in neuen Projekten überlegen
   - Klare Kriterien für Leistungsbewertung angeben

6. *Wieweit entspricht meine Projektskizze den Schritten und Merkmalen eines Projektes?* (»Checkliste«)

7. *Kooperative Projektplanung* mit den Schülern beginnen (siehe Anleitung)

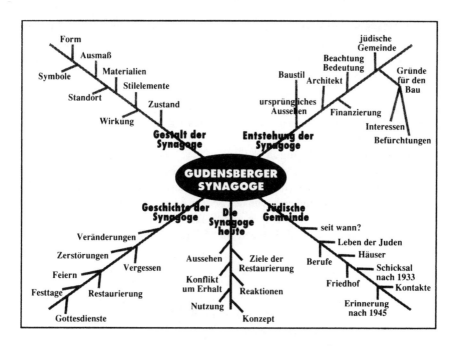

Abb 2: Inhaltliche Ideen zum Thema als Mind-Map (aus: Vaupel, in: PÄDAGOGIK H.12/1995, S.18)

3.2 Anschließend faßt der Lehrer/die Lehrerin (evtl. unter Beteiligung interessierter Schüler oder Schülerinnen) diese Schülerassoziationen und -ideen zu thematisch tragfähigen und bearbeitbaren Themengruppen zusammen, wobei besonders projektbezogene, handlungsorientierte Arbeitsweisen berücksichtigt werden. Diese Themengruppen werden der Klasse bekanntgegeben, was bisweilen auch zum Unmut über »herausgefallene« Aspekte führt.
3.3 Anschließend ordnen sich die Schüler und Schülerinnen den Themengruppen zu. Das klingt einfach – aber die Tücke steckt im Detail. Erfahrungsgemäß sind maximal fünf Themenaspekte arbeitsteilig bearbeitbar; das Herausfiltern von nicht »machbaren« Themen und eine Umorientierung bei »Riesengruppen« sind also unvermeidbar. Zweifellos eine sensible Phase – aber ohne Tauschen von Gruppen, Verschieben von Aspekten auf Anschlußphasen, Aushandeln und Nachgeben, Durchstehen von Konflikten und Einstecken von Enttäuschungen geht es nicht, auch im Projektunterricht ...

3.4 Die Planung der Arbeitsprozesse in den Kleingruppen und die Koordination der Kleingruppenvorhaben zu einem abschließenden Gesamtzusammenhang (z. B. Ausstellung o. ä.) beenden vorläufig die kooperative Planungsphase. Hilfreich sind dabei eine *Zeitleiste in Großformat* im Klassenraum, Materialpakete mit Grundlageninformationen und Einzelinformationen zu verschiedenen Aspekten, intensive Beratungsgespräche, schriftliche Planungsvorschläge der Gruppen, die vom Lehrer durchgesehen und kommentiert zurückgegeben werden.

Auf jeden Fall sollte die Lehrerin oder der Lehrer spätestens zu diesem Zeitpunkt das Thema Leistungsbewertung anschneiden. Obwohl diese Problematik im Projektunterricht nach wie vor ungeklärt ist, sind vorläufige Hilfen doch (sofern nicht auf eine Benotung gänzlich verzichtet werden kann): klare Erwartungen an die Produkte der Gruppenarbeit formulieren, von den Schülern und Schülerinnen einen bewertbaren Arbeitsprozeßbericht verlangen und vielleicht auch eine Gruppendiskussion zu den Einzel- oder Gruppenleistungen ankündigen. (Siehe auch Beendigung/Auswertung, 3.4.3)

Beispiel
Ein praktikables Beispiel für eine solche oben beschriebene kooperative Planungsphase hat D. *Vaupel* (1995, ferner 2008) entwickelt:
»*Vom Mind-Mapping zur thematischen Landkarte.*«
Ein Beispiel, bei dem wir das Thema mit Hilfe von Mind-Maps strukturiert und daraus eine thematische Landkarte entwickelt haben, möchte ich im folgenden vorstellen. Eine 10. Gymnasialklasse der kooperativen Gesamtschule Gudensberg hat sich entschieden, im Rahmen des Gesellschaftslehreunterrichts ein Unterrichtsprojekt zum Thema ›Gudensberger Synagoge‹ durchzuführen.

Zunächst werden in einer vorbereitenden Phase möglichst viele Informationen zum Thema gesammelt. (konkrete Ideen dazu liefern *Emer/Lenzen* 2005) Nach Abschluß dieser Sammelphase, in der die Schüler(innen) bereits darüber nachgedacht haben, welche Vorschläge sie in die Planung einbringen wollen, wird in einer gemeinsamen Planungsphase eine Mind-Map im Klassenplenum entwickelt. Fünf Schwerpunkte werden von den Schülern in kurzer Zeit benannt: Gestalt der Synagoge, Entstehung der Synagoge, Geschichte der Synagoge, jüdische Gemeinde, heutige Situation der Synagoge. Jedem dieser Themen werden Untergliederungspunkte auf Zuruf zugeordnet, so dass bereits nach einer Unterrichtsstunde die Gesamtthematik klar und überschaubar strukturiert ist. Die Schüler(innen) haben den Gesamtzusammenhang dessen, was sie bearbeiten wollen, übersichtlich im Blick (Abbildung 2) und können sich nun einer der fünf Arbeitsgruppen zuordnen.

ANLEITUNG ZUR KOOPERATIVEN PROJEKTPLANUNG
(eine Zusammenfassung in Stichworten)

1. **Vor Beginn eines Projektunterrichts:**
1.1 Überprüfung der Voraussetzungen: *Eigene* Veränderungs- und Lernbereitschaft? Voraussetzungen der Schüler(innen)?
1.2 Projektvorplanung des/der Lehrers/in, inhaltlich und organisatorisch – PROJEKTSKIZZE
1.3 Vorinformation der Klasse über »Projektunterricht«
1.4 Sachinformationsphase zum Thema oder Verzicht darauf
2. **Der Planungsprozeß in der Gesamtklasse**
2.1 *Ideensammlungs- und Assoziationsphase*
in Kleingruppen, jeweils Wandzeitung oder Karteikarten
(Inhaltlicher Lernbestand? Interessen? Arbeitsmethodische Fähigkeiten?)
2.2 *Thematische Schwerpunkte bilden*
Lehrer/in ordnet (evtl. mit Schülergruppe gemeinsam) die Karten bzw. Ideen nach tragfähigen Schwerpunkten
• Themen wegfallen lassen – Hilfe: Klebepunktverfahren
• Themen verschieben
In der Regel: Nicht mehr als fünf Themenschwerpunkte bilden!
2.3 *Schülergruppen/Projektarbeitsgruppen bilden*
Hilfe: Erstwahl und Zweitwahl mit Namen auf Karteikarten notieren lassen, Gruppen entsprechend zusammensetzen, auf ähnlich große Gruppen achten
> Variante zu 2.1-2.3: Erst eine Entscheidung über ein gemeinsames Produkt treffen, dazu thematische Aspekte entwickeln und dann die nötigen Arbeitsgruppen bilden (Beispiel: Theaterstück mit entsprechenden »Zuständigkeiten«, also Bühnenbild, Technik, Spielergruppe, Plakatwerbung usw.)
3. **Gruppenplanung**
3.1 *Zeitrahmen bekanntgeben*
3.2 *Ziel, genaue Fragestellung, Produkt festlegen*
(»Was soll am Ende stehen, was wollen wir erreichen?«)
3.3 *Gruppenarbeitspläne entwickeln* – Intensive Beratung nötig, Materialpakete bereitstellen.
– Auf schriftliche Fassung achten
4. **Planungen im Klassenplenum vorstellen**
4.1 *Vortragen, Rückmeldungen, Änderungen* – Evtl. hat der/die Lehrer/in die Planungen vorher durchgesehen und kommentiert/korrigiert
4.2 *Gesamtplanung der Klasse (Wandzeitung) mit Phasen, Terminen, Aktivitäten usw. aufhängen*
z.B.

	Mo. 14.5	Mi. 16.5	Mo 21.5
Gr. 1			
Gr. 2			
Gr. 3			

4.3 *Produktpräsentation klären* Organisation, Termine, Räume usw.
5. **Regelmäßige Koordinationsgespräche in der Gesamtklasse im Projektverlauf**

(Nach *Bastian/Gudjons* 2006, 256)

In einem nächsten Schritt werden Ideen zum Vorgehen gesammelt; auch dies geschieht in Form einer Mind-Map. Die Strukturierung der Arbeitsformen ergibt die folgenden Vorschläge: Spurensuche vor Ort, Museen/Gedenkstätten besichtigen, Zeitzeugen und Experten befragen, Archivalien und veröffentlichte Materialien untersuchen. Auch diese Vorschläge werden ausdifferenziert und in Form einer Mind-Map gestaltet ...
Auf dieser Grundlage formuliert jede Teilgruppe die Ziele ihrer Arbeit. Die Stichworte der Mind-Maps werden in Schlüsselfragen umformuliert, die Untergliederungspunkte zugeordnet, und so entsteht die eigentliche thematische Landkarte, die in vergrößerter Form in der Klasse ausgehängt wird ...
Die thematische Landkarte ist jedoch nicht nur eine Strukturierungshilfe im Planungsprozeß; sie hat auch im Verlauf der weiteren Arbeit eine strukturierende Funktion. In zwischengeschalteten Reflexionsphasen, in denen die Gruppen über den Stand der Arbeit berichten und Ideen an andere Gruppen weitergeben, werden diese Anregungen und Differenzierungen in den aushängenden Plan aufgenommen. Während der Auswertung und der Präsentation der Arbeitsergebnisse können sich die Schüler/innen an dieser Übersicht orientieren und die Vorstellung der Ergebnisse zum Beispiel durch Verweise strukturieren.«

3.3.2 Durchführung

Planung und Realisierung können fließend ineinander übergehen. (*Vaupel* 2008) Während der Durchführung sind organisatorische Schaltstellen des Ablaufes wichtig, damit Überblick und Koordination der Beteiligung gewährleistet sind:

Fixpunkte
Sie können entweder vorher eingeplant oder im Ablauf eingeschoben werden. Ein paar Minuten oder länger werden die Aktivitäten unterbrochen, die Teilnehmer/innen ziehen kurz Zwischenbilanz und informieren sich gegenseitig. Abstimmungen (Koordination), Varianten, Entscheidungen, neue Ideen, Hilfen bei Problemen etc. können besprochen werden; aber auch Hektik und blinde »action« lassen sich durch regelmäßige Fixpunkte vermeiden. – Über solche organisatorischen Fixpunkte hinaus muß die Kommunikation bei der Sacharbeit als besondere Möglichkeit der Erfahrungserweiterung im Projektunterricht betrachtet werden, wobei der Aspekt der Beziehungen, des verbalen/nicht verbalen Umgangs miteinander (kommunikative Ebene) und den Tätigkeiten im Rahmen des Themas (Sachebene) von *Frey* (2007) zusammengeführt werden im Begriff der

Metainteraktion
Weil im Projektunterricht die informellen Strukturen der Beziehungen stärker zum Tragen kommen, ist die Möglichkeit für Spannungen, Streit, Ausgrenzung von Außenseitern, Konkurrenz untereinander, Störungen durch unkooperatives Verhalten einzelner, Gruppenegoismus etc. viel größer. Affekte und Gefühle sollen aber nicht zugunsten des Produktzwanges unterdrückt werden, sondern Gegenstand gesonderter Gespräche, u. U. Rollenspiele zur Konfliktlösung, sein. Diese »Interaktion *über* die Interaktionsprozesse« wird Metainteraktion genannt. Bei *Konflikten* – wohl der häufigsten Störung – hat sich als Lösungshilfe folgender *Dreischritt* bewährt:

- Worum geht es in diesem Konflikt? (Eruieren und Sortieren)
- Wie erklären sich die Betroffenen Zustandekommen und Verlauf des Konfliktes? (Subjektive Bedeutungen feststellen, bevor eine Lösung gesucht wird; latente *Hintergrund*bedürfnisse herausfinden: »Eigentlich habe ich gar nichts gegen Peter, ich wollte nur gerne mit Sabine« zusammenarbeiten.«)
- Wie müssen wir (als Fazit von 1. + 2.) mit dem Konflikt umgehen? (Lösen mit Hilfe von Durchsprechen, Ideensammlung für Veränderungen; Verkleinern mit Hilfe der Beseitigung der größten Probleme, mit dem Konflikt leben, ihn durchstehen und austragen.)

Auch ein *Wechsel verschiedener Gruppierungsformen* in der Realisierungsphase ist sinnvoll: Einzelarbeit, Partnerarbeit, Kleingruppe und Plenum sollten flexibel wechseln. Bei Projektwochen einer ganzen Schule sind weitere Gruppierungen nötig: z. B. Projektrat (als Organisationskomitee, »Feuerwehr« u. a. m.), Begegnungen zwischen Projektgruppen, seltener die schulische Vollversammlung. Schließlich sind die *Formen der Bearbeitung* von Projektinhalten während der Realisierung zentral für die Qualität des Projektunterrichtes. Modellhaft (über-)pointiert haben *Duncker/Götz* (1984, 99ff.) verschiedene *Formen der Auseinandersetzung mit der Wirklichkeit* gegenübergestellt.

- Bei der Beschaffung, Auswertung und Präsentation von Informationen: Nicht »*Briefmarkensammeln*« sondern »*Journalismus*«. Beim Modell des Briefmarkensammelns wird nach dem Prinzip vorgegangen: Sammeln – Ordnen – Ausstellen, – auf der Oberfläche, oft als Sammelsurium. Der Journalist dagegen sammelt auch, aber er deckt Hintergründe auf, forscht nach und dokumentiert engagiert, adressatengerecht und motivierend.
- Beim Umgang z. B. mit Gegenständen, gestalteten Orten usw.: Nicht »*Flohmarktbummel*«, sondern »*Archäologie*«. Beim Prinzip des Flohmarktbummels spricht nur der oberflächliche Reiz einer Sache, man bleibt – auch bei Erkundungen, Besichtigungen, Exkursionen – dann auf dem Niveau der Besichtigung von Kuriositäten. Ein Archäologe spürt den kulturellen Bedeutungen von verwendeten Gegenständen nach, oft mühsam und fast kriminalistisch, er rekonstruiert die Schichten sich überlagernder kultureller Bedeutungen, z. B. von gestalteten Orten und Gebäuden.

– Bei der Erzeugung ästhetischer Wirkungen: Statt »*Schaufensterdekoration /Modenschau*« – »*Experimentier-Theater*«. Nicht Show-Effekt und Schokoladenseiten dürfen Projektprodukte bestimmen, sondern Einarbeitung und Offenlegen der Schwierigkeiten und offenen Fragen, nicht Beifall, sondern selbstkritische Besinnung, Aufklärung und Provokation.
– Bei moralisch-politischen Werturteilen: Statt »*Stammtischgesprächen*« als Austausch vorgefertigter, nicht überprüfungsbedürftiger Meinungen das Modell der »*Kirchentagsdiskussion*« als Beispiel für kontroverse, argumentative diskursive Auseinandersetzungen.
– Bei der Verbesserung von Situationen: Nicht »*Sandkastenspiel*«, sondern »*Bürgerinitiative*«; wobei Simulationen in spielerischer Distanz durchaus sinnvoll sind. Aber das Modell der Bürgerinitiative hat Ernstcharakter, bleibt nicht am grünen Tisch, erfordert Verantwortung für die Folgen von Handlungen. So gewinnen Schüler/innen eine Vorstellung von der Machbarkeit von Reformen und den Möglichkeiten, eigene Interessen zu artikulieren und selbstorganisiert Einfluß zu nehmen.
– Schließlich bei der Integration handwerklich-praktischer Arbeit: Statt »*Weihnachtsbasteln*« mit äußerlich rühriger, inhaltlich jedoch wenig anspruchsvoller Tätigkeit, »*Erfinderwerkstatt*«, die keine rezeptartigen Anwendungen enthält, dafür aber originelle, kreative Arbeit anstrebt.

Natürlich fällt bei dieser starken Polarisierung manche Nuance unter den Tisch, aber die Gesamtrichtung zeigt einmal mehr, dass auch die Tätigkeitsformen im Projekt qualitativen Ansprüchen genügen müssen, wenn Projektarbeit als Unterrichtsform ernstgenommen werden will.

3.3.3 Beendigung, Leistungsbeurteilung, Auswertung

Bei der Projekt*woche* steht in der Regel ein Tag der offenen Tür, ein Fest o. ä. am Ende, wobei Projektergebnisse der *Öffentlichkeit* präsentiert werden in Form von Ausstellungen, Aufführungen etc. (bewußter Abschluß). Die Beendigung unterrichtsbezogener Projekte dagegen erfolgt in der Regel eher als Präsentation der Arbeitsergebnisse. Solche Präsentationen müssen sorgfältig vorbereitet werden, weil sie Teil des Lernprozesses *im* Projekt sind. Hilfreiche Vorschläge und Ideen zur guten Präsentation finden sich bei *Apel* 2002 und in *PÄDAGOGIK* H. 3/2004.

Die übliche Praxis im traditionellen Unterricht ist leider: Viele schriftlich formulierte Arbeitsergebnisse von Schülern und Schülerinnen verschwinden in irgendwelchen Mappen, die andere weder beachten, wahrnehmen, geschweige denn lesen. Ganz anders im Projektunterricht: Hier geht es von vornherein darum, Ergebnisse zu produzieren, die über den eigenen Wissenszuwachs hinaus auch Mitteilungswert für andere haben. Das Aufklären anderer über die eigenen Arbeitsprozesse und -ergebnisse, aber auch die Art und Weise der Vermittlung selbst machen den Unterricht zu einem kommunikativen Prozeß. Bei vielen schulischen Lernprozessen fehlt nämlich der Eindruck: »Mein oder unser Arbeitsprodukt wird von andern Mitschülerinnen und Mitschülern gesehen, zur Kenntnis genommen, beachtet und – gerade auch bei kritischen Rückfragen – wertgeschätzt.« Das ist ein nicht zu unterschätzender Ansporn beim Lernen. (vgl. *Creutz* 2008)

Möglichkeiten der Präsentation:
a) Die einzelnen Gruppen können – das wäre eine einfache Form – ihre schriftlichen Arbeitsergebnisse an Pinnwänden *aushängen,* damit andere sie lesen können. Die Vorteile der gezielten Präsentation aber wären damit nicht ausgenutzt.
b) Sinnvoller ist die bewußte Gestaltung der Pinnwände zu den Themen der Gruppen: Mit Hilfe von graphisch gut überlegten und sorgfältig gestalteten *Plakaten* werden die zentralen Ergebnisse visualisiert, Text, Bilder, Tabellen und andere Materialien können dabei kombiniert werden.
c) Beim *mündlichen Vortragen* können Schritt für Schritt (gut lesbare!) Karten mit entsprechenden Schlüsselbegriffen, Fragestellungen und Aspekten auf Pinnwände geheftet werden, Wolken markieren Leitfragen, verschiedene Farben unterschiedliche Wichtigkeiten – das ganze Repertoire der Visualisierung kann ausgeschöpft werden. Wichtig ist dabei, dass die verbale Darstellung sich genau auf die optische Darbietung an der Pinnwand bezieht. Andernfalls werden die Zuhörenden durch abweichende mündliche Formulierungen abgelenkt. Auch sollte der Präsentator seine Hand an die Stelle der Pinnwand legen (z. B. neben eine Karte), die er gerade erklärt. So wird die Aufnahme durch zwei Informationskanäle (Auge und Ohr) optimal genutzt. Hilfreich ist auch ein kleiner Spickzettel in der Hand des Präsentators und – schon sehr professionell – der Blickkontakt zu den Hörern. All das kann man mit Schülern und Schülerinnen durchaus üben.
Eine computergestützte Darstellung von Informationen auf einer Großleinwand oder einem Großbildschirm (es gibt hier die Kombination mit dem Overhead-Projektor) wird die technischen Möglichkeiten in der Schule übersteigen. Aber sie wird kommen...
d) Man kann die Ergebnisse der *Klasse* präsentieren, aber auch die *Parallelklasse* einladen (sehr reizvoll!), man kann eine kleine Ausstellung im *Schulfoyer* machen oder zu einem gesellschaftspolitisch interessanten Thema auch eine Ausstellung im *Rathaus* machen. Eine Grundschulklasse (!) hat dies mit großem Erfolg durchgeführt zum Thema: »Stoppt die Verschmutzung unseres Dorfbaches!« *(Neuland* 1995). Je weiter die Präsentation besonders in den Sekundarstufen den herkömmlichen langweiligen Referatestil hinter sich läßt, desto mehr steigt die Motivation der Schüler und Schülerinnen, »sich ins Zeug zu legen«.
e) Zur *äußeren Gestaltung* ist empfehlenswert, Pinnwände vorne aufzustellen und die Schüler und Schülerinnen nach Möglichkeit in einem Halbkreis (notfalls in zweien) zu gruppieren. Die Zeitdauer muß der Gruppe vorher bekannt sein, mehrere längere Präsentationen sollten auf verschiedene Stunden verteilt werden.
Ein großer Vorteil dieser äußerlich scheinenden Techniken in der Präsentation liegt darin, dass sie zu gedanklicher Klarheit zwingen: Brüche in der Argumentation, Lücken im Wissen, Widersprüche und Unklarheiten werden bei der Umsetzung in

visuelle Gestaltungsmittel schnell deutlich und nötigen zum nochmaligen Durchdenken eines Sachverhaltes. Dahinter steht ein bekanntes Gesetz der kognitiven Psychologie, insbesondere der Psychologie der Informationsverarbeitung: Die optische Strukturierung eines Problems reduziert die Fülle möglicher Aspekte auf ein Minimum zentraler Parameter, das Auge beginnt, gleichsam problemstrukturierend »mitzudenken«. Oft fallen erst bei diesem Schritt fehlende Verbindungsstücke, Leerstellen und Inkonsistenzen auf. Außerdem erhöht die Visualisierung bekanntlich das Einprägen und Merken von Informationen (»ein Bild ist besser als 1000 Worte«). Nach der Präsentation ist eine Reflexion des Gesamtprojektes unerläßlich. Als Formen der Auswertung und Reflexion eines Projektes bieten sich (neben nicht so geeigneten »Projektberichten«) u. a. *Fragebögen* an (Beispiel: *Klippert* 1985, 58 f.). Vor allem aber Formen der Mitteilung für andere können wiederum zu einer Handlungsaufgabe werden: Sei es das *Auskunft-Geben* gegenüber Eltern, Kritikern, Mitschülern, Freunden (das vorher im Rollenspiel inhaltlich vorbereitet werden kann), seien es *freie Ausdrucksformen* in Texten, Bildern, Fotos oder seien es *Rechenschafts- bzw. Anregungsberichte* für die Schulzeitung, Lehrerkonferenzen, Elternabende u. a. m.

Leistungsbewertung im Projektunterricht
Obwohl in der Regel Leistungen in Projektwochen nicht benotet werden (sollen), bedeutet die Frage der *Zensierung (Frey* 2007) ein ungelöstes Problem. Sinnvolle Vorschläge zur Leistungsbeurteilung finden sich bei *Jürgens* 2005, *Bohl* 2006. Im Projektansatz liegt ja eine prinzipielle Kritik auch der traditionellen Art der Leistungsbewertung in der Schule. Aber was soll man tun, wenn ein Schüler darum bittet, angesichts seiner ansonsten schwachen Leistungen im Physikunterricht ihm für die Mitarbeit am Bau der sehr gut gelungenen Sonnenkollektoren eine 2 + anzurechnen? Ein Lernprozeß bei Schüler/innen, der langfristig auf die Förderung von inhaltlichen, arbeitsmethodischen und sozialen Fähigkeiten angelegt ist, gerät im Projektunterricht zwangsläufig in Widerspruch zu Formen der Leistungsbewertung, die sich auf das Abprüfen von Wissen beschränken. Es geht also nicht darum, den Projektunterricht an traditionelle Formen der Leistungsbewertung anzupassen, sondern darum, Formen zu entwickeln, die den Leistungen im Projektunterricht angemessen sind. Das wiederum heißt: Im Vordergrund stehen Formen der Prozeßevaluation, der Beratung und Rückmeldung. Das bedeutet: Förderung der Selbstbeobachtung und -überprüfung der Schüler und Schülerinnen – z. B. Formen der Beobachtung vereinbaren (was ist uns in dieser Woche gut gelungen, was nicht?), ein Projekttagebuch führen (als Lehrer/in wie als Schüler/innen, in dem alles aufgezeichnet wird, was für den Projektverlauf wichtig ist), Metakommunikationsphasen einbauen zur Zwischenreflexion des Arbeitsprozesses, dabei den Machtanteil des

Lehrers immer mitbedenken, eine abschließende Lösung der sich hier ergebenden Widersprüchlichkeiten gibt es nicht! Vor allem aber ist es wichtig, vorher mit den Schüler/innen die Kriterien für ein Produkt zu vereinbaren (siehe folgende Kästen). Besonders in der gymnasialen Oberstufe ist eine Leistungsbeurteilung oft unumgänglich, wenn das Projekt innerhalb des regulären Fachunterrichts stattgefunden hat.

Leistungsnachweise im Statistik-Projekt

1. Ein individueller Arbeitsprozeßbericht, den jede(r) Schüler/in für sich erstellt. (Leitfrage des Projektes, Umgang mit der Zeiteinteilung, mögliche Änderungen, Beschreibung der einzelnen Arbeitsschritte, Schwierigkeiten, Erfolge, Gefühle.)
2. Ein Arbeitsplan der Gruppe.
3. Eine endgültige Fassung des Umfragebogens (o. ä. falls keine Umfrage gemacht wird).
4. Die ausgefüllten Umfragebögen jeder Gruppe.
5. Eine umfassende Auswertung der Umfrage, in der Regel ausstellungsgerecht, graphisch gestaltet und schriftlich ausformuliert. Aber auch Schautafeln, Video, Tonkassetten, Fotos/Dias u. ä. können das Endprodukt darstellen oder bereichern.
6. Einen Vortrag aller Gruppenmitglieder. Hier sollen dem Kurs die Ergebnisse dargestellt und erläutert werden.

Aber auch in der Mittelstufe kann man mit den Schülern gemeinsam Leistungsnachweise und Kriterien zur Leistungsbeurteilung erarbeiten. (*Paradies/Wester/Greving* Berlin 2005, 103ff.) In einem Projekt »Statistik« (Grundkurs Mathematik, Sekundarstufe II) z. B. vereinbarte der Lehrer die nebenstehenden unterschiedlichen Möglichkeiten für Leistungsnachweise (*Goetsch* 1990, 260f.). Später wurden dann die Kriterien für den Arbeitsprozeßbericht der Schüler genauer festgelegt:

Kriterien für den Arbeitsprozeßbericht

- Chronologische und realistische Darstellung des Arbeitsprozesses
- Darstellung und Reflexion der Schwierigkeiten und Erfolge des Arbeitsprozesses
  - Warum habe ich das Thema gewählt?
  - Was habe ich gelernt?
  - Was möchte ich noch lernen?
  - Was hat mir gefehlt?
- Wertung des Lernprozesses
- Selbsteinschätzung meines Arbeitsanteils in der Gruppe
- Vergleich zum »Regelunterricht«

Und schließlich die Kriterien für das Produkt der Gruppenarbeiten:

> **Kriterien für das Produkt**
>
> • Informationsgehalt und -dichte
> • Übersichtlichkeit
> • Ästhetik
> • Eigenkritik
> • Darstellung und Reflexion mathematischer Aspekte

Die Erfahrungen mit solchen vorher vereinbarten Kriterien sind nicht nur im Beispiel »Statistik-Projekt« sehr positiv gewesen, denn die gemeinsame Kritik und Diskussion der Projektergebnisse folgte klaren Maßstäben, wenn auch Schüler und Lehrer nicht im Detail immer derselben Meinung waren.
Schließlich hat der Lehrer dann jedem einzelnen Schüler in einem kurzen Brief das »Endergebnis«, das als Ersatz für die zweite der im Halbjahr vorgeschriebenen Klausuren galt, mitgeteilt; ein Beispiel (ebd.):
Lieber Janek!
Ich habe mich in Deinem Arbeitsprozeßbericht sehr über die originelle Einleitung und die gute Beschreibung der Durchführung Eures Projektes gefreut. Leider fällt die Wertung Deines Lernprozesses recht knapp aus.
Dennoch möchte ich Deinen Bericht mit »gut« bewerten.
Mit Eurer »sehr guten« Gemeinschaftsleistung gelangst Du zu Deinem Gesamtprädikat: »gut und besser«.
Auch das Portfolio bietet eine gute Möglichkeit zur Dokumention und Überprüfung von Ergebnissen (*Brunner* 2008).

3.4 Aktuelle Entwicklungen des Projektunterrichtes

3.4.1 Empirische Untersuchungen zum Projektunterricht

So viele Schulen in der Praxis inzwischen Projektunterricht in unterschiedlichen Formen (Projektwochen, Projekttage, Projektreisen, Projekte im Fachunterricht oder im Schulleben u. a. m.) realisieren, so wenig ist diese Praxis bisher systematisch untersucht worden. (Vgl. Apel/Knoll 2001, 146 ff.) Natürlich gibt es unzählige Erfahrungsbereiche, die im weitesten Sinn auch als empirische Arbeiten angesehen werden können. Abgesehen von kleineren, auf einzelne Regionen begrenzte Bestandsaufnahmen zum Vorkommen von Projekten (z. B. *Nuhn/Vaupel* 1991, *Kujawski* 1994) und auf die Berufsschule bezogenen Arbeiten (z. B. *Halfpap/Marwede* 1994, *Stommel* 1995, *Riedl* 1998) gibt es nur wenige umfangreichere empirische Untersuchungen.

Petri (1991) hat an 314 österreichischen Schulen ermittelt, wie oft Projektunterricht praktiziert wurde. Weil er aber einen außerordentlich weiten Begriff von Projektunterricht zugrunde legt, findet sich eine Fülle von Unterrichtsbeispielen, die eher als abwechslungsreicher Unterricht zu bezeichnen sind. So finden sich z. B. unter den 270 Veranstaltungen, die am Schuljahresende an Projekttagen stattfanden, ebenso Kurzkurse (Basteln, Kochen) und Exkursionen (Museen, naturkundliche Wanderungen) wie Übungen (Gesprächs- und Diskussionstraining), Filmvorführungen und besondere Informationsveranstaltungen. *Petri* selbst geht davon aus, dass ein bis zwei Drittel der in seiner Untersuchung erfaßten Veranstaltungen keine »echten« Projekte gewesen seien, weil ihnen die essentiellen Merkmale des Projektlernens gefehlt hätten. Insgesamt schätzt Petri, dass der durchschnittliche Anteil des Projektlernens (was immer auch darunter verstanden wurde) am gesamten Unterricht etwa 0,5% ausmacht (ebd. S. 78).

Eine breit angelegte, außerordentlich sorgfältige Studie aus neuerer Zeit legt G. *Schümer* (1996) vor. Von den 3815 Lehrern aus den Ländern Baden-Württemberg, Berlin, Hessen und Nordrhein-Westfalen, die sich im Rahmen einer Untersuchung zum Medieneinsatz in der Schule u. a. auch zum Projektunterricht in ihrer Praxis äußerten, gaben nur gut 10% an, im Berichtszeitraum (1988) ein Projekt mit ihrer Klasse durchgeführt zu haben. Befragt wurden an 2000 Schulen (Grundschulen und alle Formen der Sekundarstufe 1) Lehrer/innen, die zur Zeit der Erhebung in einer 3. Klasse Deutsch, Mathematik oder Sachkunde erteilten bzw. in einer 7. Klasse Deutsch, Mathematik oder Englisch unterrichteten. Dabei zeigte sich, dass in Deutsch wesentlich mehr Projektunterricht stattfand als in den modernen Fremdsprachen oder in Mathematik (Sek. 1: Deutsch 19,1%, Mathematik 1,8%, Englisch 3,7% Lehrer mit abgeschlossenen Projekten). Die relative Häufigkeit von Projekten in höheren Schulen in den Fächern Geschichte, Geographie, Bildnerische Erziehung und Biologie entspricht den Befunden zum projektorientierten Sachunterricht in der Grundschule (ebd. S. 145).

Nach *Schümer* zeigt sich, »dass die Realität des Projektunterrichtes in aller Regel weit hinter der Idee zurückbleibt« (ebd. S. 145). Sicher entsprachen bei weitem nicht alle genannten »Projekte« den elementaren Projektkriterien, wie sie in der theoretischen Literatur zu finden sind, jedoch dürfen sie nicht negativ bewertet werden, ja verdienen angesichts der viel beklagten Monotonie des Unterrichts prinzipiell Anerkennung.

Schümer hat auch herausgearbeitet, dass die Durchführung von Projekten nicht von den äußeren Bedingungen abhängig ist, die oft zur Rechtfertigung konventionellen Unterrichts herangezogen werden: Schülervoraussetzungen, Lehrpläne, Klassengröße

u. a. m. Es scheint viel eher an bestimmten Personmerkmalen der Lehrkräfte zu liegen, ob Projektunterricht durchgeführt wird (kooperative Lehrer, berufszufriedenere Lehrer). Die neueste empirische Untersuchung zum Projektunterricht legt Wasmann-Frahm (2008) vor. Die Feldstudie von sieben Parallelklassen des 6. Jahrgangs einer Gesamtschule (n=170 Schüler) zum Thema Boden im Rahmen des naturwissenschaftlichen Anfangsunterrichtes führte zu folgenden Ergebnissen: Bedeutsamer Zuwachs an Faktenwissen, vernetztem Fachwissen, Problemlösekompetenz, Förderung der Interessenentwicklung durch den Projektunterricht. Die Ergebnisse belegen u.a., dass auch im Projektunterricht hohe und stabile kognitive Lernzuwächse zu erreichen sind.

3.4.2 Zwischen Inflation und Konsolidierung

Schaut man sich die Entwicklung des Projektunterrichtes bis zur Gegenwart an (Gudjons 2008), so lassen sich folgende Tendenzen feststellen:

1. In der Entwicklung nach dem 2. Weltkrieg sind unterschiedliche Phasen erkennbar (Hahne/Schäfer 1997). Vom Kriegsende bis 1967: vereinzelte, aber kontinuierliche Diskussion; dann von 1968 bis etwa 1974: Gesellschaftskrise und Projektkonjunktur; schließlich 1975 bis heute: Reflexionsphase mit Konsolidierung auf hohem Niveau. Parallel zu diesen Phasen haben Emer/Lenzen (2005, 21 ff.) eine äußerst differenzierte „Praxisgeschichte des Projektunterrichtes" vorgelegt, die auch die zahllosen „grauen Materialen", Initiativen von Schulen und bildungspolitischen Vereinigungen wie GEW, GGG u.a. einbezieht.

2. Eine wahre Renaissance erlebte der Projektgedanke in Deutschland zunächst in der „kleinen Reformpädagogik" der 70er Jahre (Bastian/Gudjons 1997, Emer/Lenzen 2005). Am wichtigsten scheint mir zu sein, dass mit der „68er" Bewegung und ihrer massiven Kritik an Schule und Unterricht der Projektgedanke eine neue Wendung nahm. Man setzte in den 70er Jahren große Hoffnung in das Projektprinzip, die kapitalistische Gesellschaft mit ihren Herrschafts- und Ausbeutungsfunktionen zu „entlarven" und ihr Reproduktionssystem Schule zu zerschlagen. So heißt es in einem Artikel des berühmten b:e Taschenbuches von 1976: Die Projektmerkmale „sprengen ... die bürgerliche Klassenschule und Arbeitsteilung. Sie zielen auf die Wiederherstellung der Einheit ... von Lebensbedürfnissen, die durch die kapitalistische Bestimmung über Arbeit, Wissen und Lebenszusammenhänge zerstört und atomisiert worden sind." (Stubenrauch 1975, 14) Der Projektunterricht sollte als konkrete Utopie einer neuen Gesellschaft funktionalisiert werden, - kein Projekt ohne gesellschaftskritischen Inhalt!

Kein Wunder, dass die bewusste Herausforderung von Konflikten im und durch den Projektunterricht sowie die kurzschlüssige Engführung des Konzeptes als umstürzlerische Idee mit illusionären systemkritischen Überfrachtungen bald zur Kritik, ja Ablehnung bei vielen Lehrkräften führten.

Aber die grundlegenden Gedanken des Projektansatzes konnten sich dennoch halten und erlebten eine neue Blüte (im Sinne des praktischen Lernens), als die Hauptschulpädagogik in den 70er Jahren wegen der Tendenz zur Restschule didaktisch in die Krise geriet und nach neuen Unterrichtsformen suchen musste. Eine andere Reformpraxis des Projektunterrichtes entwickelten die zahlreichen in dieser Zeit entstehenden Gesamtschulen, indem sie ganzheitliches Lernen, gesellschaftliche Relevanz und Schülerselbstverantwortung in den Mittelpunkt des Projektlernens stellten.

3. Die Situation des Projektunterrichtes heute ist durch zwei Merkmale zu kennzeichnen: *Einerseits*: Immer noch mangelnde Erfahrungen an unterschiedlichen Schulen, aber eine gewisse Offenheit für „Neues". Schulen im konservativen Verständnis von solidem Unterricht stehen unter Reformdruck, sie sind aber z. T. ratlos im Hinblick auf konkrete Praxis. Dabei ist der Projektansatz längst Bestandteil der ministeriellen Richtlinien und Bildungspläne und offiziell abgesegnet. *Andererseits*: In vielen Schulen ist Projektlernen (zumindest als Projektwoche) Alltag und selbstverständliches Element des Schulprofils. Man verfügt über reichhaltige Erfahrungen mit Projekten, aber empfindet gerade deshalb zunehmend eine Unsicherheit, was denn nun „echte" Projektarbeit (vor allem unter methodischen Gesichtspunkten) sei. Projektunterricht also zwischen Begriffsinflation, Hilflosigkeit, aber auch Konsolidierung. Inzwischen hat sich in den meisten Budndesländern eine breite Projektpraxis etabliert, die von gelegentlichen Projektwochen bis hin zum Projektunterricht als tragende Säule der Schulentwicklung reicht.

4. Als Fazit der Gesamtentwicklung bis in die Gegenwart hinein kann man feststellen:
– Die *theoretische Konzeptarbeit* hat sich mit zahlreichen Handbüchern, Sammelwerken und Monografien auf hohem Niveau konsolidiert. Auch gibt es einige (spärliche, wenn auch durchaus positive) empirische Untersuchungen zum Projektunterricht (s.o.). Die euphorische, aber auch die „systemsprengende" Phase wurde überwunden zugunsten realistischer Erwartungen.
– Parallel dazu verläuft eine *beeindruckende Praxisgeschichte* der Ausbreitung des Projektunterrichtes. Projekte als Lern- und Arbeitsform sind inzwischen weit über die Haupt- und Gesamtschulen hinaus in Realschulen, Gymnasien, Berufsschulen, Sonderschulen bis hinein in privaten Weiterbildungsinstitutionen etablierte Praxis.

– Darüber hinaus hat die Projektpraxis an vielen Orten auch den übrigen Unterricht in Schulen verändert: Abbau der starren Zeitrhythmik, Schülerbeteiligung an der Unterrichtsplanung, Ansätze zu Freiarbeit, Selbstorganisation und kooperativen Lernformen, fächerübergreifendes Arbeiten, Einbindung des Projektunterrichtes in den Stundenplan z. B. durch feste Projektzeiten, Projekttage u.a.m.
– Kritisch ist aber anzumerken, dass die in der historischen Entwicklung bereits angelegten *Fehlentwicklungen und Missverständnisse* bis heute nicht überwunden sind: Die Ausbreitung ist verbunden mit der Gefahr der Verwässerung und Begriffsinflation (jeder Bio-Kochkurs wird schon Projekt genannt); die politisch auf Demokratisierung von Schule und Gesellschaft zielenden Intentionen werden zugunsten eines sozialtechnologisch verkürzten Verständnisses beiseite geschoben (ideal sind heute flexible, effektive, managementerfahrene verantwortungsbereite Gesellschaftsmitglieder); Verkürzung der Projektidee auf handwerklich-praktisches Tun (ein Produkt muss immer etwas praktisch Hergestelltes sein); einseitiges Ausgehen von den „natürlichen" Interessen der Kinder und Jugendlichen ohne Einfluss der Lehrkraft (mit dem Risiko, dass die Schüler überwiegend Pannen erfahren und nach einigen Versuchen die Nase voll von Projekten haben) u.a.m.

5. „Müssen Projektwochen verboten werden?"

So lautete die provokative Überschrift einer kritischen Rezension Jochen Grells zu einem der grundlegenden Bücher über die Projektwochenpraxis bereits 1984 (zit. nach Emer/Lenzen 2005, 23) Grells Warnung galt der überzogenen Hoffnung auf die guten Ideen, die aber die materiell miserable Schulpraxis nicht verändern könnten. Natürlich liegen in der Projektwoche große Chancen für einen veränderten Unterricht, - das sah auch Grell. Aber es gab und gibt eben auch Fehlentwicklungen:

Einerseits haben Projekt*wochen* einen „Siegeszug" ohnegleichen (so der leider verstorbene bekannte Projektmethodiker Karl Frey) in der Schullandschaft zu verzeichnen. Andererseits bleiben Projektwochen (vor allem als letzte Woche vor den Sommerferien) isoliert, unverbunden mit dem übrigen Unterricht (kaum inhaltliche Bezugnahmen, kaum Auswertung und Reflexion); es fehlt oft eine klare Konzeptualisierung (was ist denn nun ein Projekt und was nicht?); geringe institutionelle Verankerung (welche Fachkonferenz oder Arbeitsgruppe ist für die Projektwoche zuständig?); (Miss-) Verständnis der Projektwoche als „nicht richtiger Unterricht" – („Der Unterricht fällt aus, wir haben Projektwoche!"); Gleichsetzung von Projektwoche und Projektunterricht; wenig Konsequenzen der Lernformen des Projektes für den übrigen Unterricht; (Miss-) Verständnis des Projektprinzips als Alternative zum Fachunterricht statt Verbindung und Integration von Projekten in den Fachunterricht u.a.m.
Wir (Bastian/Gudjons) haben darum mit dem Untertitel „Über die Projektwoche hinaus" unseres „Projektbuches II" schon 1990 für eine Verankerung des Projektlernens als Einbindung in ein Gesamtkonzept der „inneren Schulreform" geworben. Erfreulich ist, dass heute der Projektunterricht in vielen Schulen unverzichtba-

rer Bestandteil der Schulentwicklung ist und die herkömmlichen institutionellen Bedingungen einer Schule langfristig verändert (vgl. Bastian u.a. 2000; Emer/Lenzen 2005; Heuser/Xylander 2008). Auch hat sich der Projektgedanke in andere, nicht-schulische Bereiche hinein ausgedehnt, so ging z. B. aus der Ingenieurausbildung in Zusammenarbeit mit der Wirtschaft „Theoprax" hervor, eine Organisation, die Projektvorschläge sammelt und vermittelt. Und schließlich gibt es inzwischen Vernetzungen zwischen Lehrkräften, Fachtagungen, Expertentreffen, Initiativen verschiedener Landesinstitute, - und den „Verein für Projektdidaktik", der allen Interessierten Kollegen und Kolleginnen offen steht.

6. Die Widersprüchlichkeit des Projektunterrichtes

Trotz dieser erfreulichen Trends bleibt für den Projektunterricht eine innere Spannung bestehen, die weder durch unkritische Euphorie noch durch ablehnende Skepsis überwunden werden kann, und die sich in zwei gegenläufigen Tendenzen beschreiben lässt.

- Einerseits ist der Projektunterricht ganz normaler Bestandteil des Unterrichtskonzeptes einer Schule, oft eine lebendige Ergänzung der traditionellen Unterrichtsformen, hier „passt er sich dem Kanon der anderen Unterrichtsformen pluralistisch ein." (Emer/Lenzen 2005, 39). Er ist salonfähig geworden, wird unkritisch adaptiert und projektorientierte Arbeitsformen sind Bestandteil des Fachunterrichtes.. In der didaktischen Literatur wird der Projektunterricht mit großer Selbstverständlichkeit behandelt und ist in der Praxis weit verbreitet. Statt die Schule radikal zu verändern, trägt er zu ihrer Qualitätssicherung bei ...

- Andererseits bleibt er eine sperrige, den übrigen Unterricht irritierende und hinterfragende Unterrichtsform, er bleibt sozusagen „Pfahl im Fleisch" des üblichen Unterrichtsbetriebes. Mit dem Projektunterricht bleibt eine radikale reformpädagogische und politische Praxis verbunden, er enthält eine unversöhnliche Kritik am System der traditionellen Schule. Daher wird er als grundsätzliche Alternative zum Fachunterricht verstanden, der Projektbegriff wird auf eine „Ausnahmesituation" beschränkt, „losgelöst von den herkömmlichen, nicht grundsätzlich revidierbaren Rahmenbedingungen schulischen Lernens", wie Wöll (1998, 216) in seiner theoretischen Begründung des Projektlernens von Habermas her betont.

Diese Spannung kann man nicht beseitigen, aber vielleicht doch produktiv und kreativ nutzen. Sie verweist – so Emer/Lenzen 2005, 40) – auf ein Entwicklungspotenzial des Projektunterrichtes, das noch zu wenig eingelöst worden ist. Gerade *weil* er quer zu den eingrenzenden Organisationsformen des klassischen Schulbetriebes steht, kann man seine „Sprengkraft" auch positiv fruchtbar machen, indem Projektprinzipien die innere (und äußere) Schulreform vorantreiben. Die gesamte institutionelle Verfasstheit einer Schule kann sich wandeln im Rahmen einer gezielt geplanten Schulentwicklung. Das zeigt u.a. das Beispiel von Heuser/Xylander 2008, in dem der komplette Unterricht einer staatlichen Schule vom Projektgedanken her umgestaltet wurde.

Literaturhinweise

Apel, H.J./Knoll, M.: Aus Projekten lernen. München 2001.
Ein ausgezeichnetes Resümee der neueren Entwicklung, breit angelegt im Inhalt, weniger in der methodischen Realisierung.

Duncker L./Götz, B.: Projektunterricht als Beitrag zur inneren Schulreform. Langenau 1984.
Die Autoren entwickeln auf der Grundlage eines (als Kritik unterrichtlicher Verengungen formulierten) erfahrungsoffenen Lernens Vorschläge für Projektwochen, die besonders auf die Qualität und Ansprüche der Projektkonzeption gerichtet sind. Sie begreifen Projektarbeit auch bildungspolitisch als zentralen Anstoß zur inneren Schulreform.

Frey, K.: Die Projektmethode. Weinheim 1990, 3.Aufl., 1998, 8. Aufl., 2007, Sonderausgabe.
Wenngleich im Anhang zahlreiche Projektbeispiele (knapp kommentiert, mit Hinweis auf Fundstelle in der Literatur) aufgeführt sind, so liegt der Akzent doch eindeutig in einer theorieorientierten Beschreibung des methodischen Aufbaus des Projektunterrichts. Das Buch gilt inzwischen als Standardwerk.

Bastian, J./Gudjons, H. (Hrsg.): Das Projektbuch. Theorie – Praxisbeispiele – Erfahrungen. Hamburg 1989, 2. Aufl., 1991 3. Aufl., 1994, 4. Aufl.
Auch äußerlich (durch Karikaturen etc.) ansprechend gestaltet, wird den theoretischen Grundproblemen des Projektunterrichts nachgegangen (u. a. Geschichte, Lehrerrolle). 14 durchgeführte *Projektbeispiele* werden im 2. Teil konkret dargestellt und als Anregung für die eigene Praxis empfohlen.

Bastian, J./Gudjons, H. (Hrsg.): Das Projektbuch II. Über die Projektwoche hinaus. Projektlernen im Fachunterricht. Hamburg 1990, 2006, 4. Aufl.
Neben neuen Aspekten zur theoretischen Grundlegung enthält das Buch zahlreiche Projektbeispiele aus der Sekundarstufe, vor allem – endlich – auch aus dem Gymnasium. Es dokumentiert, wie der Projektgedanke Einzug in den Fachunterricht gehalten (und selbst den Lateinunterricht nicht »verschont«) hat.

Emer, W./Lenzen, K.-D.: Projektunterricht gestalten – Schule verändern. Baltmannsweiler 2005, 2. Aufl. – Die aktuellste und gründlichste Studie zu Entwicklung, Konzept, Theorie und Praxis des Projektunterrichts.

Schäfer, U.: Internationale Bibliographie zur Projektmethode in der Erziehung 1895-1982. 2 Bde. Berlin 1988.
Ein unentbehrliches Standardwerk vor allem für die Forschung. (vgl. ferner Hahne, K./Schäfer, U.: Geschichte des Projektunterrichtes in Deutschland nach 1945. In: Bastian, J. u.a. (Hg.): Theorie des Projektunterrichtes. S. 89-107. Hamburg 1997).

PÄDAGOGIK (Zeitschrift), Heft 7/8 1991, Schwerpunktthema 2: Projektunterricht – Neue Tendenzen.
(Mit einem gelungenen Beispiel aus einem Physik-Leistungskurs der gymnasialen Oberstufe und Rezensionen neuerer Projektliteratur).

PÄDAGOGIK (Zeitschrift), H. 7/8 1993, Schwerpunktthema 2: Streit um den Projektunterricht – Neue Tendenzen.
Hier geht es um eine prinzipielle Klärung von Geschichte und Konzept des Projektlernens.

PÄDAGOGIK H. 1/2008 „Projektunterricht gestalten" – Ein Überblick über aktuelle Entwicklungen und methodische Hilfen zu Planung, Durchführung und Auswertung von Projekten.

Bastian, J./Gudjons, H./Schnack, J./Speth, M. (Hg.): Theorie des Projektunterrichts. Hamburg 1997.
    In drei Hauptteilen geht es vor allem um die historische Begründung des Projektunterrichtes, sowie pädagogische und didaktische Begründungsargumente. Das Spektrum reicht von lernpsychologischen Aspekten über sozialisationstheoretische Befunde bis zum Verhältnis zur Fachdidaktik und zur Lehrer/Schüler-Rolle.

Hänsel, D. (Hg.): Handbuch Projektunterricht. Weinheim 1997.
    Dieses Standardwerk bietet eine Einführung in Grundfragen des Projektunterrichtes, Einblicke in die Arbeit an Reformschulen, Projekte als Beispiele des Schulprofils und Hinweise zum Projektbeginn.

Heimlich, U.: Gemeinsam lernen in Projekten. Bad Heilbrunn 1999.
    Ausgehend von einem integrativen Konzept der Behindertendidaktik werden theoretisch wie praktisch die Chancen des Projektunterrichtes mit behinderten Kindern ausgeleuchtet. Erstmals wird auch eine Fülle von Unterrichtsbeispielen und Erfahrungen aufgearbeitet, die den Rang einer einschlägigen Bibliografie zum Thema haben.

4. Handlungsorientierung in der Praxis des (Fach-)Unterrichts

Der Projektunterricht ist – so hat sich gezeigt – ein umfassendes Modell handlungsorientierten Lehrens und Lernens, gleichsam seine »Hochform«. Aber warum wird er trotz ausreichender Erprobung immer noch verhältnismäßig selten realisiert? Dass die Lehrer/innen den Mehraufwand und die ungewohnten Herausforderungen (auch eigene Ängste) scheuen, ist sicher ein Grund. Neben Stundenplan, Fachunterrichtssystem und dem Zwang, Lernergebnisse in gewohnter Weise zu überprüfen (Klassenarbeiten), fehlender Erfahrung von Lehrenden und Lernenden usw. liegt das Problem noch auf einer anderen Ebene, nämlich der fehlenden langfristigen Einführung und Vorbereitung.

Projektunterricht steht bei allen Formen handlungsorientierter schulischer Lernarbeit, die sich am Kriterium der Ganzheitlichkeit menschlichen Lernens orientieren, ganz obenan. Es wird aber übersehen, dass es auch *Vorformen* und weniger anspruchsvolle *Teilelemente* gibt, die Schüler/innen allmählich an diese Globalkonzeption heranführen können. Aber diese Einzelelemente können Teil einer Gesamtstrategie sein, systematisch das Feld handlungsorientierten Unterrichtes zu erweitern und aufzubauen, von der Grundschule bis zur Oberstufe. Man darf sich auch nicht darüber täuschen, dass eine Fülle von technischen Fertigkeiten längerfristig für den Projektunterricht aufgebaut werden müssen, sie reichen vom Exzerpieren eines Buches, dem Umgang mit Bibliotheken, dem Anfertigen eines Protokolls, dem Entwerfen eines Arbeits- und Terminplans bis zum Lesen eines Stadtplans, zur Gruppenarbeit oder dem Dokumentieren von Erfahrungen und dem Darstellen von Ergebnissen. All dies und mehr kann und muß im traditionellen Unterricht aufgebaut werden (vgl. *Klippert* 2007).

Aber auch Projektelemente sind in den herkömmlichen Unterricht (als Weg zum Projektunterricht) integrierbar. Dies berührt unsere Grundauffassung, dass lehrgangsmäßiger, von der Fachsystematik bestimmter und ein an Problemen ansetzender, ungefächerter Unterricht keine unüberbrückbaren Gegensätze bedeuten. Die langjährige Erfahrung mit dem Lernen in Projekten und in Fächern z. B. am Oberstufenkolleg Bielefeld bestätigt dies (*Emer/Lenzen* 2005). So kann beispielsweise der Lernort Schule verlassen werden, um in der Begegnung mit der außerschulischen Realität fachbezogenes Wahrnehmen und Erkunden zu üben. In der Regel werden dabei inhaltliche und methodische Aspekte vorher eingeführt und dann in der Erkundung angewandt. Insofern handelt es sich hierbei um eine relativ traditionelle Abfolge von Lernformen, die aber stark von der handlungsorientierten Anwendung von Fachwissen geprägt wird.

Die folgenden *Beispiele* in diesem Kapitel (vor allem die im Abschnitt 4.2) dürfen darum nicht als Widerspruch zur theoretischen Konzeption des ersten und zweiten Kapitels verstanden werden; der Anspruch eines handlungsorientierten unterrichtlichen Gesamtkonzeptes wird keineswegs unterlaufen durch Beispiele von Einzelelementen, die nicht gleich das volle Gesamtkonzept realisieren. *Zwischenformen* sind nötig, um den Unterricht *langfristig* umfassend handlungsorientiert auszubauen. Unter den gegebenen Bedingungen der Schule wird nur eine »Politik der kleinen Schritte« Erfolg haben (zahlreiche Anregungen dazu bei *Gugel* 1997).

> Man kann sich die Fülle der möglichen Aktivierungsformen auf einem *Kontinuum* aufsteigend zum Projektunterricht als Ziel vorstellen: anfangs ganz einfache Formen der Schüleraktivierung (wie das Untersuchen eines wirklichen Blattes statt der Abbildung im Buch, das praktische Ausmessen des Schulhofes im Geometrieunterricht, das Entdeckenlassen des Stromkreises mit einer Batterie, Drähten und einer Glühbirne), dann anspruchsvollere Möglichkeiten wie die Mitplanung eines Unterrichtsabschnittes, die selbständige Bearbeitung von Materialien in Gruppen mit Ergebnispräsentation, dann weiter ansteigend Handlungsformen, die eine stärkere Mit- und Selbstverantwortung beinhalten, wie eine Erkundung durchführen, ein kleines Hörspiel zu einem Text entwickeln, ein Modell des Hafenbeckens bauen. Gegen Ende des Kontinuums würden dann selbständig geplante, durchgeführte und ausgewertete/reflektierte Vorhaben im Sinne von Projekten stehen. (Auch *Bönsch* – 1995 – plädiert für eine gestufte Abfolge solcher Verfahren und ermutigt dazu, unter Abstrichen am Zielkonzept des Projektunterrichtes diese erst einmal ohne schlechtes Gewissen einzuführen.)

Eine ungemein wertvolle Hilfe sind dabei sowohl das Konzept als auch die praktischen Vorschläge in H. *Meyers* umfassendem Werk Unterrichts-Methoden (2007). Auch gibt es inzwischen eine Reihe von Erfahrungen und Konzepten, den Unterricht in Fächern handlungsorientiert zu gestalten (als Beispiele: in Musik: *Maas* 1989, in Englisch: *Legutke* 1988, *Bach / Timm* 1989, *Zeitschrift Der fremdsprachliche Unterricht Englisch* H. 40/1999, im fremdsprachlichen Unterricht: *Edelhoff/Liebau* 1988, in Naturwissenschaften: *Kremer/Stäudel* 1987, Mathematik: *MUED-Mate-*

rialien, Arend 2004, Deutsch: *Gidion/Rumpf/Schweitzer* 1987, *Haas* 1997, berufliche Bildung: *Söltenfuß/Halfpap* 1987, Geschichte: *Zeitschrift Geschichte lernen* H. 9/ 1990, in der ökonomischen Bildung *Steinmann/Weber* 1995, für die Politikdidaktik *Grammes* 1999, *Breit/Schiele* 1998, Religion *Groß* 1996, Kunst *Gerlach/Willert* 1998, technische Fächer der Berufsschule *Bauer* 1996, Online-Projekte *Donath* 1997, Erlebnispädagogik *Gilsdorf/Volkert* 1999 u. a. m.). Ferner haben die Landesinstitute verschiedener Bundesländer eine Fülle von Materialien und Beispielen vorgelegt (z. B. *Hessisches Institut* ... 1993). Schließlich gibt es neuerdings viele Methodensammlungen, die den Akzent auf handlungsorientierte Unterrichtsmethoden legen (*Müller* 2004, *Thal/Ebert* 2004, *Peterßen* 2005, *Janssen* 2005, *Thal/Vormdohre* 2006).

4.1 (Fach-)Unterricht handlungsorientiert planen

Die Literatur zur Unterrichtsplanung hat inzwischen einen Riesenumfang angenommen. In unserem Zusammenhang geht es aber nicht um die *generelle* Problematik der Unterrichtsvorbereitung, sondern um den in der Überschrift dieses Abschnittes formulierten *Ausschnitt*. Unterricht handlungsorientiert planen heißt zweierlei:

– der/die Lehrer/in sucht während der eigenen persönlichen *(Vor-)Planung* des Unterrichtes Elemente, die den Schülern/innen Handlungsmöglichkeiten eröffnen, (»*Handlungen einplanen*«)
– der Planungsprozeß des Unterrichtes selbst erfolgt handlungsorientiert, d. h. *Planen geschieht als ein Teil des Unterrichtes* unter Einbeziehung der Schüler/innen und unter Nutzung von Handlungsmöglichkeiten durch alle Beteiligten (»*gemeinsam handelnd planen*«).

Zum ersten Aspekt (Handlungen einplanen):
Natürlich kann man die Schüler/innenhandlungen völlig verplanen, in einem geschlossenen Ablaufmuster nach Reihenfolge, Art und Umfang mit vorgeplanten Ergebnissen (ein / zwei Alternativen sind dabei dann noch »drin«). Dabei werden aber Schüler/innenaktionen grundsätzlich als Re-aktionen auf auslösendes Lehrer/innenverhalten gedacht. Im Grunde wäre dies auch bei sehr hohem Aktivitätsgrad der Lernenden ein Rückfall in den lehrer/innenzentrierten Unterricht. Trotzdem ist Planen auch als persönliches Vorplanen des/ der Lehrer/in im handlungsorientierten Unterricht, der sich immer auch als *offener* Unterricht versteht, nötig. Handlungsorientiert Unterrichten heißt eben nicht, ein paar Handlungsmöglichkeiten anzubieten (z. B. Themensammeln in Untergruppen, sich mit mitgebrachten Gegen-

ständen beschäftigen oder einfach einmal ein paar Leute draußen interviewen) und dann zusehen, was herauskommt. Wie im Abschnitt über die Lehrer/in-Rolle im handlungsorientierten Unterricht noch zu zeigen ist (4.4.2), bewegt sich Planen immer zwischen der Skylla eines rigiden Planungsfanatismus (der vielleicht aus Angst vor Ineffektivität alle Handlungssituationen auf wasserdichte Ergebnisse hin anlegt und einschränkt) und der Charybdis einer falsch verstandenen Schülerorientierung (wobei der Lehrer »wie ein lebender Wattebausch auf jeden Huster eines Schülers seine eigenen Zielstellungen über den Haufen wirft« – *Meyer* 1980, 355).
Gerade die Professionalität des/ der Lehrer/in soll und muß in handlungsorientierte Unterrichtsplanung mit einfließen. W. *Schulz* betont in seiner »Unterrichtsplanung« (1981, 3. Aufl.) nachdrücklich die Notwendigkeit professioneller Kriterien und Kompetenzen des/der Lehrer/in, – bei aller Schüler/innen-Beteiligung!

Zum zweiten Aspekt (gemeinsam handelnd planen):
Planung ist im handlungsorientierten Unterricht *Teil des Unterrichts,* der *Interaktion* der Beteiligten selbst. Die Bereitschaft der Schüler/innen zur Mitplanung ist nach einer Untersuchung von E. *Schmack* (1978, 147) an 1100 Schüler/innen vom 4.-10. Schuljahr größer als man gemeinhin annimmt. – Damit erhält Planung als Kompetenzerwerb den gleichen Stellenwert wie ein mögliches Handlungsprodukt. Planen *als* Unterricht verbindet Sach-, Person- und Gruppenbezüge innerhalb eines Themas und damit instrumentelles, emotionales und soziales Lernen. Auch hier muß der/die Lehrer/in professionell Einfluß nehmen, indem er/ sie Aktivitäten einbringt, die die Prozesse der Lernenden beeinflussen und die Lernumwelt strukturieren.
Dabei ist zu bedenken, dass sich Informationsbedürfnisse der Lernenden oft erst im Zusammenhang mit der Entfaltung/ Realisierung von Handlungszielen und als Notwendigkeit bei stockender Produktrealisierung entwickeln. Es ist also nicht sinnvoll, bereits am Anfang *sämtliche* notwendigen Informationen besorgen zu lassen. Während des Handelns im Unterricht sind Informationsphasen dann einzuschieben, wenn die Schüler/innen sie brauchen, um überhaupt weitermachen zu können.

Ein Beispiel: Das – für Schüler/innen in der Regel nicht gerade packende – Thema »Mittelalter« wurde in einem 7. Jahrgang einer Hamburger Gesamtschule handlungsorientiert bearbeitet. Die Schüler bauten Stadtmodelle, entwickelten szenische Darstellungen, bauten Wikingerschiffe nach, schrieben und malten für eine Zeitung zu den Lebensproblemen der Menschen u. ä. m. In einer bestimmten Phase des Modellbaus und der Rollenspiele z. B. tauchen Fragen auf: »Ja, wie schützten die Städte sich denn eigentlich gegen Feinde? Und wenn es keine Supermärkte gab, wo haben die denn eigentlich eingekauft? – Und: Bezahlten die mit DM, hatten sie überhaupt Geld und wie nannte sich das? Was heißt Fuß, rechneten sie nicht in Metern und Zentimetern? Wer regierte eigentlich die Stadt?« Erst jetzt beginnen die Schüler, in Büchern, ja Quellen zu lesen, sich gezielt Informationen zu suchen, zu sammeln und zu durchdenken, – ein Stück selbstgesteuerte Planung mitten im Verlauf des Unterrichtes, und zwar keineswegs chaotisch, sondern hochmotiviert und zielorientiert.

Dieses Grundprinzip, Handlungspläne kontinuierlich zu verfeinern und vor allem erste Handlungserfahrungen zu ermöglichen, um an sie anschließend dann weitere Planungsschritte zu entwickeln, kann durch eine Reihe *praktischer Techniken, Methoden und Regelbildungen* unterstützt werden. Konkret ist die Einbeziehung der Schüler in handlungsorientiertes Planen möglich z. B. durch

– *Herstellung offener Handlungssituationen,* in denen die Schüler ihre Interessen oder Handlungsabsichten äußern können bzw. in denen sie solche klären oder gewinnen können (Beispiel: mit einigen Schülern ein *Rollenspiel* vorführen, in dem trotz scheinbarer Aufgeklärtheit und Distanz die Verführbarkeit durch Werbung illustriert wird; große *Photos* zum Thema: Gegensatz zwischen Arm und Reich mitbringen, jede/n Schüler/in eines wählen und seine/ihre Wahl begründen lassen, ein »Hungerspiel« (vgl. S. 92) als *Schlüsselszene* zum Thema »Ungerechte Nahrungsverteilung« spielen u. a. m.)
– spontan in ein Planungsgespräch eingebaute Umsetzung von Meinungen, Positionen, Verhaltensweisen etc. *in szenische Darstellung* (»Laßt uns das doch mal kurz spielen, wie das ist, wenn der Angestellte zum Chef kommt und mehr Gehalt haben will«), um daraus neue Fragen und Anstöße zu gewinnen und einen andern emotionalen Bezug zum Thema herzustellen
– *brainstorming* (als Technik, ungebremst und kreativ Ideen zu sammeln – *Gudjons* 2003, 210), also: *alle* Einfälle äußern, nicht vorher auf »Machbarkeit« überprüfen, keine Beurteilungen/Stellungnahmen, sondern Weiterspinnen der Ideen anderer
– Gesprächsregelung nach der *Themenzentrierten Interaktion* (TZI) (*Gudjons* 2003, 77ff.)
– spontane, kurzfristige *Partner- oder Kleingruppenarbeit* zur Weiterführung, Konkretion oder Ausweitung eines Vorschlages
– eine große *Wandzeitung* als Instrument permanenter Kommunikation, die während der gesamten Ar-beitseinheit hängen bleibt und auf die jede/r freie, unzensierte Äußerungen schreiben darf
– Aufforderung, eine *Phantasie zu entwickeln* (z. B. bei einem Projekt zur Gestaltung des Klassenraumes: »Wir machen einen Sprung nach vorne von etwa zwei Monaten und betreten unser Klassenzimmer. Stell dir vor, wie es jetzt aussieht! Was gefällt dir daran? Sammle alles, was du siehst! « – *Duncker/Götz* 1984, 65)
– *wechselseitiges Partnerinterview* zu Ängsten, Befürchtungen, Meinungen, Einstellungen zu einem Vorschlag/Thema
– *Erfahrungen von außen einholen* (Fachleute befragen, Passanten interviewen, Leute beim Einkaufen beobachten u. a. m.)
– Freiraum schaffen für *ungestrafte Äußerungen,* akzeptierendes Klima fördern, *Fehler erlauben*
– ein »*Simultan-Protokoll*« (*Heller/Semmerling* 1983, 83f.) während des Planungsgespräches an einer Wandzeitung oder Tafel, das parallel zu einer Zeitleiste in zwei Spalten aufgeteilt ist: Äußerungen zur Sachebene und Geschehen auf der Sozialebene
– eine Vorschlagsliste in *Prioritätenfolge* umsetzen, indem jede/r (drei bis fünf) *Klebepunkte* je nach persönlicher Gewichtung der Themen verteilen darf (viel spannender als eine bloße Abstimmung!) u. a. m.
– die »*Moderationsmethode*«, die mit Hilfe einfacher Techniken (für Themensammlung, -gewichtung, Gruppenarbeit, Präsentation) den Arbeitsprozeß strukturiert und organisiert (PÄDAGOGIK H. 6/1995 und H. 12/1996).

4.2 Handlungssituationen in den (Fach-)Unterricht integrieren

Wir haben gesehen, dass bereits die Planung (übrigens: nicht nur) handlungsorientierten Unterrichts so erfolgen kann, dass Schüler/Innen Handlungsmöglichkeiten angeboten werden. Von dieser Planung hängt es weitgehend ab, ob und wie Handlungssituationen in den Unterricht integriert werden. Die folgenden Beispiele beziehen sich auf einzelne Elemente, die unter sich zunächst keinen Zusammenhang haben. Aber trotz der Isolation vom unterrichtlichen Kontext zeigen sie praktisch auf, wie sich Handlungskompetenzen sowohl in Vorformen als auch in Elementen projektorientierten Lernens aufbauen lassen. Dabei läuft der Unterricht insgesamt keineswegs in der »Hochform« des Projektunterrichtes (im Sinne des Kp. 3). Die folgenden Beispiele sind „Klassiker". Neuere Arbeiten sind sehr ähnlich angelegt, bieten aber keine Veränderung des zentralen Designs eines Unterrichtes zum handlungsorientierten Lehren und Lernen.

4.2.1 Beispiel: Spielen und Lernen

Kaum ein Bereich bietet so viele aktivierende Momente wie das Spielen. Obwohl der Unterricht sicher den Zusammenhang von *Spielen und Lernen* betont, soll in der Schule doch grundsätzlich auch das freie Spielen erhalten bleiben. Je nach Spieltyp sind Kreativität, Kommunikation und handelnde Auseinandersetzung mit der vorgefundenen Wirklichkeit möglich. In dieser Vielfalt kann das Spielen als grundlegende Aneignungsweise materieller und symbolischer Kultur sowohl die heute vorherrschende ikonische Aneignung ein Stück weit kompensieren als auch den massenindustriell vorgefertigten Kulturprodukten mit ihren vorfabrizierten »Bedeutungen« die eigentätige Auseinandersetzung mit der Wirklichkeit entgegensetzen.
In unserem Zusammenhang sind – neben vielen Zwischenmöglichkeiten – vor allem drei Spielformen wichtig:
– das Lernspiel
– das Rollenspiel
– das Planspiel.
Obwohl das *Lernspiel* (z. B. in der Reformpädagogik) nicht selten zum bloßen »Arbeitsmittel« degeneriert ist, liegen in seinen Einsatzmöglichkeiten innerhalb des Unterrichtes große Chancen, Lernprozesse, die sonst trocken und wenig lustbetont laufen, effektiver und lebendiger zu machen: Lernspiele können zu Beginn einer Unterrichtseinheit Schüler/innen motivieren und interessieren, sie können beim Neuerwerb oder bei der Wiederholung von Kenntnissen ebenso wie beim Anwenden, Üben und bei der Überprüfung verwendet werden, wie z. B. die vielen Varianten

von selbsthergestellten, auf Lernthemen bezogenen Lotto-, Domino-, Würfel-, Karten- und Puzzlespielen zeigen.
In diesen Spielen steckt das Prinzip, Begriffe mit Bewegungen zu verbinden. Damit werden Informationen über den verbalabstrakten Eingangskanal hinaus mit dem motorischen verbunden. Auf diese Weise werden »Dingkanal« (sensorische Wahrnehmung) und »Symbolkanal« (abstrakte Muster) (*Dörner* 1979) auch im Gehirn physiologisch sinnvoll vernetzt. Dies ist in der Unterrichtspraxis auch ohne aufwendig organisierte Spiele möglich:
So können Schüler/innen mit ihren Körpern Winkel bilden und verändern, geometrische Figuren abschreiten, Begriffe durch Sich-Aufstellen in der richtigen Reihenfolge erlernen (z. B. erzählt die Lehrerin eine Geschichte, und immer wenn die Formulierung »Tage der Woche« fällt, stellen sich sieben vorher nach den Wochentagen benannte Kinder in der richtigen Reihenfolge auf – *Kluge* 1981, 68).
Eine Fülle solcher und anderer »Unterrichtsspiele« für verschiedene Fächer und Altersstufen hat die *Arbeitsgruppe Oberkircher Lehrmittel* (AOL 1983) vorgelegt, auf die hier nur verwiesen werden kann, – ebenso wie auf die in H. 1/90 der Zeitschrift PÄDAGOGIK »Spielen in der Schule« beschriebenen Beispiele zum Umgang mit Videospielen, zum »Warming up« beim Darstellenden Spiel, zum Spielort Pausenhof und zu einem Spieleprojekt im 5. Schuljahr des Gymnasiums. Inzwischen gibt es auch die Möglichkeit, sich mit Hilfe der Datenbank DATASPIEL gezielt zu einzelnen Bereichen, Anlässen und Zielrichtungen entsprechende Spielvorschläge zusammenstellen zu lassen (Akademie Remscheid, Küppelstein 34, 42857 Remscheid, Tel. 0 21 91 / 79 41). *Baer* (1988) hat 500 Spiele daraus auch in Buchform veröffentlicht.
Das *Rollenspiel* ist unter den vielen darstellenden Spielen immer noch eine Form mit breitem Handlungsspektrum, obwohl sich die anfänglich überzogenen Erwartungen im Hinblick auf Ziele des sozialen Lernens (z. B. Persönlichkeitseigenschaften) und Transfer des Gespielten in die Ernstsituation nicht alle erfüllt haben dürften *(Kluge* 1981, 77f.). Das Rollenspiel ermöglicht fiktives, probeweises Handeln mit Ausschnitten der Realität, das Durchschauen von Ursachen, Strukturen und Folgen von Konflikten und Problemen in permanenter Gleichzeitigkeit von Handeln und Reflektieren. Eine konkrete Anleitung zur Durchführung problemorientierter Rollenspiele (und Planspiele) habe ich andernorts vorgelegt *(Gudjons* 2003, 176f. und 190ff.). Mit Rollenspielen kann auch im naturwissenschaftlichen Unterricht gut gearbeitet werden, wie S. Hellweger (in *Kremer/Stäudel* 1987 123 ff.) am Beispiel der »Bedeutung der Haber-Bosch-Synthese für die Ernährung der Menschheit« demonstriert hat.
Im *Planspiel* schließlich liegt eine noch weithin unausgeschöpfte Möglichkeit, strategische, soziale und technische Handlungskompetenz im Unterricht zu erwerben,

und zwar durch Simulation realer Prozesse. Planspiele sind in einfacher Form von der Grundschule an (*Walter* 1984) verwendbar über die Sekundarstufe (*Lehmann* 1977) bis zur Jugendarbeit und Erwachsenenbildung (*Bonk-Luetkens* 1983); sie sind mit ihrer interdisziplinären Aspektfülle ein zentrales Element handlungsorientierten Unterrichtes, weil ein Planspiel geradezu exemplarisch demonstriert, wie Problemstellungen in Handlungen umgeformt werden können, wie Selbstbestimmung und Sachgesetze miteinander ausgewogen werden müssen, wie Handlungsnotwendigkeiten zur Erweiterung der Sachkompetenz nötigen, wie Schüler/innen spielend in einer Sache hochaktiv sind und wie »sie lernen in ihr, ohne doch eigentlich lernen zu wollen« *Joerger* 1980, 106).

4.2.2 Beispiel: Erkunden und Erforschen

Das Beispiel auf S. 98 zeigt, dass gerade Erkundungen nicht nur als umfassende Projekte möglich sind, sondern ausgezeichnet in den Alltag des normalen Fachunterrichtes integriert werden können (vgl. *Vaupel* 1997).
Darüber hinaus können Erkundungen auch Grundlage umfassender Unterrichtseinheiten sein, zum Beispiel im *Geschichtsunterricht.*

Eine subjekt- und alltagsorientierte historische Lebensweltanalyse nach dem Prinzip »Grabe, wo du stehst« kann durch Gespräche mit »Zeitzeugen« geschehen (»oral history«); deren Erinnerungen, Erzählungen oder auch Fotoalben, aufbewahrte Zeitungen usw. sind »lebendiges« Material gegenüber Lehrbuch-Texten. Die Geschichte einer Flüchtlingsfamilie zu rekonstruieren, Arbeiter zum Hafen-Streik 1951 zu befragen, sich von Verfolgten (oder eben auch normalen Kleinbürgern) über die NS-Zeit erzählen zu lassen, aber auch Erkundungen in der räumlich-dinglichen Umwelt (der Geschichte der eigenen Schule, der Verkehrsverbindung von Barmbek nach Altona, der örtlichen Kaserne, einer Straße oder eines Stadtteils) – führen zu (Wieder-)Aneignung der »Quartiersöffentlichkeit« und in Verbindung mit der Arbeit in Archiven und Quellen zu einem Netz breitgestreuter »Grabungen« durch Erkunden und Erforschen. Einen ausgezeichneten praktischen Leitfaden, zu solcher »Spurensuche« haben *Kinter/ Kock/ Thiele* (1985) vorgelegt, Erfahrungen zur Arbeit im Museum *Kaiser* (1996).

Erkundungen haben folgende *Merkmale:*
– der Lernort Schule wird verlassen, nichtpädagogisierte Erfahrungsräume werden gesucht
– Informationen werden *aktiv* beschafft, nicht »Besichtigung«, schon gar nicht »Kiekin« (viele Betriebserkundungen sind in Wahrheit reine Besichtigungen)
– keine Einwegkommunikation, sondern Gespräche (auch bei Befragungen), nicht nur: sich informieren (lassen), sondern interaktionelle Situationen herstellen
– vor allem müssen Erkundungen sorgfältig vorbereitet, ihre Durchführung dokumentiert und ausgewertet werden.

>
> Das tägliche Kleinprojekt:
>
> Der mündige Verbraucher
> Was: – Schüler überprüfen das Mindesthaltbarkeitsdatum auf Lebensmittelpackungen
> Wer: – Schüler ab Klasse 9
> Wie: – Schüler erarbeiten einen Erfassungsbogen für ihre Untersuchung
> – In Kleingruppen werden vorher ausgewählte Supermärkte aufgesucht
> – Schüler befragen Kunden, ob sie auf das Haltbarkeitsdatum achten und weisen sie auf abgelaufene Daten hin
> – Schüler versuchen gemeinsam mit den Kunden beim Leiter des Supermarktes eine Mängelbeseitigung durchzusetzen
> Wo: – Supermärkte & Einkaufszentren in allen Stadtteilen
> Wann: – 5 bis 10 Stunden im laufenden Unterricht
> denkbare Fächer:
> Wirtschaftslehre (Handels- u. Gewerbesch.)
> Arbeitslehre (Gesamtschule)
> Politik (Haupt- u. Realschulen, Gymn.) denkbare Zusammenarbeit mit den Fächern: Deutsch (Fragetechnik, Erfassungsbogen) Mathe (stat. Auswertung; prozentualer Anteil der mangelhaften Produkte, Anteil der kritischen Kunden)

(Quelle: GEW, Projekt, H. 2/1984, 15)

Zur Vorbereitung: Gruppen und Paare bilden, Fragestellungen oder Beobachtungsgesichtspunkte erarbeiten, Personen/Orte auswählen, Kontakt herstellen, Termine vereinbaren, in schwierigen Fällen: Vorübungen im Rollenspiel, Aufgabenverteilung! Interviewer, Protokollant, Beobachtungsaufgaben, Art der Aufzeichnung überlegen, eigene Ängste bearbeiten, Eltern informieren, Rechtsfragen beachten.
Zur Durchführung/Dokumentation: Zeitplan einhalten, Dokumentation durch Notieren, Tonband, Video, Foto, Anlaufstelle bei Pannen einrichten, Randerlebnisse, Stimmungen, Atmosphäre festhalten (bisweilen werden auch Informationen verweigert oder Schüler/innen nicht für voll genommen!), Einverständnis für eventuell geplante Veröffentlichung von Äußerungen einholen, Erkundungen selbstverantwortlich und selbständig durchführen.
Zur Auswertung: Sichtung, Auswahl, Zusammenstellung durch die Kleingruppe, Analyse des Aussagecharakters von Äußerungen (persönlich-subjektive, u. U. verzerrte Meinungen, fachliche Angaben, amtliche Stellungnahmen etc.), wie sind die Äußerungen/Beobachtungen zu erklären (Interessengebundenheit, z. B. wird der Pressesprecher einer Firma anders reden als die Arbeiter, der Jugendoffizier anders als die Wehrpflichtigen), Einbeziehung weiterer Materialien, Integration der Erkundungsergebnisse in den thematischen Gesamtzusammenhang, evtl. Veröffentlichung durch Ausstellung, Bericht auf einem Elternabend o. ä.

Erkunden läßt sich auch die »Fremde«, z. B. in einem Schüleraustausch mit dem »Lernort Frankreich« *(Sendzik/Rahlwes,* in: *Edelhoff/Liebau* 1988, 79ff.). Schüler/innen führen (in Gruppen) vorbereitete Interviews in der Gastschule durch, fotografieren und filmen, untersuchen Klassenräume und Schulgebäude, beobachten Unterricht, fertigen Speisekarten der Menüs der Kantine an u. a. m. Erforschen und erkunden läßt sich schließlich auch das, was *in* den Schülern ist: ihre Innenwelt, die Aufschichtung ihrer Erfahrungen als ihre subjektive Lebensgeschichte. Dies ist keine psychotherapeutische Unterwanderung des Unterrichts, vielmehr eröffnet die biographische Selbstreflexion eine anschauliche Möglichkeit, am eigenen Beispiel etwas vom Zusammenhang zwischen einer historisch-gesellschaftlich-kulturellen Lage oder Epoche und der persönlichen Lebensentwicklung zu begreifen: Wieso bin ich »Kind meiner Zeit«? Wir haben dazu ein Repertoire von 200 praktischen Übungen entwickelt, die zum großen Teil auch in der Sekundarstufe verwendet werden können *(Gudjons/Wagener-Gudjons/Pieper* 2008).

Ein Beispiel: Jeder bringt eine Reihe von Fotos aus Kindertagen mit. In Untergruppen werden sie nacheinander (auf der Grundlage eines kleinen Anleitungsbogens) besprochen und ausgewertet: Wie wirkt das fotografierte Kind, welche Situation ist zu sehen, was tragen die Menschen für Kleidung, was sagt das Bild über Wohn- und Lebenssituation, welcher »Zeitgeist« spricht aus ihm usw., wobei die betreffende Person im Anschluß an die Äußerungen der Gruppe ergänzen und kommentieren kann. –

Wie die Darstellung solcher biographischen Erfahrungen literarisch im Deutschunterricht durch kreatives Schreiben verwendet werden kann, hat *Brenner* (1990) an praktischen Beispielen aufgezeigt.

4.2.3 Beispiel: Herstellen und Verwenden

Leider bleiben Herstellen und Verwenden allzu oft auf den Werkunterricht, Arbeitslehre oder Kunstunterricht beschränkt. Unter handlungstheoretischen Gesichtspunkten (vgl. das Beispiel »Käse«, S. 52) ist das *Herstellen* eines Produktes bereits in der Grundschule wesentlich sinnvoller für den Aufbau kognitiver Strukturen als eine (noch so reich bebilderte) *Beschreibung* des Produktes. Für das Herstellen und Verwenden von Produkten im handlungsorientierten Unterricht auch auf anderen Stufen enthält u. a. die angeführte Literatur zur Praxis des Projektunterrichtes eine Fülle von Beispielen und Anregungen.

Das Hauptproblem scheint aber zu sein, dass »Herstellen und Verwenden« als extremer Gegenpol des kognitivistisch verengten und tauschwertorientierten Unterrichtes prinzipiell als keine abgesicherte Lernform angesehen wird, die in den Themenkanon des Fachunterrichtes eingeordnet werden kann. Dass dieses sehr wohl möglich ist, zeigt folgendes Beispiel aus einem Leistungskurs(!) Biologie der Gymnasialen Oberstufe *(Denecke* 1982, 302ff.):

In den letzten Wochen war das Thema Energieproblem / Umweltbelastung unter biokybernetischen Gesichtspunkten behandelt worden. Der Gedanke, auch über eine Veränderung von Ernährungsgewohnheiten (z. B. Abbau energieaufwendiger Fleischerzeugung) zum Energiesparen beizutragen, führte zu der zunächst rätselhaft erscheinenden Frage: »*Wieviel Erdöl ißt der Mensch?*« Auf der Grundlage fundierter vorbereitender Sacharbeit in Kleingruppen wurden dann für einen Stand an »Projekttag« in der Schule hergestellt: selbstgemachte »alternative Speisen« (Gebäck, Brot, Salate, warme Gerichte), eine Plakatwand mit den von den Gruppen erarbeiteten theoretischen Informationen in anschaulich-graphisch gestalteter Kurzfassung, Handzettel mit Anregungen (z. B. Rezepten) und Denkanstößen; außerdem wertete eine Fragebogenaktion diese Initiative und ihre Wirkungen (»deutlicher« bis »erstaunlicher« Informationszuwachs!) aus.

Aber selbst wenn der Rahmen für ein Projekt aus Zeitgründen z. B. fehlt, lassen sich gerade die Elemente »Herstellen und Verwenden« auch im normalen Fachunterricht realisieren. *Maier* (1990, 195ff.) hat sogar für einen Bereich, in dem Handlungsorientierung vielfach für unmöglich gehalten wird, nämlich für den lateinischen Lektüreunterricht, überzeugende Beispiele entwickelt.

Nach der Lektüre von Cicero haben die Schüler einer 10. Klasse ein Hörbild zum Prozeß gegen den Kulturräuber Verres hergestellt: »Verres – Sensationsprozeß« ... Radiosprecher in München – Italienkorrespondent in Rom – Bericht aus der römischen Kurie mit Redeausschnitt – Report vom Schauplatz Messana – Sprecher im Studio Rom – Korrespondent in der Stadt Halunt – ... Polizeibericht von der Stadt Henna – Live-Einblendung in die Cicero-Rede in der Kurie – Interview mit Cicero. – Es leuchtet spontan ein, dass sowohl Schülerinteresse als auch der Effekt des Lateinlernens in solchen Verfahren gesteigert sind. Ein weiteres Beispiel für den Lateinunterricht beschreibt v. Wulffen (1997, 16ff.) – Und *Legutke* (1989, 102ff.) hat im Anschluß an Filme Ideen entwickelt, wie Schüler einen englischsprachigen kleinen Reiseführer ihrer Stadt (oder sogar über das »Other London«) anfertigen (6. Schuljahr) oder aus einer englischen Kurzgeschichte ein Drehbuch für einen Film machen (Klasse 10) u. a. in.

Ob nun ein Musikinstrument gebaut, ein alternatives Kochbuch geschrieben und vertrieben, Holzspielzeug angefertigt und zur Finanzierung der Klassenreise auf dem Wochenmarkt verkauft (was verboten ist ...), ein steinerner Brotbackofen auf dem Schulgelände errichtet oder eine Lateinvokabelhilfe für die nachrückenden Klassen als Broschüre erarbeitet wird (was mein eigener Lateinlehrer für Cäsars »De Bello Gallico« bereits vor fast 30 Jahren mit uns gemacht hat) – immer ist neben der Herausforderung von anspruchsvoller Fachgerechtigkeit mit dem Herstellen und Verwenden Sinnhaftigkeit, Bedeutung, Motivation, Aktivität und Gebrauchswertorientierung verbunden (wie *Vaupel* – 1996 – dies am Projekt »Entenpower« beeindruckend zeigt). Allerdings liegen Herstellen und *Verwenden* eng beieinander, andernfalls wandern schöne Modelle dann doch bald in den Keller, oder es wird »Edelschrott« produziert, den ernsthaft niemand verwenden oder abnehmen kann.
Aber auch wenn diese Bedingung nicht erfüllt werden kann, sind Produkte deshalb von hoher Bedeutung, weil sie der Interiorisierung von Handlungsabläufen dienen

(vgl. Kp. 2) bzw. verinnerlichte Handlungsschemata effektiv vergegenständlichen. Damit kommt dem selbstgebackenen Brot handlungstheoretisch gesehen eine größere Bedeutung zu als sauber abgeschriebenen Tafeltexten in einer Arbeitsmappe. So sinnvoll auch die Beschäftigung mit konkreten Gegenständen ist, so leicht bleibt diese allerdings unter dem Gesichtspunkt tätiger Aneignung *gesellschaftlicher Erfahrung* doch beschränkt. Über die biologischen oder physikalischen Seiten eines Gegenstandes hinaus müssen die spezifischen Erfahrungen von Menschen, die mit diesem Gegenstand als Teil ihrer realen Lebenspraxis umgehen/umgingen, erschlossen werden; d. h. gesellschaftliche Organisationsformen, die die Verwendung eines Gegenstandes bestimmen, müssen mit herangezogen werden *(Schaeffer* 1976, 109). Die gesellschaftlichen Prozesse, die mit der Entwicklung des Steinbackofens über das Dorfbackhaus und den kleingewerblichen Bäckereibackofen zum häuslichen elektrischen Backofen und zur industriellen Backfabrik verbunden sind, zeigen z. B. die jeweils herrschenden Formen von Arbeitsteilung, insbesondere die Abhängigkeit der Lebensweise von Frauen.

4.2.4 Beispiel: Erfahren und Erleben

Das Anknüpfen an die mitgebrachten, aktuellen *Spontan-Erfahrungen* der Schüler/innen ist sicher sinnvoll, reicht aber für den Unterricht als Prinzip ebensowenig aus wie das Einbringen gesellschaftskritischer, »progressiver« *Themen,* die die Schüler/innen z. B. als – gedachte – künftige Arbeitnehmer doch eigentlich interessieren müßten ... – Erfahrungsqualität erhält eine Thematik erst dann, wenn sie im Rahmen eines Handlungszusammenhanges mit individuellen und sozialen Aktivitäten der Lernenden verbunden wird. Dazu muß der *Unterricht selbst zur Erfahrung werden.* Erfahrungen können (vgl. »erfahrungsbezogener Unterricht« 1.2.5) didaktisch hergestellt und organisiert werden.
Nun scheint dies für sozialkundliche Fächer eher möglich als z. B. für Fremdsprachen. Aber auch Sprache kann als wirkliches Kommunikationsmittel *erfahren* werden, außerhalb der Schule, in Ernstsituationen. Die Grundidee des folgenden Beispiels, nämlich dass Englisch in authentischen Lebenszusammenhängen um uns herum zu finden ist, läßt sich in vielen Regionen konkretisieren und ist nicht an den »Airport« gebunden *(Legutke/Thiel* 1982, 288ff.).

In der zweiten Hälfte der 6. Klasse wurde, ausgehend vom Forscherdrang und von der Spontaneität dieser Altersgruppe, die Faszination eines Großflughafens genutzt. Nachdem Vorerfahrungen der Schüler mit Hilfe von Tafel und Arbeitsblättern aktualisiert worden waren, Erwartungen, Phantasien und Interessen in einem Plan für Gruppenarbeit Gestalt gefunden hatten, wurden Interviewsituationen auf dem Flughafen in Rollenspielen simuliert und sprachlich mit Hilfe schüleraktiver Methoden gründlich vorbereitet. Endlich war es dann soweit: Im Flughafen angekommen, machen sich die Kinder zuerst einmal mit dem Gebäude vertraut (z. B. Finden der engl. Begriffe für die Piktogramme). Dann folgt das spannende und sehr aufregende Interviewen von Reisenden mit Cassettenrecorder, Sofortbildkamera, Schreibzeug, Protokollisten und Cue-cards (Spickzetteln). Immer wieder spielt dabei der Stützpunkt in einer Ecke der Abflughalle eine zentrale Rolle bei Verständnisschwierigkeiten oder Pannen. Die Überprüfung der Mitschnitte ist wichtig. »Ich habe die ganze Nacht kaum geschlafen, weil ich gedacht hab', ich kann niemand ansprechen ... Aber das ist gar nicht so schwer« (S. 293), äußerte ein Schüler. Japaner, die noch schlechter Englisch können als die Schüler, der Bürgermeister von Nairobi und eine Pop-Gruppe sind unter den Interviewten. – Die Auswertung in der Schule erbringt viel Material für Follow-up activities, die Gruppenarbeit zeigt, dass Schüler/innen nicht erst auf eine spätere Reise nach England als Motivation zum Englischlernen verwiesen werden müssen, sondern dass sie die eigenen Erfahrungen festhalten und andern Gruppen mitteilen wollen und dabei – unterstützt durch gezielte Hilfen und Übungen – ihre sprachlichen Möglichkeiten erweitern.

Ein solches Erfahren und Erleben zeigt aber auch, dass J. Deweys Prinzip »learning by doing« auch im handlungsorientierten Unterricht nicht mißverstanden werden darf, als sei bereits irgendwelches Tun gleichzusetzen mit Lernen. Erlebnisse wie die auf dem Flughafen mit Sprache müssen durch Verarbeitungsprozesse unterstützt werden, um zu Erfahrungen zu werden und Sprachlernprozesse zu intensivieren. Eine völlig andere Art von Erfahrung, aber gleich wichtig, ist die *Erfahrung mit sich selbst* im Unterricht.

Die Gestaltpädagogik z. B. hat – wie ich finde – faszinierende Beispiele vorgelegt, wie Gefühls- und Körpererfahrung in den normalen Unterricht integrierbar sind. Aus Raumgründen kann ich auf zwei sehr überzeugende Erfahrungsberichte hier leider nur verweisen: B. *Galyean* »Gemeinsames Wachsen mit Gestaltmethoden im Französischunterricht« (in: *Petzold/Brown* 1977, 178 ff.) und M. *Rosenkranz* »Hände – eine Arbeit zur integrativen Körpererziehung« (in: *Brown* 1978, 115ff.). Die Gestaltpädagogik begreift Lernen als Kontaktprozeß und stellt die lebendige Beziehung zwischen Lerner und Thema in den Mittelpunkt. Denken, Fühlen und Handeln werden integriert, wobei auch meditative Verfahren, Phantasieübungen, Wahrnehmungsübungen, kreative Medien wie Masken, Puppen, Theaterspiel etc. eingesetzt werden. Es gibt inzwischen eine Reihe von unterrichtspraktischen Beispielen dafür, wie persönlich bedeutsames Lernen gefördert werden kann *(Burow/ Quitmann/Rubeau* 1987; PÄDAGOGIK H. 5/1990 »Gestaltpädagogik«, *Burow/Kaufmann* 1991, *Burow/Gudjons* 1994). – Faszinierende Grundlagenwerke zu gestaltpädagogischem Lernen sind die Arbeiten von *Fuhr/Gremmler-Fuhr* (1988, 1995). Einen mehr an der medizinisch-biologischen Sicht orientierten Versuch, den eigenen Körper (z. B. durch Massagen und Körpermessungen) einzubeziehen, beschreibt die *Bielefelder Lehrergruppe* (1979, 27ff.).

Auch gezielte *Gegen-Erfahrungen* zum Gewohnten im Leben der Schüler sind sinnvoll und notwendig. Angesichts der (in Kp. 1) beschriebenen Mediatisierung kultureller Aneignungsprozesse ist *Medienkritik* sicher wichtig. Noch geeigneter zum Aufbau eines kritischen Verhaltens beispielsweise gegenüber dem Fernsehen ist, einen *Film selbst herzustellen* und dabei die Erfahrung selbst zu machen, durch welche Techniken und Verfahrensweisen die Darstellung von Sachverhalten beeinflußt bis manipuliert werden kann *(Allerkamp* 1984, 267ff.). Die Bedeutung von Wirklichkeitsreduzierung, Perspektivität, Wirkungsabsicht usw. in bildlichen Darstellungen von Lebenszusammenhängen und Situationen kann auch in der Arbeit mit *Fotos* und im *Fotografieren* erfahren werden. Bilder bieten Anlässe zur Aneignung von Erfahrungen; und das Herstellen von Bildern läßt sich zugleich als ein eigener Aneignungsprozeß begreifen, bei dem sich im Bild nicht nur die wahrgenommene Situation vergegenständlicht, sondern auch die Art und Weise, *wie* etwas gesehen wurde (vgl. *Scheller* 1981, 182ff., *Tulodziecki* 1995).

4.2.5 Beispiel: Probieren und Studieren

Es ist fast schon trivial festzustellen, dass unter Aneignungs- und handlungstheoretischem Aspekt ein eigenes Ausprobieren durch Schüler besser ist als das Demonstrieren durch den/ die Lehrer/in, z. B. in einem physikalischen Versuch. Aber über das bekannte Schüler-Experiment hinaus meint »Probieren und Studieren« noch mehr: nämlich das, was F. *Copei* seinem berühmten Buch »Der fruchtbare Moment im Bildungsprozeß« bereits 1930 (1950, 2. Aufl.) so treffend beschrieben hat, noch längst bevor die kognitive Lerntheorie das entdeckende Lernen begründet. Darum ist an dieser Stelle ein *historisches Beispiel* angebracht, *Copeis* bekannte Szene von der *Milchdose* (ebd. 105f.).

Ein Junge hatte auf einer Schulwanderung eine Büchse Kondensmilch mitgebracht. Er sticht ein Loch hinein, um die Milch herauszugießen. Aber sie fließt nicht! Beim Schütteln spritzen auch nur ein paar Tropfen. Alles staunt. Ist das Loch zu klein? Verstopft? Die Milch zu dick? Auch nach vielem Probieren und Herumrätseln steht fest: es ist nichts vor dem Loch. Der Lehrer sagt nur ein Wort: »Nichts?« ja, schon etwas, aber doch nur Luft. Die Kinder probieren es mit einem zweiten Loch. Und siehe da: die Milch fließt! Aber nur solange man die Dose schräg hält. Senkrecht gehalten, fließt aus beiden Löchern wieder nichts. Die Kinder sind verblüfft. – Der Lehrer gibt keine Antwort, aber die Kinder wollen das am nächsten Tag in der Schule klären. Dort folgt dann eine genauere Untersuchung, Zwischenergebnisse des Probierens werden in Tafelskizzen festgehalten, Hypothesen über die »Kraft« der Luft aufgestellt und überprüft. Und plötzlich verstehen die Kinder die doppelte Druckbewegung der ausströmenden Milch und der einströmenden Luft. Die Versuche werden mit Wasser wiederholt, jedesmal das gleiche Ergebnis. Weitere Beispiele werden von den Kindern erzählt (volle Flasche ausleeren usw.) und belegen, dass sie die Druckwirkung der Luft verstanden haben.

Der »fruchtbare Moment« ist also nicht ein bloßes Evidenzerlebnis oder auch ein ren Erfassung« (S. 40) einer Lösung. Die Erkenntnis »dringt in die Tiefe des Objekts ein, und in dieser Verschmelzung mit dem Objekt erschließen sich die eigentlich bildenden Wirkungen der ›Sache‹« (S. 41). Schlicht gesagt: es macht »klick«, das Kind sagt: »aha«! – Natürlich ist darin auch ein Element von Zufall, aber der fruchtbare Moment stellt sich beim planlosen Herumprobieren nur selten ein. Copei hat darum Stadien genannt, die mit seinem Eintreten verbunden sind und den Moment erst zu einem »fruchtbaren« werden lassen: »Stutzen, Fragen, Vermutungenau geplantes Endergebnis einer Versuchsreihe, sondern ein Moment der »inne-

gen, Probieren und Beobachten, Ordnen der Fälle, Analyse der Einzelfälle, Vergleich, Feststellung des ganzen Prozesses, dann Einsicht in den Zusammenhang, ... Nachprüfung ... (an) andere(n) Beispiele(n)« (S. 107).
Probieren und Studieren (studium, lat. = Eifer!) fördert die Neugier, »Forscher«-Mentalität, exploratives Verhalten *(Berlyne* 1974). Der Ausgang muß in gewisser Weise offen sein, Mißerfolge sind möglich, Aporien, »kognitive Dissonanzen«, Konflikte sind ebenso zugelassen wie zunächst falsche Lösungen, aber auch Originalität und schöpferische Problemlösungen.
Die modernen Technologien »rund um den Computer« scheinen dazu völlig im Widerspruch zu stehen. Das stimmt dann, wenn Lernziele sich auf der Ebene von technischen Bedienungskompetenzen erschöpfen. Eine darüber hinausgehende Reflexions- und Urteilsfähigkeit zum Einsatz und zu den Auswirkungen der Informations- und Kommunikationstechnologien legt allerdings nahe, handlungsorientierte Unterrichtsformen zu entwickeln. Dies ist inzwischen mit sehr überzeugenden Beispielen geschehen *(Holtappels/Pfeiffer* 1990, 118ff.):

In einer Unterrichtseinheit »Warenhaus« wurde der Einsatz von Computern nicht nur bei den Vorgängen des Einkaufs und Verkaufs erprobt, sondern auch für die hinter den Kulissen ablaufende Steuerung des Warenflusses, des Kauf- und Kundenverhaltens und der Arbeitsplatzkontrolle. Die Schüler übernahmen dabei abwechselnd die Rolle von Filialleitern, Kunden und Angestellten eines Warenhauses, in dem ein modernes System mit Scannerkassen eingeführt wurde. In den spielerischen Simulationsabläufen und Rollenspielen sind Denken und Handeln verknüpft, Wirklichkeitsnähe und die Chance zum Ausprobieren unterschiedlicher Strategien schaffen Spannung und Motivation. Weitere Beispiele finden sich bei *Ritter* (1995), insbesondere für den Fremdsprachenunterricht.

Eine weitere Möglichkeit zum Simulieren betriebswirtschaftlicher Abläufe (kaufmännisches Lernen im Modellbetrieb) oder im Werkstattlabor haben *Halfpap und Mitarbeiter* entwickelt und gut dokumentiert *(Halfpap* 1993, 1994).

4.2.6 Beispiel: Zusammenarbeiten und Kommunizieren

Handlungsorientierung bezieht sich nicht nur auf gegenständliche oder symbolisch-abstrakte Aneignungsformen, sondern auf soziales Handeln. Wir haben bereits im Abschnitt über den Gruppenunterricht (1.2.7) gesehen, welche Vielfalt von Handlungsmöglichkeiten die pädagogische Gestaltung der Beziehungsebene bietet, d. h. in unserem Zusammenhang vor allem des (kommunikativen) *Umgangs miteinander* und der *Zusammenarbeit* untereinander. Eine Fülle praktischer Anregungen zur Verbesserung schulischer Kommunikation findet sich bei *Miller* 1996. Die absichtsvolle bewußte Entfaltung beider Bereiche wird im Begriff der »*Interaktionspädagogik*« als Arbeitsfeld und Ziel zusammengefaßt (*Gudjons* 2003).
Soziale Handlungselemente ergeben sich bereits bei der äußeren Gestaltung eines *Klassenraums*:

Gemeinsame Einrichtung mit Bildern, Collagen, auch Postern, Fotos, Zeitungsausschnitten, mitgebrachten Gegenständen (ich kenne z.B. Hauptschulklassen, die sich eine Tee-Ecke eingerichtet haben; die Fernseher, Radio und Tonband selbst organisierten; die eine kleine Bibliothek, eine Werkzeugsammlung zur Ausleihe, eine Plattenkiste zum Tauschen usw. besitzen); aber auch das Erproben verschiedener *Sitzordnungen* mit Beurteilung durch die Schüler, das Wechseln der Plätze nach einer festen Regel (z. B. anfangs:) jeder soll nacheinander mit möglichst vielen zusammengesessen haben – später: Wechsel nur zweimal im Monat u. ä.), Gruppentische (z. B. zur häufigen Kurzgruppenarbeit). – Aber »Gemütlichkeit« wird letztlich nicht durch das Interieur hergestellt, sondern durch Identifikation mit dem, was in diesem Raum an Erfahrungen und Erlebnissen (eben auch im Unterricht!) möglich ist. Auch der Klassenraum ist Gegenstand eines Lernprozesses, er muß *angeeignet* werden. Eine gute Möglichkeit dazu ist, die Produkte von Lernprozessen in seine Gestaltung einzubeziehen, so dass er dokumentiert und abbildet, was und wie in diesem Raum gelernt werden kann.

Will man soziale Handlungskompetenz einer Klasse oder Lerngruppe aufbauen, dann ist zu beachten: Eine Schulklasse wird nicht durch stilles Abwarten oder durch Zauberei zu einer effektiven Arbeitsgemeinschaft, sondern durch bewußte und gezielte Einflußnahme auf das Gruppengeschehen (*Stanford* 1980).

Immer wenn Gruppen *neu zusammengesetzt* werden – und das geschieht in einem sich differenzierenden Schulsystem ja bekanntlich zunehmend –, gibt es bei Schülern/ innen dieselben (heimlichen) Gefühle, z. B. Angst, Unsicherheit, Hilflosigkeit, Hoffnung auf Unterstützung, Bedürfnis nach Abgrenzung.

Hier schaffen *Kennenlern-Spiele* Möglichkeiten, sich mit der Frage des gegenseitigem Akzeptierens und des Angstabbaus direkt auseinanderzusetzen. Bereits einfache Spiele zum Lernen des Namens und zum Kennenlernen der Person haben hier ihre wichtige Funktion *(Gudjons* 2003, 49ff.).
Auch im späteren Unterricht vielseitig verwendbar (z.B. immer zum Einstieg in ein neues Thema, bei dem kontroverse Standpunkte möglich sind) sind Übungen/Spiele wie z. B. die *Meinungslinie:* Der/ die Lehrer/in stellt eine Frage, zu der möglichst unterschiedliche Meinungen bestehen (z. B.: »Soll die Bundesrepublik Waffen an Diktaturen liefern, wenn dadurch Arbeitsplätze bei uns finanziert werden können?«). – Die Schüler/innen stellen sich vor, durch den Klassenraum verliefe eine Linie: An der rechten Wand stehen alle, die extrem nein, an der anderen Wand die, die extrem ja sagen würden. Je nach Stärke ihrer Standpunkte stellen sich alle Schüler/innen entlang dieser gedachten Linie auf. – Dieses körperliche Ausdrücken eines »Standpunktes« ist ein viel reizvollerer Anlaß zur Diskussion als ein verbales »Meinungsbild«.

Stärker auf den Aspekt »Arbeitsgemeinschaft« bezogen ist die Entwicklung von Fähigkeiten, die zur produktiven und *kooperativen Aufgabenlösung* erforderlich sind. Auch hier kann mit Spielen und Übungen und deren gemeinsamer Auswertung ein Prozeß der Ableitung und rationalen Verständigung über Normen initiiert werden. Ausgezeichnete Möglichkeiten zum Training der *Informationskoordinierung* – eines Kernstücks jedes Kooperationsprozesses – liegen in *Rätselspielen:* Jedes Mitglied erhält (nur) eine Schlüsselinformation zu einer Aufgabe. Am Prozeß der Koordinierung dieser Informationen kann gelernt werden, dass die Gruppe nur erfolgreich zusammenarbeitet, wenn jedes Mitglied verschiedene Formen der Selbstverantwortung zeigt (z. B. die eigene Information deutlich einbringt, anderen genau zuhört, den Stellenwert des eigenen Beitrags richtig einschätzt, ggf. eigene Informationen zurückstellt, nach anderen fragt, den Überblick über den Zusammenhang behält usw.). An der arbeits- und gruppenbezogenen Auswertung dieser Rätselspiele lassen sich hervorragend erfahrungsorientierte Regeln ableiten und Normen entwickeln. Schließlich liegt in der Fähigkeit, angemessene *Rückmeldungen* (feedback) geben zu können, eine Grundlage für die Bewältigung von Aufgaben. (*Gudjons* 2006, 113ff.) Auch hierzu ein typisches, in der Verwendung sehr variables *Beispiel:*

Kleiner Gruppenspiegel: – Jede/r Teilnehmer/in füllt nach der Arbeit einen kleinen Fragebogen aus, wobei die Durchschnittswerte der einzelnen Fragen diskutiert und vor allem mit der eigenen Einschätzung verglichen werden. Das Gespräch über Gründe soll jeweils in Überlegungen zur Veränderung münden. Beispiele für Fragen bzw. Statements: Ich fühle mich in dieser Gruppe wohl (1 = völlig, ... bis 5 = überhaupt nicht). Das Thema interessiert mich (1 ... 5). Wenn ich etwas sage, fühle ich mich von den anderen verstanden (1 ... 5). Ich fühle mich in der Gruppe frei und nicht unterdrückt (1 ... 5) (u. a. m.).

Jede Gruppe wird auch Phasen verstärkter *Konflikte* durchmachen. Hilfen zur Konfliktlösung liegen vor allem im Beachten (und im nicht-wertenden Akzeptieren) des gefühlsmäßigen Hintergrundes von Äußerungen, im Einüben von »Ich-Botschaften« (*Gordon*), im Abklären von nicht geäußerten Hintergrund-Bedürfnissen (Was möchte ich eigentlich?), im Suchen von Lösungen, bei denen keiner verliert. Gelegentlich kann auch ein Rollentausch (Kontrahenten setzen sich jeweils auf den Stuhl des Gegners und fühlen/denken sich in dessen Anliegen hinein) nützlich sein, ebenso wie ein gemeinsames Brainstorming der Kontrahenten zur Entwicklung von Lösungen, denen beide zustimmen können.
Ein umfassendes praktisches Modell eines kommunikationsfördernden Unterrichts ist die Themenzentrierte Interaktion von Ruth *Cohn* (*Cohn/Terhart* 1993).

4.2.7 Beispiel: Phantasieren und Experimentieren

»Ich spinne, also weiß ich« lautet die Überschrift eines Artikels von J. *Fröchling* (1986, 24) über »Erkenntnisgewinnung durch Phantasie beim Schreiben«. Phantasie muß gefüttert werden, um sie zu entwickeln. Ich möchte dies am Beispiel des Deutschunterrichtes zeigen. Eine vorzügliche Möglichkeit ist das »Kreative Schreiben«, das aber nicht nur im Deutschunterricht, sondern allen Fächern, die sprachlich orientiert sind, realisiert werden kann *(Brenner* 1990).
Praktisch heißt das zunächst einmal, die Phantasie im *Selbst-Schreiben* zu mobilisieren und sich auch andern mitzuteilen. I. *Meckling* hat für den handelnden Umgang mit selbstgeschriebenen Texten im Unterricht einige bewährte Verfahren entwickelt. *Ein Beispiel:*

– *Antwort mit Echo-Texten:* Der Autor liest seinen Entwurf ein bis zwei Male vor, und die anderen reagieren darauf schreibend. Hierbei kann der Zuhörer das Vorgelesene in Ruhe auf sich wirken lassen und seinen Eindruck in abgewogene Worte fassen. Es ist ratsam, auf Bilder auch mit Bildern zu antworten, weil so das Echo dichter und die Gefahr von Mißverständnissen weitaus geringer ist *(Meckling* 1986, 8).

Nun geht es im Deutschunterricht aber nicht nur um eigene Texte, sondern um die Aneignung des »kulturellen Erbes« der Literatur, z. B. der Lyrik. Aber phantasievoller, aktiver Umgang mit der in ihr unzutreffenden Sprache führt nicht von der Literatur weg, sondern zu ihrem besseren Verstehen (z. B. Lyrik verstehen durch Lyrik schreiben). Die Schüler/innen lernen leichter, wenn sie über den Gegenstand nicht nur das aufnehmen, was der/die Lehrer/in vermittelt (Fremdwissen), sondern selbst aktiv mit ihm umgehen, d. h. eigene produktive Erfahrungen mit ihm machen, entweder durch kreative Veränderungen oder durch Übernahme des wesentlichen Gestaltungsprinzips in einem eigenen Text.

Ein *Beispiel:* P. *Handkes* »Wortverfolgungen« und seine Texte, die »Verschüttungen« an's Licht holen:

»Eine ganz simple Methode, um Verschüttetes ins Licht zu holen, besteht darin, gängige Formulierungen in ihr Gegenteil zu verkehren. Schon bei den ersten Versuchen läßt sich die Entdeckung machen, wie viel wir übersehen, weil in der Sprache üblicherweise nur eine Hälfte artikuliert wird. Ein Satz einer Schülerin, nachdem sie sich etwa eine Viertelstunde mit der Methode beschäftigte: Nicht mein Opa war im Krieg, sondern Krieg war in meinem Opa.« *(Meckling* 1986, 31)

Wie ein Stück Realität, die sonst nicht greifbar ist oder übersehen wird, wieder zurückgeholt werden, wie Details einer nur scheinbar irrealen Welt in das Handlungsfeld des / der Schüler/in eingebracht werden können, zeigt H. D. *Müllers »Leerstellenspiel«*:

»In der Kurzgeschichte von Ilse Aichinger *Das Fenstertheater,* lehnt eine Frau am Fenster und sieht hinüber auf die andere Straßenseite, wo ein alter Mann an seinem Fenster merkwürdige Kunststücke vollführt und Grimassen schneidet. Tief beunruhigt, befürchtet sie Schlimmes. Als sein Gesicht ... wieder auftauchte, hatte sie schon die Polizei verständigt. Der Text geht dann weiter, und wer ihn kennt, der weiß, dass sich die Sache ganz harmlos dadurch aufklärt, dass der Alte lediglich mit einem kleinen Kind, das aus einem Fenster gegenüber zusah, gespielt und gescherzt hatte. Anstatt dass nun der Lehrer bei der Besprechung oder Erarbeitung der Geschichte fragt: Was hat die Frau wohl über den alten Mann gedacht, dass sie die Polizei verständigt hatte?, läßt Müller schlicht und einfach ihr Telefongespräch mit der Polizei *spielen:* Eine Schülerin verschwindet hinter einem Wandschirm (der Landkarte) und realisiert das Telefongespräch, das im Text ja nur angedeutet, aber nicht ausgeführt war. Der Wandschirm realisiert den fehlenden Sichtkontakt, der für telefonische Kommunikation ja bezeichnend ist.« *(Joerger* 1980, 103)

Das »Leerstellenspiel« ist eine methodische Möglichkeit, Ausschnitte der Wirklichkeit, die für Schüler/innen derzeit nicht »erreichbar« sind, durch »Probehandeln« nachvollziehbar und erfahrbar zu machen.

Eine andere Möglichkeit der Betätigung von Phantasie liegt in ruhigen Entspannungs- und Konzentrationsübungen, z.B. im Englischunterricht *(Löffler* 1989, 6off.), die gleichzeitig sprachliche Kompetenzen fördern. Die folgende Phantasieübung bezieht innere Bilder und Assoziationen ein.

»My favourite flower«. You have discovered your favourite flower – a beautiful flower, and you watch one of its buds. Time goes by and slowly the flower opens. Watch it as the petals move and give way and open up – you can see the tender petals and the deep colour inside the flower. It opens up completely and the sunshine enters the depth of the flower. It is a wonderful moment. Can you see your flower now ... Can you tell us about your flower?

Gelenkte Phantasien lassen sich auch als Zugang zu literarischen Texten nutzen *(Bleckwenn/Loska* 1988, 25ff.). Die Imaginationsübung »Rosenbusch« (die Schüler verwandeln sich in der Phantasie körperlich zu einem Rosenbusch und erleben ihn in allen Einzelheiten) z. B. wirkte sich positiv aus bei der Lektüre der motivverwandten Erzählung »Der spanische Rosenstock« (die Beziehung eines Liebespaares wird hier symbolisch durch einen Rosenbusch in seinem Blühen, Welken, Weiterwachsen dargestellt).

Schließlich helfen meditative Methoden, eine Verbindung von Geist und Körper (wieder)herzustellen *(Boden* 1988, 36ff.): Meditatives Musikhören und Malen, Zeichnen, Modellieren; Bildmeditation mit meditativer Musik; meditative Musikimprovisation; Bewegung und meditative Musik u. a. m. (vgl. auch PÄDAGOGIK H. 12/1994).

4.2.8 Beispiel: Tätigsein und Verantworten

Hannah *Arendt* hatte von der »Unabsehbarkeit menschlicher Taten« gesprochen (vgl. S. 66). Können Schüler/innen lernen, die Verantwortung für die Folgen ihrer Tätigkeit zu übernehmen? Oder wie können sie es lernen, überhaupt erst einmal ihre eigene Tätigkeit selbstverantwortlich zu steuern? Drei Beispiele sollen Wege dazu zeigen: Selbstplanung im offenen Unterricht, Verantwortung für ein Fest und die Fahrradwerkstatt.

Die Versuche, bereits in der Grundschule *freie Arbeitsphasen* und *offenen Unterricht* einzuführen (vgl. 1.2.3), sind ermutigend. Gerade freies Arbeiten ist eine gute Gelegenheit, schrittweise die Planung eigenen Lernens selbst in die Hand zu nehmen. Freinet hat betont, wie wichtig das Aufstellen von *Arbeitsplänen* für die Schüler/innen ist. In Freinet-Klassen stellt sich jede/r Schüler/in montags zu Beginn des Unterrichts seinen/ihren individuellen Wochenarbeitsplan auf, unter Angabe der zu benutzenden Arbeitskarten, Vorhaben, Themen, Versuche etc. Dieser Plan dient am Ende der Woche zugleich der Selbstkontrolle. Schüler/innen lernen zielbewußtes, planvolles, selbständiges und selbstverantwortliches Arbeiten. In Verbindung mit den für die Einzelteile erreichten Benotungen ergibt sich über längere Zeit eine anschauliche persönliche »Leistungskurve«, die Freinet zusammen mit den Arbeitsplänen regelmäßig von den Eltern unterschreiben läßt (*Jörg,* in: *Freinet* 1965, 205ff.).

Auch Arbeitspläne für die gesamte Klasse im Rahmen offener Unterrichtsphasen (*Scheel* 1978, 41) helfen, selbsttätig schrittweise Eigenverantwortung zu übernehmen. Ein Angebot noch so reichhaltiger Materialien aller Art reicht – auch wenn es Voraussetzung für freies Arbeiten ist allein nicht aus, weil es zwar zum Tätigsein reizt, – aber noch nicht den längerfristigen Prozeß des Lernens von Verantwortung strukturiert (*Wallrabenstein* 2001, *Vaupel* 1996).

Im Beispiel »Arbeitsplan« zielen Tätigsein und Verantwortung auf *sachbezogenes* Lernen und auf die *eigene* Person. Aber handlungsorientierter Unterricht enthält auch das Element der *sozialen* Verantwortung. Ob dies in Partnerschaften zu Kindern oder Projekten aus der 3. Welt, in der Betreuung schwächerer Schüler/innen oder in Partnerschaft zu Schulanfängern realisiert wird, ist sekundär. Wichtig ist in unserem Zusammenhang, dass Schüler/innen lernen, die Folgen ihres Handelns sinnlich und direkt zu erfahren und Verantwortung zu übernehmen.

Eine Lerngruppe mit ausländischen Schülern einer Haupt- und Realschule plant ein *Fest mit ausländischen Mitbürgern*. In Gruppen werden Programmpunkte erarbeitet (Spiele, Sketche usw.). Dekorationen werden hergestellt, Essen und Trinken vorbereitet, Einladungen entworfen u. a. m., dies alles in einfachster Form, damit auch die nicht gut deutsch sprechenden Schüler/ innen mitarbeiten können. Die sprachliche Kommunikation wird als besonderes Feld der Verantwortung für das Gelingen des Festes begriffen: Am Festabend werden die ausländischen Eltern, die Lehrer/innen, deutsche Schüler/ innen in einer vorher geschickt überlegten Tischordnung durcheinander plaziert, wobei besonders darauf geachtet wird, dass überall ein »Dolmetscher« dazwischen sitzt. Planung und Durchführung des Festes haben zahlreiche Tätigkeiten mit der Übernahme der Verantwortung für das geplante Handeln (»Gelingen des Festes«) verbunden *(Schüttler* 1982, 314ff.).

Unser drittes Beispiel ist die Einrichtung einer Fahrradwerkstatt in einer Berliner Gesamtschule *(Schuhknecht* 1988, 47f.). Natürlich mag man einwenden, dass die Schule mit wöchentlich zwei Doppelstunden für Projektarbeit besonders günstige Bedingungen hatte.

Aber der Aufbau einer Fahrradwerkstatt und eines Fahrradverleihs bot trotzdem genug Hindernisse: Geld wurde viel zu spät bewilligt, Diebstähle und Zerstörungen hemmten die Arbeit, Unlust, Nachlässigkeit und anfängliche Unfähigkeit bremsten den Enthusiasmus erheblich. Aber Tätigsein hing mit Verantwortung zusammen: Der Bau des projektierten Fahrradanhängers konnte nur gelingen, weil Fehler sich unmittelbar auf die Funktionsfähigkeit ausgewirkt hätten und fehlende »Arbeitsmoral« das Unternehmen hätte scheitern lassen.

4.2.9 Beispiel: Eingreifen und Verändern

Einen Mißstand zu beseitigen, ein Defizit zu beheben oder etwas für Menschen und ihre Umwelt Sinnvolles selbst zu gestalten, bringt ein Maß an Befriedigung und Sinnhaftigkeit in den Unterricht, das dem Bezug der Schule zum Leben eine neue Qualität gibt. Beispiele zur handlungsorientierten Umwelterziehung finden sich z. B. bei *Messner* 1994.

Vielleicht ist es aber auch ganz sinnvoll, die Ziele gar nicht so weit zu stecken (und die Typhusverseuchung zu bekämpfen wie im klassisch-berühmten Projekt von Collings aus den 30er Jahren), sondern beim Nächstliegenden anzufangen, – z. B. beim *Schulhof.*

Der Band »Neue Schulhöfe« von P. *Kraft* (1980) enthält neben zahlreichen Anregungen zur Gestaltung von Schulhöfen durch Spielgeräte, Piktogramme für Betätigungen, Murmelbahnen, Reifenpyramiden zum Klettern u. v. a. auch den Bericht über eine Hauptschulklasse, die unter dem Motto »Spielen statt kloppen« den Schulhof ihrer Schule »eingreifend« verändert hat. Eine andere Klasse *(Rademacher* 1990, 132ff.) hat auf dem Schulhof als Abschiedsgeschenk an die Schule eine Sonnenuhr gebaut, die auf einen flachen Findling gesetzt wurde und im Prozeß der Herstellung zu einer Fülle von astronomischen, physikalischen, ästhetischen, geschichtlichen u. a. Lernprozessen führte.

Ein weiteres Beispiel ist die Neuanlage eines Schulhofes als ökologisches Langzeitprojekt eines Gymnasiums *(Clasen/Gasow-Weiland* 1996).

Ob die Pausenhalle, eine Schülerdiscothek, das Schullandheim einer Schule, der Ausbau eines Spielplatzes, eine Schulordnung aus der Sicht der Schüler oder auch der eigene Klassenraum Ziele des Eingreifens und Veränderns werden können, hängt neben der Initiative einer Gruppe auch davon ab, wie mit den *Widerständen* der rauhen Wirklichkeit umgegangen wird. Vorschriften, Instanzenwege, bürokratische Prozeduren, Geldknappheit, Raum-, Werkzeug- und Materialprobleme, Antizipation des Scheiterns noch vor Start der Aktivitäten u. a. m. können sehr rasch die Hoffnungen auf Realisierung von Veränderungsabsichten zunichte machen. Hier kann z. B. die Zusammenarbeit mit Bürgerinitiativen wichtige Erfahrungen vermitteln. – Manchmal sind es aber auch schon ganz kleine Aktionen, die mithelfen können, das Bewußtsein von Menschen zu schärfen oder zu verändern (vgl. die Verbraucheraufklärung im »Täglichen Kleinprojekt« (S. 123).) Und warum soll nicht schon einiges gewonnen sein, wenn Besucher der Aufführung eines selbstgeschriebenen Theaterstückes nach *L. Ossowski's* »Stern ohne Himmel« zu einer veränderten Sicht des Themas Judenverfolgung im NS-Deutschland kommen *(Krause/Kressel* 1983)?

4.2.10 Beispiel: Klassenreise und Schulleben

Die begründete These vom »Erziehungsdefizit der Schule« *(Keck/Sandfuchs* 1979, 24ff.) hat eine erhebliche Aufwertung des *Schullebens* – d.h. der den Unterricht begleitenden Bedingungen, Aktivitäten und Erfahrungsmöglichkeiten – in den letzten zehn Jahren zur Folge gehabt. Damit rückt insgesamt die Kultur der Einzelschule wieder in den Vordergrund (PÄDAGOGIK H. 7/8, 2007). Auch in der Praxis von *Klassenreisen* hat sich einiges verändert. Klassenfahrten werden als Erfahrungsfeld gestaltet, das eine Fülle von »lebensechten« Handlungsmöglichkeiten bietet.

Die Stefanschule in Flensburg *(Homfeldt/Kühn* 1981) führt Klassenreisen mit dem *Prinzip der Selbstregulation* der Schüler/innen durch. *Lernen im Lebenszusammenhang* selbst, dies beginnt bereits mit der Planung: Schüler/innen wählen Zielort und Unterkunft (meist Ferienhäuser in Dänemark) selbst aus, regeln den Transport, erstellen Belegungspläne für die Häuser, kaufen nach dem Essensplan die Vorräte ein, sie reinigen die Häuser selbst, erstellen Regeln, die für alle gelten sollen (Rauchen, Alkohol, Tagesrhythmus) etc. und erfahren dabei, dass nichts klappt, – außer man macht es selbst: sie lernen Verbindlichkeit. Trotz intensiver Planung schafft die Klassenfahrt selbst aber ihre eigene Praxis, in der lebensrelevante Fähigkeiten in größerem Umfang gelernt werden können als in mancher Unterrichtsstunde.

Weitere Beispiele – besonders als Kontrastprogramm für konsumverwöhnte Kids – enthält das Heft »Klassen reisen« von PÄDAGOGIK (H. 4/1990). Lehrer haben es gewagt, ihren Schülern Arbeit in einem Katastrophengebiet zuzumuten, steile Felsen und wilde Bäche zu überwinden, das Wattenmeer zu untersuchen, sich der Disziplin (aber auch der Romantik) eines Segeltörns auszusetzen, – und sind mit begeisterten Schülern zurückgekommen. Lernen durch Hinausgehen, nicht: erst lernen, dann später hinausgehen und das Gelernte (vielleicht) gebrauchen können. Das ist ein zentraler Aspekt der »Didaktik der Freizeit« *(Nahrstedt).*

Im Gegensatz zum modernen Massentourismus sind Klassenfahrten unter freizeitpädagogischen Gesichtspunkten auch eine Möglichkeit, selbst reisen zu lernen und nicht »bequem gereist zu werden«. Lehrer, Studenten und Schüler haben im *Verein »Reisen – Freizeit – Lernen e. V.«* (Krottorfer Str. 18, 57482 Wenden, Tel. 0 27 62 / 74 97) ein organisatorisch erprobtes Konzept zum handlungsorientierten *Reisen und Lernen«* entwickelt. Das Angebot richtet sich an alle Schulen in Deutschland. Es umfaßt insbesondere

– *Abenteuer- und Erlebnisreisen* (z. B. Erleben der Natur bei Wildniswanderungen, Floß-, Schlauchboot- und Kanufahrten mit intensivem Bezug zur Landschaft und Herausforderung körperlicher Anstrengung)
– *alternative Studienreisen* (z. B. Schule auf Rädern, Flußkreuzfahrten und Städteexkursionen mit neuen Formen des Erkundens, mobile Schullandheimaufenthalte mit Teilnahme an ökologischen Initiativen und Projekten)
– *workcamps* (z. B. zur Herstellung künstlerischer Produkte oder zur Mitarbeit in Bürgerinitiativen)
– *sozialpädagogisch orientierte Ferienlager* (z. B. gemeinsam mit behinderten Kindern).

Schließlich ist das Beispiel gemeinsam mit türkischen Schülern durchgeführter *Klassenfahrten in die Türkei (Jungblut/Röhring* 1984, 542ff.) als Großprojekt ebenso zu nennen wie die umfangreiche *Projekterfahrung* im normalen *Schullandheim (Verband Deutscher Schullandheime* 1979).

»Handlungssituationen in den (Fach-)Unterricht integrieren«, – das war das Ziel aller Beispiele bisher. In jüngster Zeit ist eine Fülle weiterer Möglichkeiten erprobt worden, die von der »Projektgruppe Praktisches Lernen« (Universität Tübingen) angeregt wurden. Besondere Bedeutung erhält diese Initiative dadurch, dass sie mit der Robert-Bosch-Stiftung/Stuttgart zusammenarbeitet, die seitdem eine finanzielle Förderung besonderer Projekte praktischen Lernens in allen Schulformen und Bundesländern ermöglicht. Praktisches Lernen in den Fächern Mathematik und Naturwissenschaften wurde dokumentiert bei *Münzinger/Liebau* (1987), in Fremdsprachen bei *Edelhoff/Liebau* (1988), in Arbeitslehre bei *Fauser/ Konrad/ Wöppel* (1989), allgemein in der Serie »Praktisches Lernen« (PÄDAGOGIK H. 9-12/1989). Grundsätzlich reflektiert wurde es in der Neuen Sammlung (H. 3/1990).

Doch zurück zum (Fach-)Unterricht. Handlungsorientierte Unterrichtsformen bieten auch die Möglichkeit, andere Formen der Auswertung und Leistungsbeurteilung als Klassenarbeit und Test zu realisieren.

4.3 (Fach-)Unterricht handlungsorientiert auswerten – Lernkontrolle und Zensuren

In einer handlungsorientierten Unterrichtsauswertung sind im Unterschied zur traditionell üblichen Beschränkung auf die Leistungsbewertung der Lernenden zwei *Aspekte* gemeint:
– die Auswertung (insbesondere handlungsorientierter Phasen) des *Unterrichts,* gemeinsam mit den Schülern/innen
– und die Feststellung/Überprüfung des Lernzuwachses bei den einzelnen Schülern/innen.

Gegenstand einer Nachbereitung sind also nicht nur Kontrollen der Unterrichtsergebnisse bei den Lernenden, sondern auch die Reflexion des abgelaufenen Unterrichtes. (*Creutz*, 2008) (Damit wird übrigens auch das Lehrer/inverhalten prinzipiell Gegenstand der Auswertung). Wenn Unterricht unter Mitplanung durch Lernende realisiert wird, müssen diese selbstverständlich auch in das kritische Auswerten einbezogen werden. Leitendes Prinzip dabei ist, auch bei der Überprüfung des Erfolges die Handlungsorientierung so weit wie möglich konsequent durchzuhalten. Das ist angesichts der *Dominanz traditioneller Prüfungsrituale* (vom Test über die Klassenarbeit bis zur mündlichen Leistungsüberprüfung) ein ungeheuer schwieriges Unterfangen. Aber auch in der Auswertung einer relativ herkömmlich abgelaufenen Unterrichtseinheit können Lernkontrollen und – sofern überhaupt gewünscht – auch die Auswertung des Unterrichtsverlaufs in Einzelelementen handelnd gestaltet werden. Die unten angeführten Beispiele sollen ermutigen, in dieser Richtung weiterzudenken.

Eine handlungsorientierte Unterrichtsauswertung besteht genaugenommen in einem nicht lösbaren Konflikt bzw. Spannungsverhältnis zum herkömmlichen Leistungsverständnis und den daraus folgenden Verfahren der Leistungskontrolle und vor allem der Leistungsbewertung durch Zensuren (vgl. *Jürgens* 2005, *Bohl* 2006). Wie will man die in einer intensiven Erkundung entstandene neue Einstellung eines/r Schülers/in zu Behinderten und ihren Alltagsproblemen zensieren, wie die kommunikative Fähigkeit, Gefühle äußern und Beziehungen gestalten zu können, benoten? Nicht die Fähigkeit, auf Lernziele hin operationalisiertes Wissen in einer genau definierten Zeit (40 Minuten-Klausur) ritualisiert reproduzieren zu können, steht im Mittelpunkt eines handlungsorientierten Leistungsbegriffes, sondern »kooperative Produktivität in einem Betätigungsgebiet« (*Frey* 2007,189). Damit wird der Leistungsbegriff nicht gerade einfacher, Leistung erst recht nicht besser meßbar, aber es treten Konkurrenz, Herstellen von Unterschieden zwischen Individuen, Einzelprüfung und Tauschwertcharakter von Zensuren in den Hintergrund. Allerdings setzt auch hier eine Kritik handlungsorientierter Unterrichtsformen mit einem gewissen Recht an: Die Lehrkraft muß unbedingt auf die inhaltliche Qualität handlungsorientierter Unterrichtsformen achten! Spielen kann zur Spielerei werden, Herstellen zur Bastelei, Erkunden zur Stippvisite, Phantasiereise zur Träumerei – kurz: Die inhaltliche Qualität erweist sich nicht selten als »Achillesferse« handlungsorientierter Formen (*Grammes* 1999). Die Auswertungsphase muß eindeutig die Qualität des Lernprozesses legitimieren können. Andernfalls sollte man lieber gleich ganz offen eine entspannende Spielstunde mit den Schülern und Schülerinnen machen ...

Zur Auswertung des Unterrichtes: In gewisser Weise sagt ein erstelltes Produkt oder ein gelöstes Problem »selbstredend« etwas über den Unterrichtserfolg und sind auch schon Leistungsnachweis genug: Ein funktionierender Sonnenkollektor, ein erfolgreich aufgeführter Film oder ein restauriertes Haus »sprechen für sich«. Eine eigene Reflexionsphase ist aber in der Regel nötig, um die *Qualität der Handlungsprozesse* zu prüfen, die zum Produkt geführt haben, bzw. um handlungsorientierte Phasen ohne greifbares »Produkt« kritisch zu analysieren und zu bewerten.

Praktische Hilfsmittel dazu sind z. B.
- *ein Fragenkatalog,* der die Anfangsziele und die Planung auf die Ergebnisse des Unterrichtes bezieht und der gemeinsam bearbeitet wird
- eine vom/von der Lehrer/in ausgeteilter *Fragebogen* mit offenen Fragen oder Antworten nach dem Multiple-choice-Verfahren oder auch Skalierungen zur Bewertung von Statements oder Fragen *(Fuhr* 1979, 107f.)
- *feedback-Instrumente, (Gudjons* 2006, 113ff.)
- *Rollenspiele,* die bestimmte Phasen, Probleme oder Aspekte rückblickend noch einmal thematisieren
- *Protokolle, gefilmte* Teile der Arbeit oder auf andere Weise dokumentierte Prozesse können Gesprächsgrundlage sein

– von *Schülerlnnen allein strukturierte Auswertungsgespräche* (z. B. Diskussionsleitung durch eine Schülerin oder einen Schüler)
– schließlich Portfolios als Dokumentationen von Arbeitsprozessen und als Grundlage der Auswertung (*Brunner* 2008)

Zur Feststellung des individuellen Lernzuwachses (Lernkontrolle): Seien wir nicht blauäugig. Im gegenwärtigen Schulsystem wird die Selbstproduktion der Schüler/innen als handlungsfähige Subjekte dominiert von der Selektion für verschiedene Entfaltungschancen *(Schulz* 1981, 3. Aufl., 135). Dennoch ist die Selbstkontrolle im Lernprozeß unerläßlicher Bestandteil rationalen Handelns. Außendruck entfällt umso mehr, je stärker die Lernenden an der Zielbestimmung, an der Strategieentwicklung zur Erreichung dieser Ziele und an deren Realisierung im Unterricht beteiligt waren. Insofern ist die Selbst-Evaluation umfassendes Anliegen des handlungsorientierten Unterrichtes.

Trotzdem: Irgendwann kommen die Zensuren. Die Zensierungsproblematik stellt sich vor allem dann, wenn handlungsorientiertes Lernen nicht in einer zensierungsfreien Projektwoche, sondern im ganz alltäglichen Fachunterricht geschieht. Es führt (trotz der vernichtenden Kritik an der Ziffernnote) längerfristig kein Weg an der Zensur oder an der Punktvergabe vorbei. Darum ist es gerade für handlungsorientierte Phasen im Unterricht unbedingt notwendig, den Schülern/innen offen und klar zu sagen, auf welche Weise und für welche Leistungen wann Noten gegeben werden müssen, oder sich zu verständigen, einzelne Elemente von Handlungsorientierung ausdrücklich aus diesem Zwang herauszunehmen!

Abschließend stelle ich eine Reihe von praktischen Möglichkeiten vor, Selbstkontrolle von Lernergebnissen durch Handlungsmomente zu ermöglichen.

– *»Expertenbefragung«:* Eine Kleingruppe wird von den andern Schülern/innen mit Fragen zur ihr vertrauten Sache konfrontiert. Die Fragen sollen möglichst (evtl. in Kleingruppen- oder Partnerarbeit) vorbereitet werden. Auch der/die Lehrer/in kann Fragen stellen. – Eine sinnvolle Hausaufgabe: Fragen zu sammeln und zu formulieren. – *Variante,* die außerordentlich spannend und aktivierend ist: *Rollentausch,* der/die Lehrer/in wird als »Schüler/in« befragt. Ich habe noch keine Klasse erlebt, die nicht mit einer gewissen Schaden(vor)freude hochkonzentriert auf Fehler des/ der Lehrers/in gewartet hat, – und durch das aufmerksame Verfolgen dieser Befragung (ungewollt) selbst viel gelernt hat ...

– *gemeinsame Entwicklung eines Tests:* Die Klasse trägt Fragen auf Karteikarten zusammen (mit Antworten auf der Rückseite). Dabei können wichtige Fragen auch vom/von der Lehrer/in selbst eingebracht werden. Für den endgültigen Test wählt der/die Lehrer/in einige Aufgaben aus (*Wagner* 1985, 19)

– *»Situationstest«:* eine auf das Sachthema (z. B. Atomkraft) bezogene Situation schildern (wie der Anfang einer Geschichte, die fortgesetzt werden soll: »Im Bus las Peter eine Zeitungsüberschrift: ›AKW abgeschaltet‹, die ihm nicht aus dem Kopf geht. In der Schule fragt er seinen Freund, warum man das gemacht hat und ob da wieder Grüne am Werk waren. Der antwortet: ... «) oder die Vorgabe einer Situation für eine Kleingruppe, die kooperatives Arbeiten erfordert, oder die Vorgabe von

Gegenständen, die mit einer Aufgabenstellung verknüpft sind. Situationen müssen dabei mit jenen verwandt sein, die in der unterrichtlichen Arbeit vorgekommen sind *(Frey* 2007, 190ff.)
- eine *Klassenarbeit kooperativ schreiben,* entweder indem eine zeitlich begrenzte Phase gegenseitigen Befragens, der Ideensammlung und Diskussion am Anfang ermöglicht wird *(Boettcher* u. a. 1976, 198) oder indem Partner sich gegenseitig helfen, anregen und korrigieren dürfen *(Wagner* 1982, 95)
- *Schülerbeurteilungen einbeziehen:* Nachdem der/die Lehrer/in z. B. einen Aufsatz korrigiert und seine/ihre Kommentare separat notiert hat, erhalten Kleingruppen die Hefte jeweils einer andern Kleingruppe, arbeiten diese arbeitsteilig durch, diskutieren und bewerten sie, anschließend Vergleich mit dem Lehrer/inurteil, bei Unterschieden in der Note nochmalige Besprechung zwischen Gruppe und Lehrer/in *(Fuhr* 1979, 120f.)
- eine *Wandzeitung anfertigen* durch eine Gruppe oder eine/n einzelne/n zu einer Aufgabenstellung, die Themenaspekte zusammenfassend festhält. Notfalls geht es auch durch ein *Referat* einer Gruppe oder von einzelnen zu einem Themenaspekt, evtl. mit Beurteilung durch die Klasse
- ein *Lerntagebuch,* in dem während der Arbeit Berichte von einzelnen über Lernerfolge und -schwierigkeiten, zu inhaltlichen Schwerpunkten, Leistungseinschätzungen während einzelner Phasen festgehalten und mit Lehrer/innenkommentar versehen wurden, als *lernprozeßbegleitendes* Instrument der Steuerung und Kontrolle.
- einzelnen Schülern oder der Klasse einen *Brief schreiben* zu Erfolgen, Lücken, Vorschläge für weiteres Arbeiten u. a. m.
- der gesamten Kleingruppe *dieselbe Note* für eine Leistung geben (aktiviert die Mitglieder)
- *schriftliche Arbeiten* so anlegen, dass sie sinnvoll *ins Projektergebnis eingebaut* werden können, z. B. Aufsätze als Teil einer Ausstellung
- auch *schriftliche Ergebnisprotokolle* können helfen, den eigenen Lernprozeß zu überprüfen
- schließlich kann man vermeiden, dass bei sehr stark arbeitsteiliger Gruppenarbeit die Ergebnisse zu speziell werden, indem man *entdeckungsorientierte Querschnittsfragen* stellt (z. B. zum Thema »Geschichte der Familie« werden dann zu allen Epochen die Situation der Frauen, der Kinder, Alten etc. besprochen, was alle Schüler/innen einbezieht).

Vorschläge zur *Benotung* eines Produktes oder einer anderen Leistung können darüber hinaus in Lerngruppen in gleicher Weise zum Gegenstand gemeinsamer Arbeit gemacht werden wie die Tätigkeit in der Planungs- und Handlungsphase selbst. Weil aber auch hier die handlungsorientierte Unterrichtsauswertung keine Wunder vollbringen wird, muß erfahrungsgemäß mit dem *Wiederaufbrechen von Konkurrenzorientierung* und *Tauschwertprinzip* auch bei diesem Prinzip gerechnet werden.

4.4 Vier didaktische Probleme des handlungsorientierten Unterrichts

4.4.1 Problem: Systematik des Lehrgangs und Zufallsmoment beim Handeln

Wenn handlungsorientierter Unterricht nicht zu einem Supermarkt mit Selbstbedienung verkommen will, in dem die zufälligen Lernbedürfnisse der Schüler/innen dominieren, muß er sich seines Bezuges zum systematisch geordneten Lehrgang und zu den Funktionen des Lehrplans in der Schule vergewissern *(Bielefeldt/Emunds* 1987, *Glöckel* 1992).

Es läßt sich historisch zeigen, dass genau genommen nicht die Intentionen des handlungsorientierten Unterrichtes (der das Leben »draußen« wieder stärker in die Schule hineinholen will) ursprünglich Schule konstituieren, sondern das Prinzip des *Lehrgangs*. *Pestalozzi* hat dies als einer der ersten deutlich erkannt: mit aufkommender Industrie wird »Schule« nötig *(Geißler 1969)*.

Aber wie vermittelt die Schule nun Fähigkeiten und Kenntnisse, die durch traditionelles Miterleben und Mittun nicht erworben werden können? »Dann wird eine kunstvoll Schritt für Schritt vorgehende, vom Einfachen in das komplizierte Ganze allmählich einführende Unterweisung nötig.« *(Geißler* 1969, 165) Hier – d.h. in der Herausnahme des Lernens aus dem Leben! – liegen die Wurzeln des methodisch geordneten Unterrichts in der Form des Lehrgangs. Der Begriff Lehrgang »bezeichnet eine geplante und festgelegte Ordnung, in der die Inhalte eines größeren, komplexen Sachverhalts so zur Darstellung, Repräsentation kommen, dass der Schüler bzw. der Teilnehmer den gesamten Bereich geistig erfassen, ... erlernen kann« *(Reintges,* in: *Twellmann* 1981, Bd.4.1, 197). Während das Leben den heranwachsenden Menschen unsystematisch bildet, tut die Schule dies im Lehrgang planmäßig. Das ist ihre Stärke, – aber eben auch zugleich ihre Schwäche, weil die Weitergabe didaktisch aufbereiteter Wissensbestände in Form perfektionierter, rational durchgeplanter Instruktion jederzeit bis zur Erstarrung degenerieren kann.
Während handlungsorientierter Unterricht z. B. in der Form des Projektunterrichtes die Lebensweltorientierung und den *Situations*bezug einer Aufgabe (d.h. die »Einbettung« in den realen Lebenszusammenhang) betont, ist der Lehrgang gerade dadurch gekennzeichnet, dass er sich *nicht* an die dingliche Ordnung des »Lebens« hält, sondern den Kategorien folgt, mit denen der Mensch die Mannigfaltigkeit der Erscheinungen erfassen gelernt hat. Er gliedert die Welt auf in ein System, das sich z.B. an der *Systematik der Wissenschaften* orientiert. Dabei werden Sachverhalte auch mehr oder weniger künstlich und willkürlich isoliert, um lehrbar zu werden, – auch um den Preis der Reduzierung. Ferner zerlegt der Lehrgang Sachverhalte in *Teileinheiten,* die zum Zwecke der besseren Vermittelbarkeit an Schüler (gegenüber der Lebenswirklichkeit) umgruppiert und nach didaktischen Gesichtspunkten neu geordnet werden (z. B. vom Leichten zum Schweren, vom Anschaulichen zum Abstrakten u. a. m.). Vor allem enthält der Lehrgang eine *Vorabentscheidung* über Lehr- und Lernziele, inhaltliche und planerische Zugänge und Wege.
Kritisch betrachtet hat der historische Prozeß der Institutionalisierung des Lehrens und Lernens im Lernort Schule unter Betonung des Lehrgangsprinzips dreierlei mit sich gebracht *(Keck/Sandfuchs* 1979, 15):

» – eine künstliche Systematisierung des Wissens in der Form des Unterrichts,
– eine künstliche Trennung des Lernens aus dem natürlichen Lebens- und Handlungszusammenhang, und damit
– eine Theoretisierung der gesellschaftlichen Praxis und eine Kanalisierung der Ausbildung unter starker Anpassung an die Wissenschaftsentwicklung von Fächern. «

Die Konsequenz einer durchgängigen Ersetzung des Lehrgangs (und seiner negativen Folgen) durch Projektunterricht würde letztlich aber einer *Entschulung gleichkommen*. Das wäre ein historischer Rückfall. Denn wenn die Eingangsthese stimmt, dass die moderne, hochkomplexe und nicht mehr überschaubare gesellschaftlich-kulturelle Wirklichkeit nicht mehr allein durch Mittun, Erfahrung und ungeplantes Lernen »by the way« einholbar ist und dass Handlungskompetenz durch »informelles Lernen« nur noch, in Ansätzen vermittelt werden kann, dann muß Lernen institutionalisiert und systematisch organisiert werden. Heinrich *Roth* (1963, 7. Aufl.) hat daher die »originale Begegnung als methodisches Prinzip« insofern relativiert, als er auch dem Konzept des »orientierenden Lernens« (ebd. 111) ein Recht einräumt, weil es Überblick, Zusammenhänge, Ordnungen vermittelt. Je komplexer die Wirklichkeit wird, desto eher werden in der Hinführung zu dieser Wirklichkeit vielseitig umsetzbare Lern- und Problemlösestrategien nötig, die grundlegende Einsichten und systematische Aufklärung ermöglichen. Selbst die lehrerzentrierte, kleinschrittige Vermittlung eines Sachverhaltes hat ihren Raum. Deshalb sind beide *»Grundmethoden«* – Belehren und Erarbeiten –, auf die sich alle Methodenvielfalt nach T. *Dietrich* letztlich zurückführen läßt, in der Schule notwendig, sie müssen nur »sinnvoll und sachgerecht eingesetzt werden« (T. *Dietrich* 1988, 211).

Handlungsorientierter Unterricht, der (gegenüber der Stoffülle und dem Vollständigkeitspostulat) tätige Aneignung in ausgewählten Beispielen anstrebt, muß deshalb dafür sorgen, dass das Beispiel als ein Beispiel *für* ... erfaßt wird, dass die Schüler/innen die am Einzelfall erworbenen Erfahrungen und Erkenntnisse auch auf neue Sachverhalte und Situationen (für die das handelnd erarbeitete Beispiel stellvertretend war) übertragen können. Und dazu bedarf es des Transfer. Transfer aber stellt sich nicht in jedem Fall automatisch ein *(Weinert* 1974, 216ff.), sondern muß gefördert und geübt werden. Wenn ein solches *exemplarisches Lernen* nicht situativ beschränkt bleiben soll, muß es mit umfassenden Zusammenhängen, mit zusätzlichen Informationen und Verallgemeinerungen verknüpft und vernetzt werden, damit es zum einsichtigen und kritischen Lernen werden kann.

Für den handlungsorientierten Unterricht bedeutet das bisher Gesagte zweierlei. *Erstens:* Handlungsorientierter Unterricht bleibt auf die Integration von Lernergebnissen erfahrend-handelnder Unterrichtsphasen in der Systematik eines Problemfeldes und damit auf den Fachunterricht angewiesen, denn Handlungselemente bedürfen lehrgangsmäßiger Systematisierung/Einordnung. Wir müssen uns also bei der Inhaltsanalyse eines Themas fragen, wo die unterschiedlichen Schichten des Themas eben solche handlungsorientierten Zugänge ermöglichen und umgekehrt, welche besonderen Schichten einer Thematik sich überhaupt erst durch handlungsorientierte Zugänge erschließen. *Von Wulffen* (1997) nennt das den »zweiten Blick« und zeigt an einem Beispiel, wie sich im Lateinunterricht ein umfassenderes Verständnis z. B. der augustäischen Ära erst ergibt, wenn die – durch Lektüre von Klassikern erschlossene – Dimension des »glänzenden« Roms ergänzt wird durch handlungsorientierte Formen des Kennenlernens der meist »elenden Alltagskultur« der Mehrheit der Menschen. Unser Gehirn konstituiert, wie schon gezeigt, für eingehende Informationen Bedeutungen (*Otto* 1995, *Spitzer* 2004, *Herrmann* 2006), und je mehr kognitive Verarbeitungsnetze aufgebaut werden, desto »bedeutsamer« wird eine eingehende Information, desto mehr Zusammenhänge können hergestellt werden und desto »runder und wirklichkeitserfüllter« wird unser Bild von einer Sache. Entsprechend gilt umgekehrt: Ein solches Wissen kann unter *verschiedenen* Perspektiven wieder abgerufen und für neue Verarbeitungen fruchtbar gemacht werden. Damit gewinnt die aus der bildungstheoretischen Didaktik bekannte »didaktische Analyse« (*Klafki* 2007) unter wissenspsychologischen Gesichtspunkten eine neue Aktualität.

Handlungselemente sollen auch neue Interessen und Fragen wecken, die dann auf ihre Weiterführung im kursartigen, fachlich gegliederten Unterricht verweisen oder andere methodische Elemente (z. B. das eben genannte gemeinsame Lesen und Übersetzen fremdsprachlicher Texte) sinnvoll machen. Und solche anderen methodischen Elemente werden umgekehrt wiederum in dem Maß sinnvoller und durchschaubarer, in welchem sie für die Realisierung von handelnden Teilen fruchtbar gemacht werden. So ergeben sich aus dem übrigen Unterricht wieder Handlungsanstöße. In dieser wechselseitigen Verschränkung können Lehrgangselemente Teile (etwa in »Kleinformat« als Informationseinheiten) längerfristiger Handlungsphasen des Unterrichtes sein. Fehlt diese Spannung zwischen Handeln und Einordnung, Ausschnitt und Ganzem, endet handlungsorientierter Unterricht in Zufälligkeits- und Gelegenheitslernen.

Zweitens: Handlungsorientiertes Lernen ist das heute notwendige Korrektiv gegen die historisch bedingte Trennung von Schule und Leben, d. h. gegen die künstliche Isolierung, Systematisierung und Abtrennung des Lernens vom »natürlichen« Lebens- und Handlungszusammenhang und gegen die Theoretisierung gesellschaftli-

cher Praxis (womöglich in form abfragbarer und zerstückelter Wissenselemente) sowie gegen den darbietenden Unterricht als »Zeigedidaktik«.
Handeln im Unterricht heißt dabei aber nicht, »außerschulisches Handeln und Erfahren schlicht in die Schule hereinzulassen« *(Duncker/Götz* 1984, 21). Handlungsorientierter Unterricht soll keine Kopie der heute vorherrschenden restringierten außerschulischen Erfahrungsprozesse (vgl. Abschnitt 1.1.1) sein, sondern wird wie am Beispiel des Projektunterrichtes gezeigt wurde – Erfahrungs- und Handlungsprozesse auf qualitativ hohem Niveau methodisch gestalten, gleichsam als »Musterbeispiel« für reflektiertes und erfülltes Handeln in einer handlungsarm gewordenen Lebenswelt.
Ein Schutz vor der Begrenztheit und Zufälligkeit von Erfahrungen liegt daher prinzipiell auch im *Lehrplan* (womit nicht die heute tatsächlich bestehenden legitimiert werden sollen!). So oft es auch in der Praxis Konflikte zwischen handlungsorientierter, projektbezogener Themenwahl gibt, so wenig darf die generelle Funktion staatlicher Lehrpläne geringgeschätzt werden. Sie bieten Abschirmung vor den einseitigen Ansprüchen gesellschaftlicher Gruppen (z. B. der »Abnehmer« von schulischer Qualifikation), sie sollen (jedenfalls dem Anspruch nach) die für *alle* Heranwachsenden pädagogisch begründbaren Inhalte und das, was eine Gesellschaft insgesamt für kulturell und überlieferungswürdig hält, festlegen und so vor interessengesteuerter, subjektivistisch verengter Auswahl bewahren. Ihre Funktion ist, eine *allgemeine Bildung für alle* zu sichern (*Klafki* 2007; *Sandfuchs* 1986).
Weil Lehrplanentscheidungen aber immer auch politische Entscheidungen sind, enthält jeder Lehrplan eine bestimmte *Auswahl*. Lernen nach dem Lehrplan hat also genauso zufällige Elemente, wie dies dem Projektunterricht vorgeworfen wird!
Außerdem darf natürlich nicht übersehen werden, dass Lehrpläne auch eine selegierende Funktion haben. Diese zeigt sich z. B. in der heute wieder zunehmenden Ablehnung einer wissenschaftsorientierten Bildung auch für Hauptschüler/innen, wobei unter dem Lobpreis des Wertes von »Handarbeit« und »Praxisbezug« durch die Hintertür die Blaujackenschule (E. *Frister*) wieder auferstehen könnte ...
Gleichwohl bleibt der handlungsorientierte Unterricht ein Stachel im Fleisch des Fachunterrichtes. Fachwissen ist nur *ein* Element, um sich in der Realität zu orientieren. Es gibt in der Schule zwar viele Fächer, aber jedes bringt – je höher die Jahrgangsstufe desto qualifizierter – den *Spezialisten* hervor. Die *Integration* indes wird in der Regel den Köpfen der Schüler/innen überlassen. Wenn es aber darum geht, in der realen Lebenswelt handlungsfähig zu werden, müssen mehrperspektivische Handlungsentwürfe aufgebaut werden. Und dazu leistet das *Handeln im Unterricht*, das sich an der fachübergreifenden Dimensionalität eines Problems orientiert, einen entscheidenden Beitrag.

4.4.2 Problem: Handlungsorientierung und Frontalunterricht

Die Auffächerung des Prinzips „Handlungsorientierung" in diesem Buch scheint grundsätzlich und radikal auf die Abschaffung des Frontalunterrichtes zu zielen. Bedeutet handlungsorientiertes Lernen den Tod des Frontalunterrichtes? Keineswegs. Das habe ich in einem eigenen Buch zum Frontalunterricht ausführlich beschrieben und begründet (Gudjons 2007). Der Frontalunterricht wird allerdings von der traditionellen, nahezu alleinigen Unterrichtsform mit Allzweckcharakter zu einer (bloßen) Unterrichtsphase, die in ein Gesamtkonzept handlungsorientierten, schüleraktiven (und in großen Teilen selbstgesteuerten) Unterrichts integriert ist. Dort allerdings haben Frontalphasen ebenso begrenzte wie unverzichtbare Funktionen!

Grundfunktionen des Frontalunterrichtes
Kompetenzen zum Handeln und zur Selbststeuerung können und müssen durchaus frontalunterrichtlich vermittelt werden. Dieses geschieht in sieben grundlegenden Funktionen des Frontalunterrichtes: 1. im Informieren und Darbieten, 2. in der Stofferarbeitung, die das Lernen vernetzt, 3. in der Vermittlung von Arbeits- und Lernmethoden, 4. im Einüben von Modellen, wie man Probleme löst, 5. im Sichern von Ergebnissen, im Üben und Wiederholen, 6. indem man Unterricht gemeinsam plant, koordiniert und auswertet und 7. die Klassengemeinschaft als zentrale Bedingung für gelingende individuelle Lernprozesse fördert.

Das Geschehen im Klassenraum entwickelt sich dabei

– vom kreidelastigen Demonstrationsunterricht (mit Lehrermonopol der Steuerung) zur Integration unterschiedlicher Sozialformen und Methoden,
– von der überbetonten Vermittlung des Fach- und Faktenwissens zum eigenständigen Denken und Arbeiten der Schüler und Schülerinnen,
– vom Anfüllen der Schülerköpfe mit Wissensbruchstücken zur Vernetzung und Wissensanwendung,
– von der Dominanz des fragend-entwickelnden Unterrichtes zur Unterstützung und Anregung selbstorganisierter Lernprozesse bei den Schülern.

> Kurz: Das Konzept des Lehrens tritt zugunsten des Lernens in den Hintergrund. Dabei gibt es nicht den „Königsweg" für selbstgesteuertes, handlungsorientiertes Lernen. Weder Gruppenarbeit, Freiarbeit oder Projektunterricht allein sind Garanten für den Aufbau von Wissen, Kompetenzen und Motivation. Keine Sozial- und Handlungsform, keine Methode allein machen effektiven Unterricht aus.

Mehr noch: Auch bei der beschriebenen grundlegenden Veränderung des Geschehens im Klassenraum bleibt das „verpönte" Element der Instruktion unverzichtbar.

Instruktion als Element unverzichtbar
Instruieren (entlehnt vom lat. instruere) bedeutet etymologisch wörtlich: herrichten, ausrüsten, unterweisen. Eine Instruktion ist demnach zunächst einmal eine *anleitende Unterweisung*. Solche Anleitungen zum eigenen Handeln sind auch für das selbstständige Lernen der Schüler und Schülerinnen notwendig, z. B. um einen chemischen Versuch gefahrlos durchzuführen, eine Erkundung außerhalb der Schule ohne Leerlauf zu machen, die Bibliothek sinnvoll zu nutzen oder im Internet zweckmäßige Recherchen zu unternehmen.

Oft gehören zu solchen Instruktionen auch inhaltliche Informationen, z. B. wenn Schüler/innen sich selbstständig mit der deutschen Aufrüstung vor dem 2. Weltkrieg beschäftigen, ist es zweckmäßig, dass die Lehrkraft mit einem Lehrervortrag beginnt zum Versailler Vertrag, den Reparationsleistungen, Gebietsabtretungen u.a.m., ohne die Hitlers Begründung der Aufrüstung nicht verständlich wären.

Instruktionen als Handlungsanleitungen und Instruktionen als Informationsvermittlung hängen auch dann zusammen, wenn die Lehrkraft den Schülern die wichtigsten Phasen eines *eigenständigen* Forschungs- und Entdeckungsprozesses für ihre anschließende selbstständige Arbeit erklärt, z. B. am biologischen Thema „ökologisches Gleichgewicht zwischen Wolfen und Wild" (relevante Elemente identifizieren, Hypothesen entwickeln, Informationen einholen, Hypothesen prüfen, abschließende Bewertung der Hypothese usw.). (Gudjons 2007, 95f.)

Die zwei Extreme – *Instruktion* („Einfüllen von Wissen in Schülerköpfe") und *Konstruktion* („alles Lernen ist radikal und immer Selbstkonstruktion von Bedeutungen") – gegeneinander auszuspielen ist nicht hilfreich. Ein pragmatisches Konzept wird beide Ansätze integrieren. Dies geschieht im sog. *„wissensbasierten Konstruktivismus"*: Hier wird nämlich Lernen „als eine persönliche Konstruktion von Bedeutungen interpretiert, die allerdings nur dann gelingt, wenn eine ausreichende Wissensbasis zur Verfügung steht. Zu deren Erwerb kann jedoch auf instruktionale Anleitung und Unterstützung nicht verzichtet werden" (Reinmann-Rothmeier/Mandl 2001, 626).

Es geht also nicht um ein theoretisches oder praktisches Entweder-Oder, sondern um „eine Balance zwischen expliziter Instruktion durch den Lehrenden und konstruktiver Aktivität durch den Lernenden" (ebd. 627). Immerhin gilt: Wer nichts weiß, der kann auch nichts neu konstruieren... Anleitung und Selbststeuerung sind die zwei Säulen des Unterrichtes. Wissenserwerb durch Unterricht gelingt weder allein mit dem „Transportbandverständnis" (Inhalte werden von der Lehrkraft mit geschickter Methodik in die Schülergehirne transportiert) noch im autonomen, völ lig individualisierten Lernen (man lernt in Einsamkeit und Freiheit am Küchen- oder Schreibtisch, recherchiert im Internet, macht Erkundungen, baut einen Ökobackofen oder interviewt Leute auf der Straße zu einem Thema).

Die neuere empirische Lernforschung hat überzeugend belegt, dass für ein effektives Lernen verschiedene Methoden mit unterschiedlichen Akzenten eingesetzt und miteinander verbunden werden müssen: direkte Instruktion, offener Unterricht, Projektarbeit, Teamarbeit und individualisiertes selbstständiges Lernen (Weinert 1998, 122 f.). Vernetzte und nachhaltige Wissensstrukturen entstehen durch *unterschiedliche* Zugänge zu einem Thema: Handlungsorientierung, kognitives Lernen, Instruktion durch die Lehrkraft, kooperatives Arbeiten, - kurz durch das, was die moderne Lernpsychologie bei der Erarbeitung eines Themas in einem anschaulichen Bild das „landscape-criss-crossing" (Gudjons 2007, 71) nennt. Es kommt also darauf an, sowohl praktisch-organisatorisch wie unterrichtstheoretisch den Zusammenhang „zwischen Instruktionsunterricht und selbstgesteuertem Lernen" herzustellen (Jürgens 2006, 281). Aber Instruktion ist eben nur *Element*, und damit untergeordnetes Merkmal der Lehrerrolle. So wird aus dem Horrorbegriff Instruktion mit seinem leicht autoritären Beigeschmack ein sinnvoller, zu kultivierender Bestandteil des Unterrichtes.

Natürlich engt das die Freiräume der Lerner für selbstorganisiertes Lernen ein. Aber kein Mensch wir bestreiten, dass diese Art von Instruktionsunterricht bei begrenzten Inhalten und Zielen effektiv und sinnvoll ist. Auch hat sich inzwischen herumgesprochen, dass „in aller Regel ein Mindestmaß an Fremdsteuerung erforderlich (ist), damit der Lernende Fähigkeiten zur selbständigen Steuerung und Kontrolle seines Lernens erwerben kann." (Reinmann-Rothmeier/Mandl 1998, 464) Jeder Lerner braucht zum selbstgesteuerten Lernen elaborierte kognitive Strukturen (z. B. das Prinzip des Dreisatzes verstanden zu haben).

Die zunächst widersprüchlichen Elemente des eigenständigen handlungsorientierten Lernens der Schüler/innen und der instruktionalen Unterweisung durch die Lehrkraft lassen sich sehr gut aufeinander beziehen, wenn man sie einbettet die drei von Reinmann-Rothmeier/Mandl (1998, 474 ff.) entwickelten didaktischen Grundorientierungen, die den Lehrern drei unterschiedliche Verbindungen von Instruktion und selbstständigem Lernen eröffnen.

- Erstens: *Systemvermittelnde Lernumgebungen*
Dieser Typus ist das „engste" Modell. Hier geht es um die Vermittlung fertiger Systeme von Wissensbeständen. Die Lernenden erwerben vorwiegend Faktenwissen, wobei sie stark von außen angeleitet und auch kontrolliert werden.

Der Unterricht lebt weitgehend von der Instruktion, wobei den Lernenden systematisch aufbauend Informationen dargeboten werden, um das festgelegte Instruktionsziel zu erreichen.

- Zweitens: *Adaptive Lernumgebungen*

Adaptiv meint, dass sich die gesamte Gestaltung der Lernumgebung stark an die Bedürfnisse, Vorkenntnisse, Fertigkeiten, Stärken und Schwächen der Lernenden anpasst. Die Lernenden sind aktiv und werden von einer Lernumgebung unterstützt, die ihnen sowohl Fach- und Faktenwissen, aber auch strategisches Wissen und Können für ihr geplantes Handeln vermittelt. Die Lernumgebung ist also offener als im ersten Modell, nicht ausschließlich aus dem „System" des Stoffes abgeleitet und baut auf Elemente eigentätigen Lernens.

Die Instruktionen der Lehrkraft sind ausdrücklich unterstützend, dosiert, durchaus aber auch lenkend. Die Funktion des Lehrenden ist die des „facilitators", der Handeln und Wissenserwerb durch geeignete Instruktionen und Schritte erleichtert, - sparsam und stets an der Selbststeuerungsfähigkeit der Lerner ausgerichtet

- Drittens: *Problemorientierte Lernumgebungen*

Es ist das offenste Modell. Kerngedanke ist hier das Konzept des explorativen Lernens: Die Lernenden sind aktiv und erarbeiten sich selbst neues Wissen, wobei die Lernumgebung ihnen geeignete Probleme anbietet. Mit möglichst wenig Anleitung und Steuerung von außen erwerben sie Problemlöse- und Selbststeuerungskompetenzen. Lernende setzen sich selbst intensiv mit neuen Inhalten auseinander. Zunehmend übernehmen sie Verantwortung für den Verlauf und das Ergebnis des Lernens.

Selbstverständlich sind auch hier gelegentlich Instruktionen nötig. Und zwar in der Form von (streng funktional ausgerichteten und damit begrenzten!) Handlungsanweisungen und unbedingt notwendigen inhaltlichen Informationen. Aufgabe der Lehrenden ist es, Probleme und „Werkzeuge" zur Problembearbeitung zur Verfügung zu stellen und auf eventuelle Bedürfnisse der Lernenden entsprechend zu reagieren. Aber erkennbar ist doch der weitgehende Verzicht auf Instruktionen.

Als entscheidendes *Fazit* aller drei Modelle ist festzuhalten: „Lernen ohne jegliche instruktionale Unterstützung ist in der Regel ineffektiv und führt leicht zur Überforderung. Lehrende können sich deshalb nicht darauf beschränken, nur Lehrangebote zu machen, sie müssen den Lernenden auch anleiten und insbesondere bei Problemen gezielt unterstützen." (Reinmann-Rothmeier/Mandl 2001, 628)

Ein Gesamtkonzept des Unterrichtes wird je nach didaktischem Ziel der Lehrkraft in unterschiedlichen Phasen das jeweils angemessene Modell der drei Lernumgebungen einsetzen. Keines wird verabsolutiert. Auch nicht im handlungsorientierte Unterricht.

4.4.3 Problem: Lehrziele von Lehrenden und Handlungsziele von Lernenden

Es wäre ein Traum, wenn die Lehrziele der Lehrkraft und die Handlungsziele der Schüler/innen immer übereinstimmen würden: Die Schüler/innen wollen durch ihr Handeln genau das *lernen,* was der/die Lehrer/in *lehren* will. Natürlich gibt es Berührungspunkte zwischen Lehrzielen und Handlungszielen, beide sind aber nicht identisch. In den Lehrzielen kommen Verhaltenserwartungen oder stoffliche Anforderungen als Forderungen der Gesellschaft auf die Schüler/innen zu und werden als solche durchgesetzt, während sich in den Handlungszielen die am Alltagsbewußtsein der Schüler/innen orientierten Bedürfnisse, Absichten und Interessen artikulieren (was nicht selten zum Widerspruch führt). Die entscheidende Frage ist, ob und wie sich Lehrziele und Handlungsziele vermitteln lassen. Entweder man schafft es, die Schüler/innen dazu zu bringen, sich die Lehrziele als Handlungsziele zu eigen zu machen (was umso eher gelingen dürfte, je stärker die Unterrichtssituationen für die Schüler/innen bedeutsame Probleme/Themenstellungen/Aufgaben enthält), oder aber es wird Raum gegeben, Interessenunterschiede auszusprechen, Gegensätze auszutragen und gemeinsame Handlungsziele auszuarbeiten und zu verfolgen.

Hier zeigt sich, dass weder Lehrziele noch Handlungsziele als statische, unveränderbare Eingangsgrößen verstanden werden dürfen. Beide können sich modifizieren, -mit einem Unterschied: Die Lehrziele des/der Lehrers/in (einschließlich der methodischen Maßnahmen) bleiben auch nach einer möglichen Veränderung organisierendes Prinzip für die *Zielorientierung* des Unterrichtes, während Handlungsziele in einer vorstrukturierten Eingangsphase des Unterrichtes didaktisch entwickelt, auf gebaut und gefördert werden (vgl. *Keck* 1983). Außerdem wird vom Lehrer und von der Lehrerin in anderer Weise erwartet, dass sie sich mit ihren Lehrzielen identifizieren.

»Lehr- und Handlungsziele können am ehesten dadurch aneinander abgearbeitet werden, dass im Unterricht versucht wird, Handlungsprodukte herzustellen« *(Meyer* 1980, 349/2007). Im gemeinsam beschlossenen *Produkt* liegt gleichsam der Schnittpunkt von Lehrzielen und Handlungszielen. Das Produkt (Beispiel: Dritte-Welt-Film, S. 76) hat dann sowohl hinsichtlich der Modifikation von Lehr- und Lernzielen als auch bei der Herstellung von offenen Handlungssituationen (Hungerspiel, S. 89) und den mit ihnen verbundenen Handlungsprozessen (Rollenschreiben, Szenenspielen, Kulissen bauen) organisierende Kraft für die gesamte Unterrichtsgestaltung.

Abb. 3: Lehrziele – Handlungsziele – Handlungsprodukt

Das zusammenfassende Modell (Abb. 3, in Anlehnung an *Meyer* 1980, S. 344f./ 2007) zeigt diese Zusammenhänge, wobei auch die Berücksichtigung der Bedingungen des Gesamtprozesses eingeschlossen ist.

4.4.4 Problem: Institutionelle Bedingungen und die Einführung von handlungsorientiertem Unterricht

Angesichts der bekannten institutionellen Widerstände der Schule (Einengung durch den Stundenplan und 45-Minuten-Takt, Schulbau mit genormter Einheitsausstattung, Fächeraufteilung, Stoffdruck und Zensuren, Rechts- und Verwaltungsvorschriften, neuerdings auch durch Zwang zur Output-Orientierung, falsch verstandene Bildungsstandards, zentrale Vergleichsuntersuchungen usw.) ist die Konsequenz für die Einführung handlungsorientierten Unterrichts zunächst, diejenigen schulorganisatorischen Bedingungen zu schaffen, die mit einigem guten Willen und ohne großen Aufwand möglich sind. Dazu gehören insbesondere: *Zusammenfassung der Stunden verwandter Fächer* (Naturwissenschaften, sprachliche, musisch-ästhetische etc.), um für handlungsorientierte Unterrichtseinheiten mehr Zeit zu haben; *Absprache mit* den anderen in der Lerngruppe unterrichtenden *Lehrer/innen*, weil projektorientierte Arbeitsphasen für Schüler/innen meist erheblich zeit- und arbeitsaufwendiger sind und die Energien aus anderen Fächern abziehen; besser noch die *Zusammenarbeit der Lehrer/innen einer Fachgruppe,* die ein Projekt im Unterricht unter verschiedenen Aspekten betreuen (ein Projekt sollte immer von einer Gruppe von Kollegen/innen getragen und gestützt werden, wenn es sich um Ersterfahrungen handelt); *Aufklärung* anderer Kollegen/ innen und der Eltern, weil handlungsorientierter Unterricht sonst leicht Feindschaft auf sich zieht; Absprache mit Schülern/innen und Lehrern/innen über die *Zensurenfrage* (Projekte müssen auch scheitern können, und dies muß sanktionsfrei möglich sein!); das Kämpfen um *Anerkennung des handlungsorientierten Unterrichts als normaler Lernform*. Die neuere Diskussion darüber, wie sich Schulen ein eigenes Profil geben und Schulautonomie verwirklichen können, fördert dabei mit Sicherheit die Chancen des handlungsorientierten Unterrichts (vgl. PÄDAGOGIK H. 2/1995).

Der handlungsorientierte Unterricht lebt davon, wie gut er langfristig vorbereitet wurde, wie geduldig in kleinen Schritten Kompetenzen aufgebaut wurden, von der einfachen Fähigkeit, sich selbst und anderen Fragen stellen zu können über Kooperation, Selbstverantwortung und Initiative bis hin zur »mehrperspektivischen Handlungskompetenz«. Wer gutmeinend sofort auf die volle Handlungsstufe schaltet, wird in der Regel statt handlungsorientierten Unterrichts das Chaos produzieren.

Literatur

Bohnsack, F. u. a.: Schüleraktiver Unterricht. Weinheim 1984.
Eine umfassende empirische Studie, die vor allem die Probleme und Chancen schüleraktiver Methoden in der Kooperation von Hochschule und Schule beschreibt.

Meyer, H.: Unterrichtsmethoden. 2 Bde. Frankfurt 1988 (2. Aufl.) 2007 (12. Aufl.).
Im ersten Band gibt Meyer eine Einführung in die Theorie der Unterrichtsmethoden, im zweiten stellt er eine Fülle von Praxisbeispiel zum methodischen Handeln in der Schule vor. Im Mittelpunkt seines Konzeptes steht die Handlungsorientierung des Unterrichtes, wie sie insbesondere in der 15. Lektion des zweiten Bandes ausführlich dargestellt und mit Vorschlägen für die Gestaltung des Unterrichts ergänzt wird. Meyers Vorstellungen sind mit unseren weitgehend identisch, das vorliegende Buch ist allerdings auf den Projektunterricht als zentraler Form handlungsorientierten Unterrichts stärker zugeschnitten.

Bönsch, M.: Schüler aktivieren. Hannover 1994 (3. Aufl.).
Ein Standardwerk zum Thema aktivierender Verfahren des theoretisch ebenso wie praktisch orientierten Hannoveraner Schulpädagogen.

Bönsch, M.: Variable Lernwege. Paderborn 1995 (2. Aufl.).
In diesem Lehrbuch der Unterrichtsmethoden werden neben den traditionellen Verfahren vor allem auch alternative Ansätze vorgestellt – dies mit durchgehendem Bezug zur praktischen Anwendbarkeit.

Mandl, H./Friedrich, H.: Handbuch Lernstrategien. Göttingen 2006.
Auf der Grundlage der empirischen Unterrichtsforschung und der modernen Kognitionspsychologie werden zentrale Lehr-/Lernstrategien dargestellt.

Gudjons, H: Frontalunterricht – neue entdeckt. Integration in offene Unterrichtsformen. Bad Heilbrunn 2007, 2. Aufl. (UTB).
Mit zahlreichen Beispielen wird aufgezeigt, wie das Konzept der Handlungsorientierung in den Frontalunterricht integriert werden kann.

Statt eines Ausblicks

Wenn du einen Menschen etwas lehren willst, wird es es niemals lernen.
G. B. Shaw

»Hilf mir, es selbst zu tun!«
(Ein Kind zu *Maria Montessori*)

Es gilt, den Schüler aus den Passivum in das Aktivum zu übersetzen.
Hugo Gaudig

Für die Seele dagegen ist erzwungenes Lernen nie von bleibendem Wert.
Platon

Gibt es einen Unterschied zwischen Theorie und Praxis? Es gibt ihn. In der Tat.
Werner Mitsch

Literaturverzeichnis

Aebli, H.: Denken: Das Ordnen des Tuns. Bd. I: Kognitive Aspekte der Handlungstheorie. Stuttgart 2001 3. Aufl., Bd. II: Denkprozesse. Stuttgart 1980, 1994 2. Aufl.
Aebli, H.: Zwölf Grundformen des Lehrens. Stuttgart 2006, 13. Aufl.
Aebli, H.: Grundlagen des Lehrens. Stuttgart 1987
Allerkamp, W.: Der Mörder von Bergedorf-Süd. Ein Filmprojekt. In: WPB H. 6/1984, S. 267ff.
Angermeier, W. F. u. a.: Lernpsychologie. München 1984
Apel, H.J.: Präsentieren – die gute Darstellung. Baltmannsweiler 2002
Apel, H.J./Knoll, M.: Aus Projekten lernen. München 2001
Arbeitsgruppe Oberkircher Lehrmittel/AOL, (Hg.): Handbuch zum Schulalltag. Bd. 1 Reinbek 1982, Bd. 2, Reinbek 1983
Arbeitsgruppe Oberkircher Lehrmittel (Hg.): Das AOL Projekte-Buch. (Handbuch zum Schulalltag. Bd. 3) Reinbek 1986
Arend, B.: Handlungsorientierter unterricht rund um die Waage. In: Bosse, D. (Hg.): Unterricht, der Schülerinnen und Schüler herausfordert. S. 159-176. Bad Heilbrunn 2004
Ausubel, D. P.: Psychologie des Unterrichts. Weinheim 1973

Bach, G./Timm, J.-P. (Hg.): Englischunterricht. Tübingen 1989
Bachmann, W.: Theoretische Grundlagen einer handlungsorientierten Wirtschaftsdidaktik. Bergisch-Gladbach 1988
Baer, U.: 500 Spiele für jede Gruppe für alle Situationen. Remscheid 1988
Bäuerle, D.: Alternativer Unterricht. Stuttgart 1980
Bahrdt, H. P.: Sozialisation und gebaute Umwelt. In: Neue Sammlung H. 4/1974, S. 211 ff.
Bandura, A.: Self-efficacy: The Exercise of Control. New York 1997
Bartnitzky, H.: Die Fundgrube für Freie Arbeit. Berlin 2002, 2. Aufl.
Bastian, J.: Lehrer im Projektunterricht. Plädoyer für eine profilierte Lehrerrolle in schülerorientierten Lernprozessen. In: Westermanns Pädagogische Beiträge, H. 6/1984, S. 293 ff.
Bastian, J.: Projektunterricht planen. In: PÄDAGOGIK, H. 718, 1989, S. 72-75
Bastian, J.: Offener Unterricht. In: PÄDAGOGIK, H. 12/1995, S. 6-11
Bastian, H./Bastian, J.: Schüler und Lehrer lernen Projektunterricht. In: WPB H. 3/1980, S. 102ff.
Bastian, J./Gudjons, H. (Hg.): Das Projektbuch. Hamburg 1986, 2. Aufl. 1989, 4. Aufl. 1994
Bastian, J./Gudjons, H. (Hg.): Das Projektbuch 11. Hamburg 1990, 2. Aufl. 1993, 4. Aufl. 2006
Bastian, J./Gudjons, H. u. a. (Hg.): Theorie des Projektunterrichtes. Hamburg 1997
Bastian, J. u.a.: Profile in der Oberstufe. Hamburg 2000
Bastian, J./Merziger, P.: Selbstreguliert lernen. In: PÄDAGOGIK H.7-9 2007, S. 6-11
Bauer, H.: Handlungsorientiert unterrichten – aber wie? Neusäß 1996

Bauer, R. (Hg.): Offenes Arbeiten in der Sekundarstufe I. Berlin 2003
Beck, H.: Schlüsselqualifikationen. Bildung im Wandel. Darmstadt 1993
Beck, U.: Risikogesellschaft. Frankfurt/M. 1986
Beck, H.: Handlungsorientierung des Unterrichts. Darmstadt 1996
Becker, G. U.: Erfahrungen aus erster Hand - Erfahrungen aus zweiter Hand. In: WPB H. 21 1986, S. 40ff.
Berg, C.: Wandel der Kindheit in der Industriegesellschaft. In: Neue Sammlung H. 3/1991, S. 411-435
Berg, C./Schulze, T.: Lehrkunst. Neuwied 1993
Bielefelder Lehrergruppe: Schule kann anders sein. Reinbek 1979
Bielefeldt, H./Emunds, M.: Lehrgang und Projekt. Heinsberg 1987
Bleckwenn, H./Loska, R.: Phantasiereise. Imaginative Verfahren im Deutschunterricht. In: Pädagogik H. 12/1988, S. 25 ff.
Boden, M.: Meditation im Unterricht. In: PÄDAGOGIK, H. 12/1988, S. 36-41
Böhme, G.: Alternativen der Wissenschaft. Frankfurt/M. 1980
Böhme, G./v. Engelhardt, M. (Hg.): Entfremdete Wissenschaft. Frankfurt/M. 1979
Bönsch, M.: Schüler aktivieren. Hannover 1990 2. Aufl.
Bönsch, M.: Variable Lernwege. Paderborn 1991, 2. Aufl. 1995
Boettcher, W. u. a.: Lehrer und Schüler machen Unterricht. München 1976
Bohl, T.: Prüfen und Bewerten im Offenen Unterricht. Weinheim 2006, 6.Aufl.
Bohnsack, F. u. a.: Schüleraktiver Unterricht. Weinheim 1984
Bonk-Luetkens, M.: Planspiele und Planspielmodelle. In: Kreuzer, K. J. (Hg.), a.a.O., S. 269ff.
Borchert, M./Derichs-Kunstmann, K. (Hg.): Schulen, die ganz anders sind, Frankfurt/M. 1979
Borchert, M.: Freie Alternativschulen in Deutschland: 45 Schulportraits. Marl 2003
Breit, G./Schiele, S. (Hg.): Handlungsorientierung im Politikunterricht. Schwalbach 1998
Brenner, G.: Kreatives Schreiben. Frankfurt/M. 1990
Brenner, G./Niesyto, H. (Hg.): Handlungsorientierte Medienarbeit. Weinheim 1993
Brinkmann, G. (Hg.): Offenes Curriculum - Lösung für die Praxis. Kronberg/Ts. 1975
Brown, G. 1. (Hg.): Gefühl und Aktion, Frankfurt/M. 1978
Bruner, J. S.: Der Prozeß der Erziehung, Düsseldorf 1970
Bruner, J. S.: Entwurf einer Unterrichtstheorie. Berlin 1974
Brunner,I.: Das Handbuch Portfolioarbeit. Seelze 2007, 2.Aufl.
Budilowa, J. A. u. a. (Hg.): Untersuchungen des Denkens in der sowjetischen Psychologie. Berlin 1973
Burow, 0.-A./Gudjons, H. (Hg.): Gestaltpädagogik in der Schule. Hamburg 1994
Buschmann, R./Buhren, C.G.: QuiSS. Schülerkompetenz. Flensburg/Dortmund 2004

Clasen, G. A./Gasow-Weiland, M.: Grüne Hügel statt grauem Beton. In: PÄDAGOGIK, H. 2/1996
Claussen, C. u. a.: Wochenplan- und Freiarbeit. Braunschweig 1993
Claußen, B./Koch, G. (Hg.): Lebensraum Schule und historisch-politische Erfahrungswelt. Frankfurt/M. 1984
Cohn, R. C./Terfurth, C. (Hg.): Lebendiges Lehren und Lernen. TZI macht Schule. Stuttgart 1993
Copei, F.: Der fruchtbare Moment im Bildungsprozeß. Heidelberg 1930, 1950, 2. Aufl.
Creutz, A.: Projektmethodik III: Produkte und Auswertung. In: PÄDAGOGIK H.1/2008, S. 28-32

Denecke, W. (Hg.): Gruppenunterricht als kritisch-kommunikative Unterrichtspraxis. Hannover 1981
Denecke, W.: Alternative Ernährung? In: WPB H. 7/1982, S. 302 ff .

Deutsche Shell (Hg.): Jugend 2000. Bd. 1 + 2. Opladen 2000
Deutsche Shell (Hg.): Jugend 2002. Bd. 1 + 2. Opladen 2002
Dewey, J.: Wie wir denken (1910), Dt., Zürich 1951
Dewey, J.: Demokratie und Erziehung (1 916). Dt., Braunschweig 1949 (2. Aufl.)
Dewey, J.: Der Ausweg aus dem pädagogischen Wirrwarr (1931). Dt., in: Dewey, J./Kilpatrick, W.H.: Der Projekt-Plan. Grundlegung und Praxis. Weimar 1935, S. 85-101
Dick, L. van: Alternativschulen. Reinbek 1979
Dietrich, G.: Bildungswirkungen des Gruppenunterrichtes. Donauwörth 1969
Dietrich, G.: Pädagogische Psychologie. Bad Heilbrunn 1984
Dietrich, I. (Hg.): Handbuch Freinet-Pädagogik. Weinheim 1995
Dietrich, T.: Zeit- und Grundfragen der Pädagogik. Bad Heilbrunn 1988, 4., neubearbeitete und erweiterte Auflage
Donath, R.: Das transatlantische Klassenzimmer. Tipps und Ideen für Online-Projekte. Bergedorf 1997
Dörner, D.: Problemlösen als Informationsverarbeitung. Stuttgart 1972, 2. Aufl.
Dubs, R.: Konstruktivismus: Einige Überlegungen aus der Sicht der Unterrichtsgestaltung. In: Z. f. Päd. H. 6/1995, S. 889-903
Düker, H./Tausch, R.: Über die Wirkung der Veranschaulichung von Unterrichtsstoffen auf das Behalten. In: Z. f. experimentelle und angewandte Psychologie 1957, S. 384-400
Dulisch, F.: Lernen als Form menschlichen Handelns: eine handlungstheoretisch orientierte Analyse von Lernprozessen unter bes. Berücksichtigung des Selbsterneuerungsaspektes. Bergisch-Gladbach 1994
Duncker, L./Götz, B.: Projektunterricht als Beitrag zur inneren Schulreform. Langenau-Ulm 1984
Duncker, L.: Erfahrung und Methode. Langenau-Ulm 1987

Edding, F./Mattern, D./Schneider, P. (Hg.): Praktisches Lernen in der Hibernia-Pädagogik. Stuttgart 1985
Edelhoff, C./Liebau, E. (Hg.): Über die Grenze. Praktisches Lernen im fremdsprachlichen Unterricht. Weinheim/Basel 1988
Edelmann, W.: Lernpsychologie. Weinheim 2000
Eigler, G. u. a.: Grundkurs Lehren und Lernen. Weinheim 1973
Einsiedler, W.: Lehrmethoden. München 1981
Einsiedler, W.: Offener Unterricht: Strukturen - Befunde - didaktisch-methodische Bedingungen. In: WPB H. 1/ 1 985, S. 20 *ff*.
Einsiedler, W.: Wissensstrukturen im Unterricht. Neuere Forschung zur Wissensrepräsentation und ihre Anwendung im Unterricht. In: Z. f. Päd. H. 2/1996, S. 167-191
Emer, W. u. a.: Wie im richtigen Leben. Projektunterricht für die Sekundarstufe 11. Bielefeld 1991
Emer, W./Lenzen, K.-D.: Projektunterricht gestalten – Schule verändern. Baltmannsweiler 2005, 2. Aufl.
Engelkamp, J.: Das menschliche Gedächtnis. Göttingen 1990
Erdmann, j. W./Rückriem, G./Wolf, E. (Hg.): Kindheit heute. Bad Heilbrunn 1996

Fauser, P./Fintelmann, K./Flitner, A. (Hg.): Lernen mit Kopf und Hand. Berichte und Anstöße zum praktischen Lernen in der Schule. Weinheim 1983
Fauser, P./Flitner, A./Konrad, F.-M./Liebau, E./Schweitzer, F.: Praktisches Lernen und Schulreform. In: Z. f. Päd. H. 6/1988, S. 729ff.

Fauser, P./Konrad, F./Wöppel, J. (Hg.): Lernarbeit. Arbeitslehre als Praktisches Lernen. Weinheim 1989
Fend, H.: Entwicklungspsychologie des Jugendalters. Wiesbaden 2005
Frey, K.: Die Projektmethode. Weinheim 1982, 3. Aufl. 1990, 8. Aufl. 1998, 2007 Neuausgabe
Fröchling, J.: Ich spinne, also weiß ich. Erkenntnisgewinnung durch Phantasie beim Schreiben. In: WPB H. 2/1986, S. 24ff.
Fuhr, R. u. a.: Soziales Lernen. Innere Differenzierung, Gruppenunterricht. Braunschweig 1977
Fuhr, R.: Handlungsspielräume im Unterricht. Königstein/Ts. 1979
Fuhr, R./Gremmler-Fuhr, M.: Faszination Lernen. Köln 1988
Fuhr, R./Gremmler-Fuhr, M.: Gestalt-Ansatz. Köln 1995

Gage, N.L./Berliner, D.C. (Hg.): Pädagogische Psychologie. Weinheim 1996, 5. Aufl.
Galperin, P. J.: Die Entwicklung der Untersuchungen über die Bildung geistiger Operationen. In: Hiebsch, H. (Hg.), a.a.O., S. 367-405
Galperin, P. J.: Die Psychologie des Denkens und die Lehre von der etappenweisen Ausbildung geistiger Handlungen. In: Budilowa, j. A. u. a. (Hg.), a.a.0.
Galperin, P. J./ Leontiew, A. N, u. a.: Probleme der Lerntheorie. Berlin 1979, 5. Aufl.
Garlichs, A./Heipcke, K./Messner, R./Rumpf, H.: Didaktik offener Curricula. Weinheim 1974
Garlichs, A./Groddeck, N. (Hg.): Erfahrungsoffener Unterricht. Freiburg 1978
Geißler, G.: Strukturfragen der Schule und der Lehrerbildung. Weinheim 1969
Gerlach, D./Willert, C. (Hg.): Projekte zum Kunstunterricht. Berlin 1998
Gerner, B. (Hg.): Das exemplarische Prinzip. Darmstadt 1966
Gerstenmaier, J./Mandl, H.: Wissenserwerb aus konstruktivistischer Perspektive. In: Z. f. Päd. H. 6/1995, S. 867-888
Gidion, J./Rumpf, H./Schweitzer, F. (Hg.): Gestalt der Sprache. Deutschunterricht und praktisches Lernen. Weinheim/Basel 1987
Giesecke, H.: Wozu ist die Schule da? Stuttgart 1996
Gilsdorf, R./Volkert, K. (Hg.): Abenteuer Schule. München 1999
Glöckel, H.: Vom Unterricht. Bad Heilbrunn 1992, 2. Aufl.
Glück, G.: Buchbesprechung zu G. Dietrich, Bildungswirkungen des Gruppenunterrichts. München 1969. In: Z. f. Gruppenpädagogik H. 1/1976, S. 52-65
Göppel, R.: Das Jugendalter. Stuttgart 2005
Goetsch, K.-H.: Projektunterricht bewerten. In: Bastian/ Gudjons (Hg.) 1990, S. 257-265
Grammes, T.: Gesellschaft inszenieren, erleben, reflektieren. Was heißt Handlungsorientierung im Lernfeld Gesellschaft. Hamburg (unveröff. Mscr.) 1999
Greiß, J.: Ansätze zur didaktischen Verknüpfung von Projekt- und Fachunterricht anhand zweier ausgewählter Beispiele. (Unveröffentlichte wiss. Hausarbeit). Hamburg 1991
Grieser, D.: Mitten im Leben lernen. Der Schulversuch "Die Stadt-als-Schule Berlin«. In: PÄDAGOGIK H. 2/1996
Groß, E.: Projekt-Didaktik Religion. Bad Heilbrunn 1996
Grundmann, M./Huinink, J.: Der Wandel der Familienentwicklung und der Sozialisationsbedingungen von Kindern. In: Z. f. Päd. H. 4/1991, S. 529-554
Gudjons, H.: Gruppenunterricht auf dem Prüfstand. In: WPB H. 1/1985, S. 6ff.
Gudjons, H.: Projektunterricht begründen. In: PÄDAGOGIK H. 7/8 1989, S. 47-52
Gudjons, H.: Spielbuch Interaktionserziehung. Bad Heilbrunn 1990, 4. Aufl., 2003 7. Aufl.
Gudjons, H. (Hg.): Handbuch Gruppenunterricht. Weinheim/Basel 1993, 2003 2. Aufl.

Gudjons, H.: Was ist eigentlich "offen" am Offenen Unterricht? In: Ders.: Neue Unterrichtskultur – veränderte Lehrerrolle. S. 53-58. Bad Heilbrunn 2006
Gudjons, H.: Neue Unterrichtskultur – veränderte Lehrerrolle. Bad Heilbrunn 2006
Gudjons, H.: Frontalunterricht – neu entdeckt. Integration in offene Unterrichtsformen. Bad Heilbrunn 2007, 2. Aufl.
Gudjons, H./Wagener-Gudjons, B./Pieper, M.: Auf meinen Spuren. Übungen zur Biografiearbeit. Bad Heilbrunn 2008
Gugel, G.: Methoden-Manual I: "Neues Lernen". Weinheim 1997
Günther, H.: Kritik des offenen Unterrichts. Bielefeld 1996

Haas, G.: Handlungs- und produktorientierter Literaturunterricht. Seelze 1997
Hacker, W.: Allgemeine Arbeitspsychologie. Bern u.ö. 1998
Hackl, B.: Projektunterricht in der Praxis. Innsbruck 1994
Hänsel, D. (Hg.): Das Projektbuch Grundschule. Weinheim 1986
Hänsel, D./Müller, H. (Hg.): Das Projektbuch Sekundarstufe. Weinheim 1988
Hänsel, D. (Hg.): Handbuch Projektunterricht. Weinheim 1997
Hahne, K./Schäfer, U.: Geschichte des Projektunterrichtes in Deutschland nach 1945. In: Bastian, J. u.a.(Hg.): Theorie des Projektunterrichtes. S. 89-107. Hamburg 1997
Halfpap, K.: Lernen lassen. Darmstadt 1996
Halfpap, K. u. a. (Hg.): Lernbüro (Bd. 2). Schwerte 1993
Halfpap, K./Marwede, H. (Hg.): Werkstattlabor (Bd. 2). Schwerte 1994
Hage, K. u. a.: Das Methoden-Repertoire von Lehrern. Opladen 1985
Hagedorn, F. u. a. (Hg.): Kindsein ist kein Kinderspiel. Frankfurt 1987
Hartinger, A.: Entdeckendes Lernen. In: Einsiedler, W. u.a. (Hg.): Handbuch Grundschulpädagogik und Grundschuldidaktik. S.386-390. Bad Heilbrunn 2005, 2. Aufl.
Haselmann, B.: Gruppenunterricht in der Sonderschule. Wiesbaden 1978
Hegele, J. (Hg.): Lernziel: Freie Arbeit. Weinheim 1995
Heimlich, U.: Gemeinsam lernen in Projekten. Bausteine für eine integrationsfähige Schule. Bad Heilbrunn 1999
Heller, A./Semmerling, R. (Hg.): Das Pro-Wo-Buch. Königstein 1983
Helmke, A./Weinert, F.-E.: Bedingungsfaktoren schulischer Leistungen. In: Enzyklopädie der Psychologie. Bd. 3. S. 1-35. Göttingen 1997
Helsper, W.: »Daß man seine Geborgenheit nicht mehr hat« - Zur Antinomie der »Heimat«. in einer oppositionellen Schüler-Szene. In: WPB H. 7/8/1985, S. 324 ff.
Henningsen, J.: Erfolgreich manipulieren. Methoden des Beybringens. Düsseldorf 1974
Hentig, H. v.: Schule als Erfahrungsraum. Stuttgart 1973
Hentig, H. v.: Das allmähliche Verschwinden der Wirklichkeit. München 1984
Hentig, H. von: Die Schule neu denken. München/Wien 1993
Hepting, R.: Zeitgemäße Methodenkompetenzen im Unterricht. Bad Heilbrunn 2004
Herold, M./Landherr, B. (Hg.): SOL. Selbstorganisiertes Lernen. 2 Bde. Baltmannsweiler 2005
Herrmann, U. (Hg.): Neurodidaktik. Weinheim 2006
Hessisches Institut für Bildungsplanung und Schulentwicklung (Hg.): Handlungsorientierter Unterricht in der Sekundarstufe I. (H. 1-6). Wiesbaden 1993
Heuser, M./Xylander, B.: Projektunterricht: eine Säule im Schulkonzept. In: PÄDAGOGIK H.1/2008, S. 12-15
Hiebsch, H. (Hg.): Ergebnisse der sowjetischen Psychologie. Stuttgart 1969

Holtappels, H. G./Pfeiffer, H.: Projektlernen mit dem Computer. In: Bastian/Gudjons (Hg.) 1990, S. 118-131
Holzkamp, K.: Lernen. Frankfurt/M. 1993
Homfeldt, H. G./Kühn, A.: Klassenfahrt. Wege zu einer pädagogischen Schule. München 1981
Hurrelmann, K./Rosewitz, B./Wolf, H.: Lebensphase Jugend. Weinheim/München 1985
Huth, M. (Hg.): Unterrichtsprojekte konkret. Lichtenau 1984
Huth, M.: 77 Fragen und Antworten zum Projektunterricht. Hamburg 1988

Janssen, B.: kreative Unterrichtsmethoden. Braunschweig 2005, 2. Aufl.
Jank, W.: Unterricht, erfahrungsbezogener. In: D. Lenzen (Hg.): Enzyklopädie Erziehungswissenschaft, Bd. 3, S. 594-600. Stuttgart 1986
Jank, W./Meyer, H.: Didaktische Modelle. Frankfurt/M. 1991, Berlin 2008 10. Aufl.
Jantzen, W.: Galperin lesen - Anmerkungen zur Entwicklung einer historisch-materialistischen Theorie schulischen Lernens. In: Demokratische Erziehung 9 (1983) 5, S. 30-37
Jörg, H.: Freinet, die Bewegung »Moderne Schule« und das französische Schulwesen heute. In: Freinet, C.: Die moderne französische Schule. Paderborn 1965, S. 144ff.
Jörg, S.: Per Knopfdruck durch die Kindheit. Köln 1987
Joerger, K.: Lernanreize. Königstein 1980
Jostes, M./Weber, R.: Projektlernen. Köln 1987
Jürgens, E.: Leistung und Beurteilung in der Schule. St. Augustin 1992, 2005 6. Aufl.
Jürgens, E.: Die "neue" Reformpädagogik und die Bewegung Offener Unterricht. St. Augustin 2004, 6. Aufl.
Jürgens, E.: Offener Unterricht. In: Arnold, K. H./Sandfuchs, U./Wiechmann, J. (Hg.): Handbuch Unterricht. S. 280-284. Bad Heilbrunn 2006
Jürs, G. u. a.: Projekte an Hamburger Schulen. Anregungen und Hilfen. Hamburg (Selbstverlag) 1985, 3. Aufl.
Jürs, G./Tobel, K./Goetscli, K.-H. (Hg.): Projekte an Hamburger Schulen. Hamburg 1990, 6. Aufl.
Jugendwerk der Deutschen Shell (Hg.): Jugend 1981. Bd. 1-3. Hamburg 1981
Jugendwerk der Deutschen Shell (Hg.): Jugendliche und Erwachsene 1985, Bd. 1-5. Leverkusen/Hamburg 1985
Jung, C. G. u. a.: Der Mensch und seine Symbole. Olten 1968.
Jungblut, G./Röhrig, W.: Einmal Türkei und zurück. Notizen von einer Schulreise. In: WPB H. 1 1/1 984, S. 542 ff.

Kaiser, A./ Kaiser, F.-J. (Hg.): Projektstudium und Projektarbeit in der Schule. Bad Heilbrunn 1977
Kaiser, H.: Handlungsorientierung als didaktisch-methodisches Element im Gemeinschaftskundeunterricht und in der politischen Erwachsenenbildung am Beispiel der Museumsmethode. Frankfurt/M. 1996
Kashnitz, D.: Handlungsorientierter Unterricht - Lernen oder action? In: Bundesfachgruppe für ökonomische Bildung (Hg.): Handlungsorientierung und ökonomische Bildung. Bergisch Gladbach 1993
Kath, F. M. (Hg.): Arbeit mit Projekten. Sonderheft 1 technic didact. Alsbach 1980
Keck, R.: Projekt/ Vorhaben. In: Nicklis, W. S. (Hg.): Handwörterbuch der Schulpädagogik. Bad Heilbrunn 1973
Keck, R.: Unterricht Gliedern, Zielorientiert Lehren. Bad Heilbrunn 1983
Keck, R./Sandfuchs, U. (Hg.): Schulleben konkret. Bad Heilbrunn 1979

Kinter, J./Koch, M./Thiele, W.: Spuren suchen. Leitfaden zur Erkundung der eigenen Geschichte. Hamburg 1985
Klafki, W.: Neue Studien zur Bildungstheorie und Didaktik. Weinheim 1985, 2. Aufl. 1991, 6. Aufl. 2007
Klafki, W./Meyer, E./Weber, A. (Hg.): Gruppenunterricht im Grundschulunterricht. München 1981
Klemm, U./Treml, A. K. (Hg.): Apropos Lernen. Alternative Entwürfe und Perspektiven zur Staatsschulpädagogik. München 1989
Kliebisch, U./Sommer, P.: Projekt-Arbeit: Konzeption und Beispiele. Baltmannsweiler 1997
Klippert, H.: Projektwochen. Weinheim 1985
Klippert, H.: Methoden-Training. Weinheim/Basel 1994, 17. Aufl. 2007
Kluge, N.: Spielen und Erfahren. Bad Heilbrunn 1981
Knoll, M.: Calvin M. Woodward und die Anfänge der Projektmethode. Ein Kapitel aus der amerikanischen Erziehungsgeschichte 1876-1900. In: Z. f. Päd. H. 4/1988, S. 501-517
Knoll, M.: Europa - nicht Amerika. Zum Ursprung der Projektmethode in der Pädagogik 1702-1875. In: Pädagogische Rundschau 44. Jg. 1991, S. 41-48
Knoll, M.: Projektmethode. In: Arnold, K.-H./Sandfuchs, U./Wiechmann, J. (Hg.): Handbuch Unterricht, S. 270-275. Bad Heilbrunn 2006
Koch, J.: Projektwoche konkret. Lichtenau 1982
Koch, H./Neckel, H.: Unterrichten mit Internet &Co. Berlin 2001
Kösel, E.: Die Modellierung von Lernwelten. Elztal-Dallau 1995, 2. Aufl.
Ders.: Theorie der subjektiven Didaktik. 4 Bde. Bahlingen 2002
Konrad, K./Traub, S.: Selbstgesteuertes Lernen in Theorie und Praxis. München 1999
Kornmann, R./Ramisch, B.: Lernen im Abseits. Heidelberg 1984
Kraft, P. (Hg.): Neue Schulhöfe. Braunschweig 1980
Krause, M./Kressel, T.: Stern ohne Himmel. Ein Theaterstück zum gleichnamigen Buch von L. Ossowski. In: WPB H. 1/1983, S. 26ff.
Krauth, G.: Leben, Arbeit und Projekt. Frankfurt/M. 1985
Kratz, H.: Verantwortung für den eigenen Lernprozeß übernehmen. In: PÄDAGOGIK H. 7/81995, S. 30-34
Kremer, A./Stäudel, L. (Hg.): Praktisches Lernen im Naturwissenschaftlichen Unterricht. Marburg 1987
Kreuzer, K.-J. (Hg.): Handbuch der Spielpädagogik. Bd. 1-4. Düsseldorf 1983/84
Krieger, C. G.: Mut zur Freiarbeit. Baltmannsweiler 1994
Kujawski, H.: Handlungsorientierter Unterricht in der kaufmännischen Berufsschule. Defizite in der Theorie – Probleme in der Praxis. (Oldenburger Vordrucke, H. 230/94, Carl-von-Ossietzky-Universität). Oldenburg 1994

Landesinstitut für Curriculumentwicklung, Lehrerfortbildung und Weiterbildung des Landes NRW (Hg.): Projektwoche. Reihe: Curriculum Nr. 24. Neuss 1982
Landesinstitut für Schule und Weiterbildung NRW: Projektorientiertes Arbeiten in der Realschule. Soest 1988
Langewand, A.: Handeln. In: Lenzen, D. (Hg.): Pädagogische Grundbegriffe, Bd. 1, S. 699 ff. Reinbek 1994
Laubis, J.: Vorhaben und Projekt im Unterricht. Ravensburg 1976
Legutke, H./Thiel, W.: Airport. Bericht über ein Projekt im Englischunterricht in Klasse 6. In: WPB H. 7/1982, S. 288 ff.

Legutke, M.: Lebendiger Englischunterricht. Kommunikative Aufgaben und Projekte für schüleraktiven Fremdsprachenunterricht. Bochum 1988
Lehmann, J. (Hg.): Simulations- und Planspiele in der Schule. Bad Heilbrunn 1977
Lenk, H. (Hg.): Handlungstheorien - interdisziplinär. Bd. 1-1V. München 1977-1984
Lenzen, D.: Kinderkultur - die sanfte Anpassung. Frankfurt/M. 1978
Leontjew, A. N.: Probleme der Entwicklung des Psychischen. Berlin 1975, 5. Aufl.
Leontjew, A. N.: Tätigkeit, Bewußtsein, Persönlichkeit. Stuttgart 1977
Lohmann, I./Gogolin, I. (Hg.): Die Kultivierung der Medien. Opladen 1999
Löffler, R.: Ganzheitliches Lernen: Grundlagen und Arbeitsformen. In: Bach/Timm (Hg.) 1989, S. 42-67
Loose, M.: Mit »Community Education- zurück in die Zukunft. In: WPB H. 11/1985, S. 536ff.

Maas, G.: Handlungsorientierte Begriffsbildung im Musikunterricht. Mainz 1989
Maier, F.: Z. B.: Der Kulturräuber Verres. Projektorientiertes Arbeiten im lateinischen Lektürenunterricht. In: Bastian/Gudjons (Hg.) 1990, S. 195-208
Mandl. H./Friedrich, H.: Handbuch Lernstrategien. Göttingen 2006
Mandl, H./Huber, G. (Hg.): Emotion und Kognition. München 1983
Mann, I.: Lernen durch Handeln. München 1977, 2. Aufl.
Mayer, W. G.: Projektunterricht in der Primarstufe. Lüneburg 1978
Meckling, I.: Zu den Skrupeln, in der Schule auch Persönliches zu äußern, und zu der Notwendigkeit, diese Skrupel zu überwinden. In: WPB H. 2/1986, S. 6 ff.
Meckling, 1.: Schreibaufgaben auch für Nicht-Deutschlehrer. In: WPB H. 2/1986, S. 28 ff.
Messner, R.: Planung des Lehrens und Handlungsinteresses der Schüler im offenen Unterricht. In: WPB H. 4/1978, S. 145 ff.
Messner, C.: Umwelt erfahren - Umwelt bewahren: Projektarbeit in der Umwelterziehung. Bd. 1 + 2. Lichtenau 1994
Meyer, E.: Gruppenunterricht. Oberursel 1975, 5. Aufl.
Meyer, E. (Hg.): Handbuch Gruppenpädagogik - Gruppendynamik. Heidelberg 1977
Meyer, E.: Trainingshilfen zum Gruppenunterricht. Oberursel 1981
Meyer, H.: Leitfaden zur Unterrichtsvorbereitung. Königstein/Ts. 1980, Berlin 2007 Neuausgabe
Meyer, H.: Unterrichts-Methoden. Bd. 1 und 2. Frankfurt/M. 1987, Berlin 2007 Neuausgabe
Mie, K./Frey, K. (Hg.): Physik in Projekten. Kiel (IPN) 1988, 1989 2. Aufl.
Miller, R.: »Das ist ja wieder typisch« Kommunikation und Dialog in Schule und Schulverwaltung. 25 Trainingsbausteine. Weinheim/Basel 1996
Miller-Kipp, G.: Wie ist Bildung möglich? Die Biologie des Geistes unter pädagogischem Aspekt. Weinheim 1992
Miller, G. A./Galanter, E./Pribram, K. H.: Strategien des Handelns. Stuttgart 1973
Moegling, K.(Hg.): Didaktik selbstständigen Lernens. Bad Heilbrunn 2004
Möller, K.: Lernen durch Tun. Frankfurt/M. 1987
Moosecker, J.: Der Wochenplanunterricht der Förderschule. Berlin 2005, 2. Aufl.
Müller, F.: Selbstständigkeit fördern und fordern. Weinheim 2004, 3. Aufl.
Münzinger, W./Liebau, E. (Hg.): Proben aufs Exempel. Praktisches Lernen in Mathematik und Naturwissenschaften. Weinheim 1987
Münzinger, W./Frey, K. (Hg.): Chemie in Projekten. Kiel (IPN) 1989
Mundt, J. W.: Vorschulkinder und ihre Umwelt. Weinheim 1980

Neber, H./Wagner, A. C./Einsiedler, W. (Hg.): Selbstgesteuertes Lernen. Weinheim 1978, 1981 3.Aufl.
Neber, H. (Hg.): Entdeckendes Lernen. Weinheim 1973, 3. Aufl. 1981
Neber, H.: Entdeckendes Lernen. In: Arnold, K.-H./Sandfuchs, U./Wiechmann, J. (Hg.): Handbuch Unterricht. S. 284-288. Bad Heilbrunn 2006
Neuland, H. (Hg.): Schüler wollen lernen. Eichenzell 1995
Nipkow, K. E.: Sinnerschließendes, elementares Lernen. Handlungsperspektiven für die Schule angesichts der Lage der Jugend. In: Schweitzer, F./Thiersch, H. (Hg.), a.a.O., S. 154 ff.
Nürnberger Projektgruppe: Erfolgreicher Gruppenunterricht. Stuttgart 2005
Nuhn, H.-E./Vaupel, D. (Hg.): Projektarbeit. (Bezug GH Kassel) 1990
Nuhn, H.-E./Vaupel, D.: Projektlernen an nordhessischen Sekundarstufenschulen. In: PÄDAGOGIK H. 9/1991, S. 42-45

Odenbach, K.: Die deutsche Arbeitsschule. Braunschweig 1963
Otto, B.: Ist Bildung Schicksal? Gehirnforschung und Pädagogik. Weinheim 1995

PÄDAGOGIK H. 7/8 1989 "Über die Projektwoche hinaus" sowie zahlreiche weitere Hefte, zuletzt: H.1/2008: "Projektunterricht gestalten"
Paradies, L./Wester, F./Greving, J.: Leistungsmessung und –bewertung. Berlin 2005
Peschel, F. Offener Unterricht. 2 Bde. Baltmannsweiler 2006, 2. Aufl.
Pestalozzi, J. H.: Sämtliche Werke, herausgegeben von A. Buchenau, E. Spranger, H. Stettbacher, Bd. III. Leipzig 1928
Peterßen, W.H.: Kleines Methodenlexikon. München 2005, 2.Aufl.
Petri, G.: Idee, Realität und Entwicklungsmöglichkeiten des Projektlernens. Graz 1991
Pfahl, U.: Handlungsorientierung als Ausbildungsprinzip. Hamburg 2000
Pütz, C.: Entwicklungs- und kognitionspsychologische Voraussetzungen des didaktischen Konzeptes "Handlungsorientierter Unterricht". In: Schaube, W. (Hg.): Handlungsorientierung für Praktiker. Darmstadt 1995, S. 20-22

Reetz, L.: Zum Konzept des handlungsorientiertes Lernens in der beruflichen Bildung. In: Schaube, W. (Hg.): Zum Konzept des handlungsorientierten Lernens, S. 33-36. Darmstadt 1995
Reinmann-Rothmeier, G./Mandl, H.: Wissensvermittlung. Ansätze zur Förderung des Wissenserwerbs. In: Klix, F./Spada, H. (Hg.): Wissen. Enzyklopädie der Psychologie, Bd. 6, S. 457. Göttingen 1998
Reinmann-Rothmeier, G./Mandl, H.: Unterrichten und Lernumgebungen gestalten. In: Krapp, A./ Weidenmann, B. (Hg.): Pädagogische Psychologie, S. 601-646. Weinheim 2001, 4. Aufl.
Reinmann-Rothmeier, G.: Vom selbstgesteuerten zum selbstbestimmten Lernen. In: PÄDAGOGIK H. 5/2003, S. 10-13
Reiß, G./Eberle, G. (Hg.): Offener Unterricht. Freie Arbeit mit lernschwachen Schülerinnen Und Schülern. Weinheim 1995, 3. Aufl.
Rheinberg, F.: Motivationsförderung im Schulalltag. Göttingen 2005, 3. Aufl.
Riedl, A.: Verlaufsuntersuchung eines handlungsorientierten Elektropneumatikunterrichts und Analyse einer Handlungsaufgabe. Frankfurt/M. 1998
Ritter, M.: Computer und handlungsorientierter Unterricht. Donauwörth 1995
Rösner, E.: Hauptschule am Ende. Münster 2007
Rolff, H.-G./Zimmermann, P.: Kindheit im Wandel. Weinheim 2001

Sacher, W.: Schulische Medienarbeit. In: Apel, H.-J./Sacher, W. (Hg.): Studienbuch Schulpädagogik. S. 384-397. Bad Heilbrunn 2002
Sander, U./Gross, F.v./Hugger, K. (Hg.): handbuch Nedienpädagogik. Wiesbaden 2007
Schäfer, U.: Internationale Bibliographie zur Projektmethode in der Erziehung 1895-1982. 2 Bde. Berlin 1988
Schaeffer, B./Lambrou, K.: Politische Bildung als Unterrichtsprinzip. Frankfurt 1972 Schaeffer, B.: Erfahrung als Grundlage politischen und sozialen Lernens. Überlegungen zu einer Didaktik der Gesellschaftslehre. In: Preuss-Lausitz, U./Schaeffer, B./Quitzow, W. (Hg.), a.a.O., S. 87ff.
Schaube, W. (Hg.): Handlungsorientierung für Praktiker. Darmstadt 1995
Scheibe, W.: Die Reformpädagogische Bewegung. Weinheim 1971, 2. Aufl.
Scheller, I.: Erfahrungsbezogener Unterricht. Königstein 1981
Scheller, I.: Szenisches Spiel. Berlin 2004
Scheuerl, H.: Die exemplarische Lehre. Tübingen 1969, 3. Aufl.
Scheufele, K./Heller, A.: Parkingboys und Sonnenkollektoren. Eine Projektbeschreibung. In: Fauser, P./Fintelmann, K. J./Flitner, A. (Hg.), a.a.O., S. 28ff.
Scheufele, U. (Hg.): Wie sie wirklich lernen wollen. Weinheim 1996
Schiefele, U./Pekrun, R.: Psychologische Modelle des fremdgesteuerten und selbstgesteuerten Lernens. In: Enzyklopädie der Psychologie. Bd. 3, S. 249-278. Göttingen 1997
Schreier, H.: John Dewey: Erziehung durch und für Erfahrung. Eingeleitet, ausgewählt und kommentiert von Helmut Schreier. Stuttgart 1986
Schroeder, G. u. H.: Gruppenunterricht. Berlin 1975
Schümer, G.: Projektunterricht in der Regelschule. In: 34. Beiheft der Z. f. Päd., herausgegeben von Leschinsky, A.: Die Institutionalisierung von Lehren und Lernen, S. 141-158. Weinheim 1996
Schurer, B.: Gegenstand und Struktur der Lernhandlung. Bergisch-Gladbach 1984
Schüttler, U.: Wir feiern ein Fest. In: WPB H. 7/1982, S. 314ff.
Schütze, Y./Geulen, D.: Die »Nachkriegskinder« und die »Konsumkinder«: Kindheitsverläufe zweier Generationen. In: Preuss-Lausitz, U. u. a., a.a.O., S. 29ff.
Schuhknecht, P.: Fahrradanhänger. In: PÄDAGOGIK H. 10/1988, S. 47f.
Schulz, W.: Unterrichtsplanung. München 1981, 3. Aufl.
Schweingruber, R.: Das Projekt in der Schule. Bern 1979
Schweitzer, F./Thiersch, H. (Hg.): Jugendzeit - Schulzeit. Weinheim 1983
Seidell O.: Zum Lernen herausfordern. Stuttgart 1995
Semmerling, R.: Projektlernen und Fachunterricht. In: Pädagogische Beiträge H. 5/1987, s. 19ff.
Sharan, S. u. Y.: Gruppenzentrierter Unterricht. Stuttgart 1976
Skiera, E.: Reformpädagogik. München 2003
Söltenfuß, G.: Grundlagen handlungsorientierten Lernens. Bad Heilbrunn 1983
Söltenfuß, G./Halfpap, K. (Hg.): Handlungsorientierte Ausbildung im kaufmännischen Bereich. St. Augustin 1987
Spitzer, M.: Selbstbestimmen. München 2004
Stach, R. (Hg.): Projektorientierter Unterricht. Ratingen 1978
Stanford, G.: Gruppenentwicklung im Klassenraum und anderswo. Braunschweig 1980
Stationenlernen Ock. II. Köln 2007
Steinmann, B./Weber, B. (Hg.): Handlungsorientierte Methoden in der Ökonomie. Neusäß 1995
Stexkes, A: Strukturmodelle der Handlungssituation, der Arbeitssituation und der Lernsituation. In: Sratenwerth, W. (Hg.): Auftragsorientiertes Lernen im Handwerk, Bd. 1, S. 101 ff. Bad Laasphe 1991

Stommel, A.: Handlungsorientierter und traditioneller Unterricht. Rinteln 1995
Struck, P.: Projektunterricht. Stuttgart 1980
Stubenrauch, H. (1975): Projektorientiertes Lernen im Widerspruch des Systems. In: Projektorientierter Unterricht (b:e tabu), S. 9-15. Weinheim
Suin de Boutemard, B.: Schule, Projektunterricht und soziale Handlungsperformanz. München 1975
Suin de Boutemard, B.: Projektunterricht - Geschichte einer Idee, die so alt ist wie unser Jahrhundert. In: Bastian, J./ Gudjons, H. (Hg.), a.a.O., S. 62 ff.

Thal, J./Ebert, U.: Methodenvielfalt im Unterricht. München 2004. 3. Aufl.
Thal, J./Vormdohre, K.: Methoden und Entwicklung. Baltmannsweiler 2006
Thiersch, H.: Zum Unbehagen bei unserem Reden über Jugendprobleme. In: Schweitzer, F./ Thiersch, H. (Hg.), a.a.O., S. 18ff.
Traub, S.: Unterricht kooperativ gestalten. Bad Heilbrunn 2004
Tulodziecki, G. u. a.: Handlungsorientierte Medienpädagogik in Beispielen. Bad Heilbrunn 1995
Twellmann, W. (Hg.): Handbuch Schule und Unterricht, Bd. 1-8. Düsseldorf 1980-1986
Tymister, H. J.: Didaktik: Sprechen - Handeln - Lernen. München 1978
Tymister, H. J. (Hg.): Projektorientierter Deutschunterricht. Düsseldorf 1975

Vaupel, D.: Offenen Unterricht strukturieren. In: PÄDAGOGIK H. 12/1995, S. 17-22
Vaupel, D.: »Entenpower auf Aktien«. In: PÄDAGOGIK H. 2/1996, S. 10-13
Vaupel, D.: Das Wochenplanbuch für die Sekundarstufe. Schritte zu selbständigem Lernen. Weinheim 1996, 2. Aufl.
Vaupel, D.: Raus aus der Schule. In: PÄDAGOGIK H. 1/1997
Vaupel, D.: Handeln und Lernen. 10 Praxisbeispiele aus dem offenen Unterricht in der Sekundarstufe. Weinheim 1997
Vaupel, D.: Projektmethodik II: Durchführung. In: PÄDAGOGIK H. 1/2008, S. 24-27
Verband Deutscher Schullandheime (Hg.): Projektarbeit im Schullandheim, Bd. 1-4. 0. 0. 1979
Vohland, U.: Offene Curriculum - Schülerzentrierter Unterricht. Bochum 1980
Volpert, W.: Wie wir handeln - was wir können. Heidelberg 1992

Wagenschein, M.: Verstehen lehren. Weinheim 1973, 4. Aufl., 1989, 8. Aufl.
Wagenschein, M.: Wege zu einem andern naturwissenschaftlichen Unterricht. Ein Gespräch mit Martin Wagenschein. In: WPB, H. 2/1982, S. 66 ff .
Wagenschein, M.: Naturphänomene sehen und verstehen. Genetische Lehrpläne. Stuttgart 1988, 2. Aufl.
Wagner, A. C.: Selbstgesteuertes Lernen im offenen Unterricht - Erfahrungen mit einem Unterrichtsversuch in der Grundschule. In: Neber, H./Wagner, A. C./ Einsiedler, W. (Hg.), a.a.O., S. 49ff.
Wagner, A. C. (Hg.): Schülerzentrierter Unterricht. München/ Weinheim 1982, 2. Aufl. Wagner, A. C.: Offener Unterricht: Mut zum Risiko. Ein Praxisbeispiel. In: WPB H. 1/1985, S. 18ff.
Wallrabenstein, U.: Offene Schule – Offener Unterricht. Reinbek 2001, 6. Aufl.
Walter, G.: Spielen im Sachunterricht. Heinsberg 1984
Wasmann-Frahm, A.: Lernwirksamkeit von Projektunterricht. Baltmannsweiler 2008
Weber, H./Ziegenspeck, J.: Die deutschen Kurzschulen. Weinheim 1983
Weinert, F. (Hg.): Pädagogische Psychologie. Köln 1974, 8. Aufl.

Weinert, F.E.: Lerntheorien und Instruktionsmodelle. In: Weinert, F.E. (Hg.): Psychologie des Lernens und der Instruktion. Enzyklopädie der Psychologie, Themenbereich D, Serie I Päd. Psy., Bd. 2. Göttingen u.ö. 1996

Weinert, F. E.: Neue Unterrichtskonzepte zwischen gesellschaftlicher Notwendigkeit, pädagogischen Visionen und psychologischen Möglichkeiten. In: Bayerisches Staatsministerium für Unterricht, Kultus, Wissenschaft und Kunst (Hg.): Wissen und Werte für die Welt von morgen. S. 101-125. München 1998

Wenzel, H.: Unterricht und Schüleraktivität. Weinheim 1987

Westermanns Pädagogische Beiträge [WPB]: Schwerpunktthema: Die Not der Noten. H. 5/ 1982

Westermanns Pädagogische Beiträge: Schwerpunktthema: Freinet in der Sekundarstufe. H. 8/ 1983

Westermanns Pädagogische Beiträge: Schwerpunktthema: Wandel der Kindheit. H. 5/1986

Westermanns Pädagogische Beiträge: Schwerpunkttherna: Handlungsorientierter Unterricht. H. 5/ 1987

Wilhelmer, B.: Lernen als Handlung. Köln 1979

Witzenbacher, K.: Handlungsorientiertes Lernen in der Hauptschule. München 1985

Wöhler, K. (Hg.): Gruppenunterricht. Hannover 1981

Wöll, G.: Handeln: Lernen durch Erfahrung. Handlungsorientierung und Projektunterricht. Baltmannsweiler 1998, 2004, 2. Aufl.

Wopp, C.: Unterricht, handlungsorientierter. In: D. Lenzen (Hg.), Enzyklopädie Erziehungswissenschaft, Bd. 3, S. 600-606. Stuttgart 1986

Wulffen, D. v.: Der zweite Blick. Handlungsorientierung im Lateinunterricht. In: PÄDAGOGIK H. 1/1997

Wygotski, L. S.: Denken und Sprechen. Berlin 1964

Ziehe, T.: »Ich bin heute wohl wieder unmotiviert.«- Von der Gratisproduktion der Kultur und der unsichtbaren Arbeit des Lehrers. In: WPB H. 7/1983, S. 316ff.

Ziehe, T./Stubenrauch, H.: Plädoyer für ungewöhnliches Lernen. Reinbek 1982

Zur Kritik handlungsorientierter Ansätze in der Didaktik der Wirtschaftslehre. Mit Beiträgen von K. Beck, R. Czycholl, H. G. Ebner, H. Reinisch. Oldenburg 1989